BOOK
廣東旅游出版社
GUANGDONG TRAVEL AND TOURISM PRESS

现代酒店管理实务

XIANDAI JIUDIAN GUANLI SHIWU

系·列·丛·书

于世宏 万光玲 编著

酒店管理信息系统实验实训教程

Jiudian Guanli Xinxi Xitong Shiyan Shixun Jiaocheng

图书在版编目（CIP）数据

酒店管理信息系统实验实训教程／于世宏，万光玲编著．—广州：广东旅游出版社，2011.8

ISBN 978－7－80766－328－7

Ⅰ．①酒…　Ⅱ．①于…②万　Ⅲ．①饭店—商业管理—管理信息系统—高等学校—教材　Ⅳ．①F719.2－39

中国版本图书馆 CIP 数据核字（2011）第 086080 号

广东旅游出版社出版发行

（广州市中山一路 30 号之一　　邮编：510600）

邮购联系电话：020-87347994

广东旅游出版社图书网

www.tourpress.cn

广州市岭美彩印有限公司印刷

（广州市荔湾区花地大道南海南工商贸区 A 幢）

787 毫米×1092 毫米　16 开　　20.5 印张　105 千字

2011 年第 1 版第 1 次印刷

印数：1－3000 册

定价：35.00 元

总序
zongxu

酒店管理信息系统是旅游管理专业、酒店管理专业的技术基础课，是旅游管理与信息管理的交叉课程，具有较强的实践应用性。随着旅游业的快速发展，旅游产业已成为我国国民经济的支柱产业之一，旅游信息化将极大地影响社会信息化的进程，同时信息技术对旅游业管理产生了深刻的影响。作为一名旅游管理专业的学生，必须具备操作旅游企业管理信息系统软件的实践能力。从管理的角度去掌握 IT 技术，从信息的角度去管理企业，这是对现代管理人才的基本要求。

本书系统地介绍了酒店计算机信息管理系统的操作，共分十二章。全书内容深入浅出、通俗易懂，实验设计上强调可操作性，内容上强调连续性，以便使学生通过实践环节能亲身体会信息系统的方方面面。本书在编排上注意完整性和独立性。本书可以作为信息管理与信息系统专业以及管理科学与工程、工商管理类专业学生的实验教材，也可供相关饭店管理干部培训使用。

本书第一章到第五章由沈阳师范大学旅游管理学院于世宏编写；第六章到第十二章由沈阳师范大学旅游管理学院万光玲编写。本书在编写过程中得到了沈阳师范大学旅游管理学院夏学英教授、韩福文教授、徐庆江副院长、张月娟老师、丛海波老师、杜宁老师的帮助，在此表示谢意！

由于编者水平有限，编写时间仓促，书中疏漏与不足之处在所难免，敬请同行专家和广大读者指正。

目录

mulu

第一章 引 言

在经济全球化和信息技术飞速发展的今天，酒店信息化是带动各工作创新和升级、提高管理水平和竞争力的有力武器。酒店管理信息系统作为企业信息化的一个重要的组成部分，对企业实现信息化有重要的影响。本章从实践的角度出发，介绍了酒店管理信息系统的开发背景、应用模式和应用流程、开发技术及主要功能模块。

实验一 酒店管理信息系统初识

【实验目的】

1. 了解酒店管理信息系统开发的背景；
2. 掌握酒店管理信息系统的应用模式与业务应用模式；
3. 掌握酒店管理信息系统的应用流程。

【实验内容】

针对不同规模的酒店企业，一般酒店管理信息系统支持网络应用模式和单机应用模式。使用 www. google. com 或 www. baidu. com，检索酒店整体业务流程，了解酒店整体业务流程与各部门职能。

【实验步骤】

一、教师演示介绍酒店管理信息系统的基本内容

（一）讲解酒店管理信息系统的开发背景和应用模式

1. 讲解酒店管理信息系统开发的背景

2. 浏览两种系统应用模式

针对不同规模的酒店企业，一般酒店管理信息系统支持网络应用模式和单机应用模式。两种模式在系统功能上并无差别，网络版适用于规模较大，需要多个接待、收银点的酒店企业。

（1）网络应用模式

需配备独立的数据库服务器、应用服务器，两者可以使用一台配置较高的兼容机或品牌服务器，客户端根据规模选择台数。需要组建局域网，适合大中型酒店企业使用。

客户端均需要连接服务器才能使用，使用过程中，一个客户端的开启不会影响到系统中其他客户端的使用，需保证网络畅通、服务器正常开启，如图 1 - 1 - 1 所示。

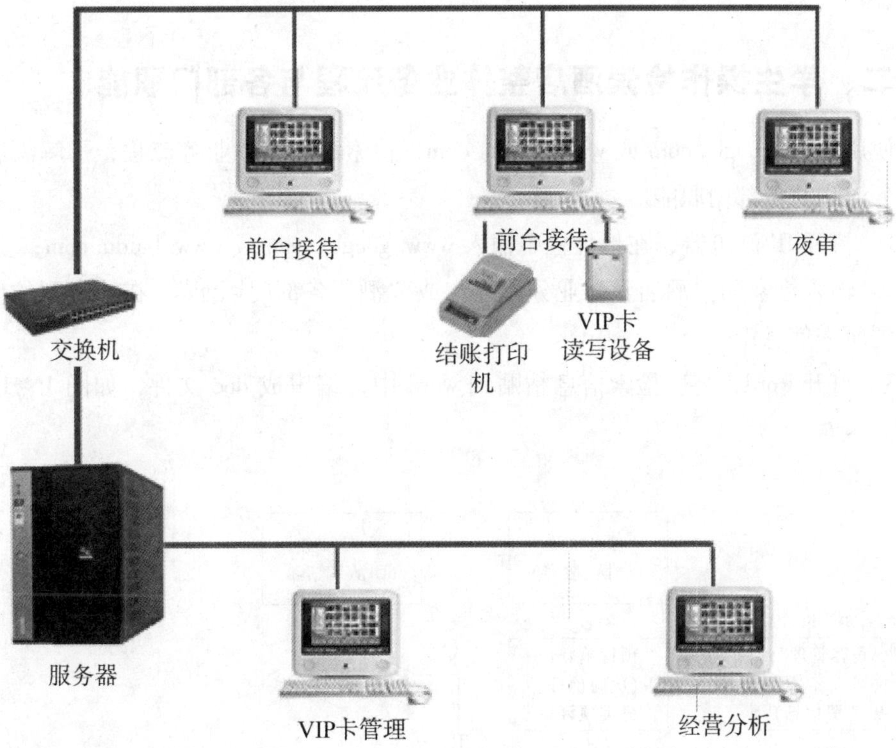

图 1－1－1

（2）单机应用模式

只需一台电脑，既做数据库服务器、应用服务器，又做客户端。不需要组网，适合小型酒店企业使用。

（二）演示产品模块的结构，如图 1－1－2 所示

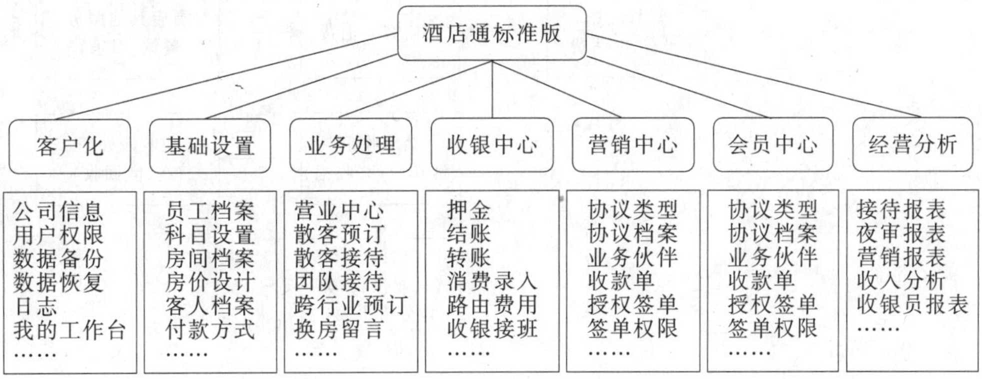

图 1－1－2

二、学生操作检索酒店整体业务流程与各部门职能

使用 www. google. com 或 www. baidu. com，检索酒店整体业务流程，了解酒店整体业务流程与各部门职能。

1. 打开 IE 浏览器，在地址栏中输入 www. google. com 或 www. baidu. com；

2. 输入检索词“酒店整体业务流程”或“酒店各部门职能”，在检索到的信息中找到所需信息；

3. 打开 word，将所检索信息粘贴到 word 中，编辑成 doc 文件，如图 1－1－3 所示。

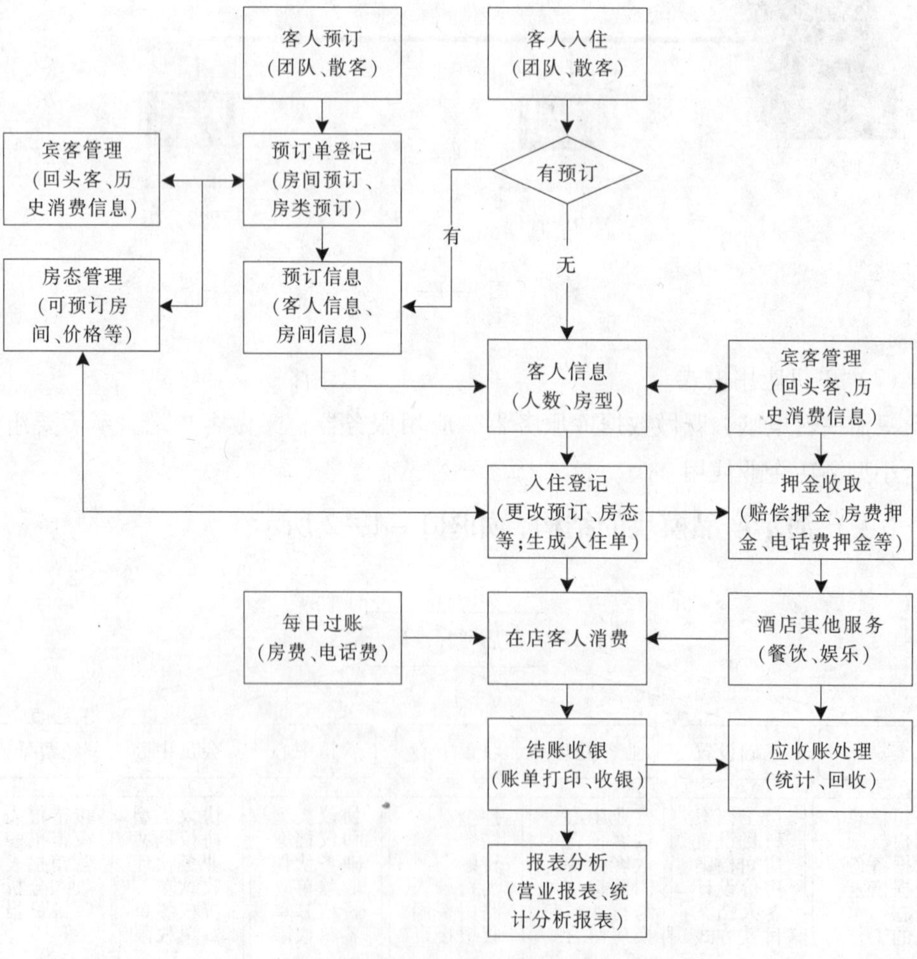

图 1－1－3

实验二 酒店管理信息系统运行环境与开发技术

【实验目的】

1. 了解酒店管理信息系统运行的硬件环境；
2. 掌握酒店管理信息系统运行的软件环境；
3. 熟悉酒店管理信息系统开发的常用软件。

【实验内容】

操作计算机软硬件，了解酒店管理信息系统运行的软硬件环境；以 Visual FoxPro 为例，掌握酒店管理信息系统开发软件的基本知识和基本操作。

【实验步骤】

一、教师演示介绍酒店管理信息系统运行环境与开发技术的基本内容

（一）介绍本系统正常运行所需的硬件环境

1. 网络应用的硬件配置

（1）服务器配置（不区分数据服务器与应用服务器）

CPU：奔腾 2.4G 主频以上；HD：40G 以上；RAM：512M 以上；至少应有一个光驱，网卡。

（2）客户端计算机配置

CPU：赛扬 2.0G 主频以上；HD：40G 以上；RAM：256M 以上；网卡。

（3）网络配置

100M 局域网、100M 交换机。

2. 单机应用的硬件配置

计算机配置

CPU：奔腾 2.4G 主频以上；HD：80G 以上；RAM：512M 以上；至少应有一个光驱。

3. 打印机

（1）账单打印机

窄行针式打印机：如 Epson LQ 300K +，松下 PX－1131。

(2) 报表打印机

Windows 2000/XP/2003 简体中文版操作系统适配的打印机均可使用。

4. VIP 卡设备

系统支持多种卡，用户需选择系统支持的卡及配套的读写设备。具体见“会员中心及 VIP 卡”类别的说明。如：磁卡、磁卡阅读器；ID 卡（非接触式）、ID 卡阅读器；4428 卡（接触式）、4428 读写器；MF1 卡（非接触式）、MF1 读写器等；编码卡不需要读写设备，可直接在系统中使用。

（二）演示本系统正常运行所需的软件环境

打开电脑，识别本机的操作系统类型。单用户与网络用户配置如下：

1. 单用户配置

Windows XP + Sp2

Windows 2000 Server + Sp4

Windows 2000 Professional + Sp4

Windows 2003 Server

Windows 2000 Advanced Server + Sp4

2. 网络用户配置

(1) 服务器

Windows 2000 Server + Sp4

Windows 2003 Server

Windows 2000 Advanced Server + Sp4

(2) 客户端

Windows XP + Sp2

Windows 2000 Server + Sp4

Windows 2000 Professional + Sp4

Windows 2003 Server

二、学生操作开发酒店管理信息系统的常用软件

1. 浏览酒店管理信息系统开发的常用软件：Visual Basic、Visual C、Visual FoxPro、SQL server 等。以 Visual FoxPro 为例介绍酒店管理信息系统的开发。

2. 启动 Visual FoxPro 6.0，初步了解软件功能：用鼠标左键单击“开始”菜单，从“程序”组中找到“Microsoft Visual FoxPro 6.0”菜单项中的“Microsoft Visual FoxPro 6.0”子项，单击鼠标左键。

3. 新建一个名为“jdgl. pjx”（酒店管理）的项目文件，学习使用项目管理

器，如图 1－2－1 所示。

4. 在“新建”对话框的“文件类型”区域中选择“项目”单选按钮，然后单击“新建文件”按钮，如图 1－2－2 所示。

图 1－2－1

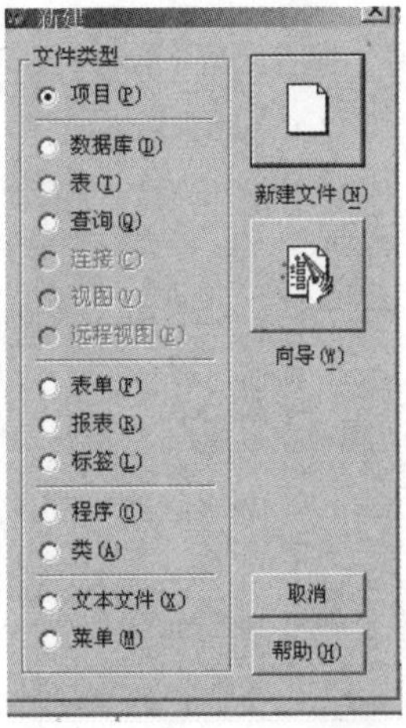

图 1－2－2

5. 在“创建”对话框中输入项目文件名“jdgl. pjx”，并设置保存文件位置为“D：\ 酒店管理”，单击“保存”按钮。

6. 使用项目管理器，操作数据、文档、菜单等功能，如图 1－2－3 所示。

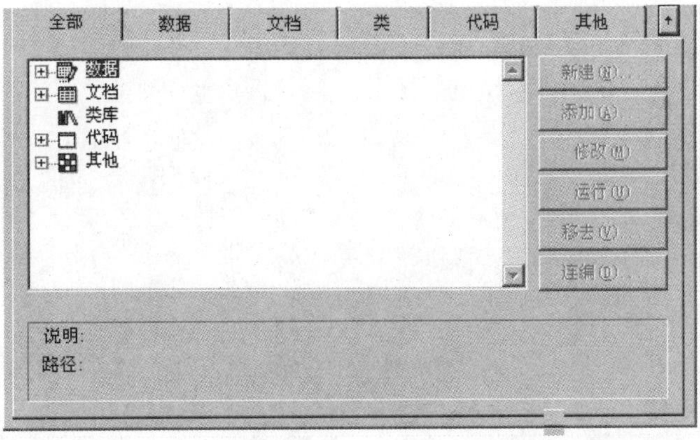

图 1－2－3

第二章

酒店管理信息系统安装、启动、退出

系统安装主要介绍本系统的构成和如何正确安装本系统。完整正确地安装本系统，是它正常运行的前提条件。

实验一　酒店管理信息系统软件的安装与卸载

【实验目的】

1. 掌握酒店管理信息系统的安装过程；
2. 掌握酒店管理信息系统的卸载方法。

【实验内容】

演示酒店管理信息系统的构成，安装与卸载酒店管理信息系统。

【实验步骤】

一、教师演示介绍酒店 MIS 软件的安装与卸载的基本内容

（一）系统的构成

每套系统由一个“加密狗”和一张安装光盘组成。如没有“加密狗”，或“加密狗”安装不正确，或“加密狗”损坏及“加密狗”与安装盘不配套时，系统自动进入演示版。

（二）说明操作酒店 MIS 软件的安装与卸载的注意事项

1. 安装酒店通标准版服务端前请确保服务器已经安装好 MS SQL Server 2000，验证模式为混合模式。仅安装客户端则不需要安装数据库；建议在安装前关闭其他应用程序。

2. 用户在平时操作结束后，一定要彻底退出本系统，不要在操作中途关机等非正常退出，以避免因操作不当造成数据丢失或被破坏。

（三）演示酒店 MIS 软件的安装与卸载的操作

二、学生操作酒店 MIS 软件的安装与卸载的功能

（一）学生操作“安装与卸载酒店管理信息系统”功能

1. 插“加密狗”

如果是网络应用模式，用户首先把“加密狗”插在服务器的 USB 口上；如果是

单机应用模式，则把“加密狗”插在本地 USB 口上。

2. **安装酒店通软件**

安装酒店通标准版服务端前请确保服务器已经安装好 MS SQL Server 2000，验证模式为混合模式。仅安装客户端则不需要安装数据库；建议在安装前关闭其他应用程序。

（1）将酒店通标准版的安装光盘放入光驱中，在光盘上选择“SETUP. EXE”，双击“SETUP. EXE”运行。稍等一会出现如下界面，如图 2－1－1 所示。

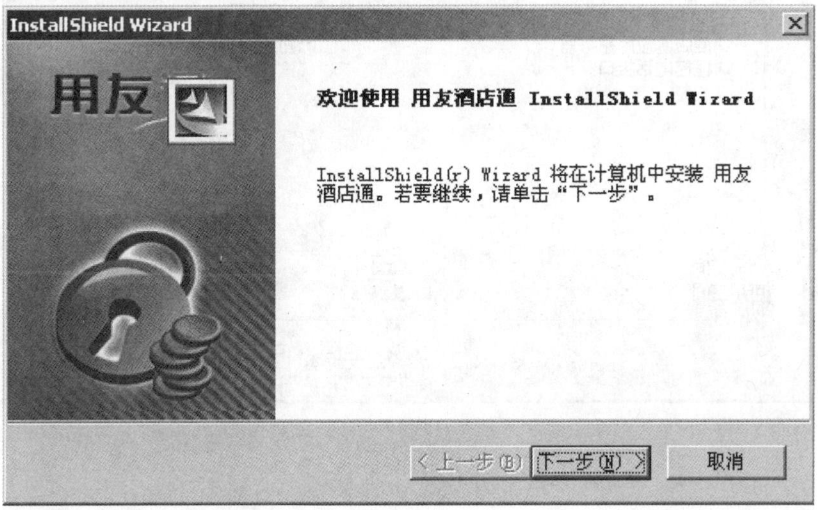

图 2－1－1

（2）点击“下一步”按钮，出现软件使用许可协议，您必须选择“是”才能继续安装本软件，点击“下一步”按钮，如图 2－1－2 所示。

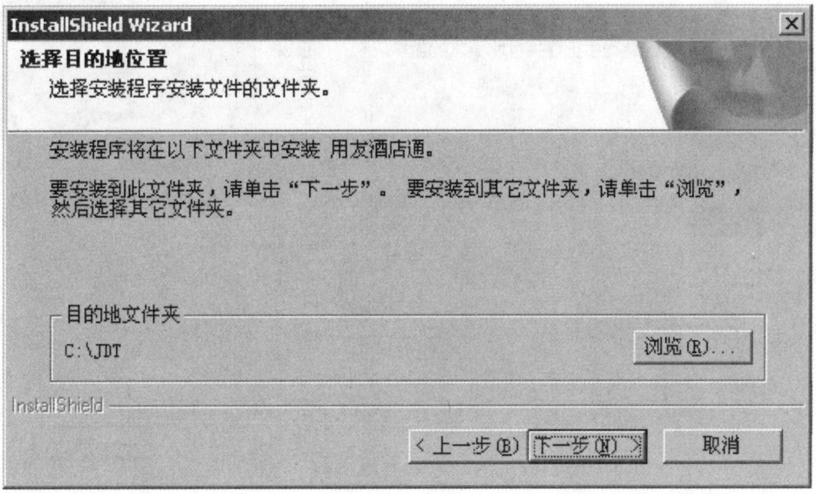

图 2－1－2

（3）在图 2-1-2 可选择安装路径，点击“下一步”按钮，选择安装的组件，如果安装所有的程序请选择“下一步”按钮，一般服务器安装选择此项；如果安装客户端，则根据自己的需要选择安装的程序，如图 2-1-3 所示。

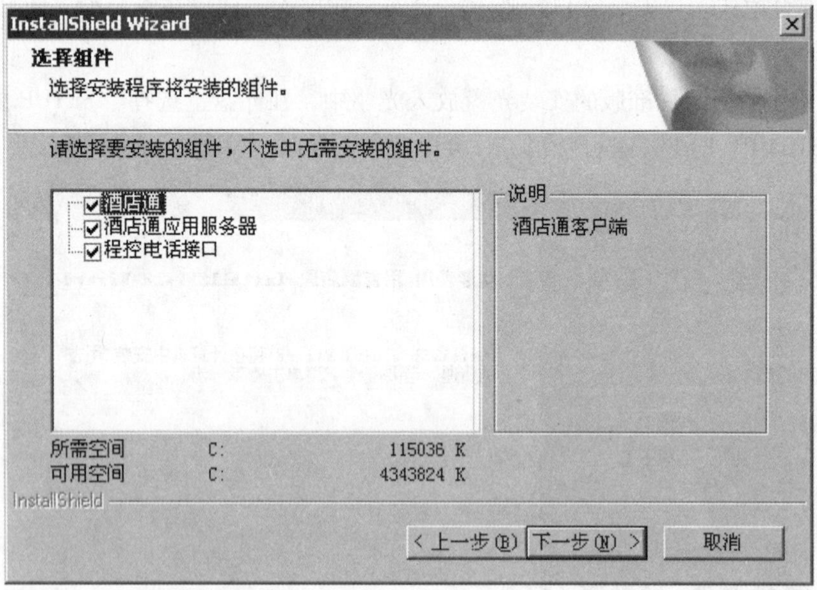

图 2-1-3

（4）安装前的准备工作已经完成。点击“安装”按钮将开始自动安装。此过程根据硬件配置可能需要 1～3 分钟，如图 2-1-4 所示。

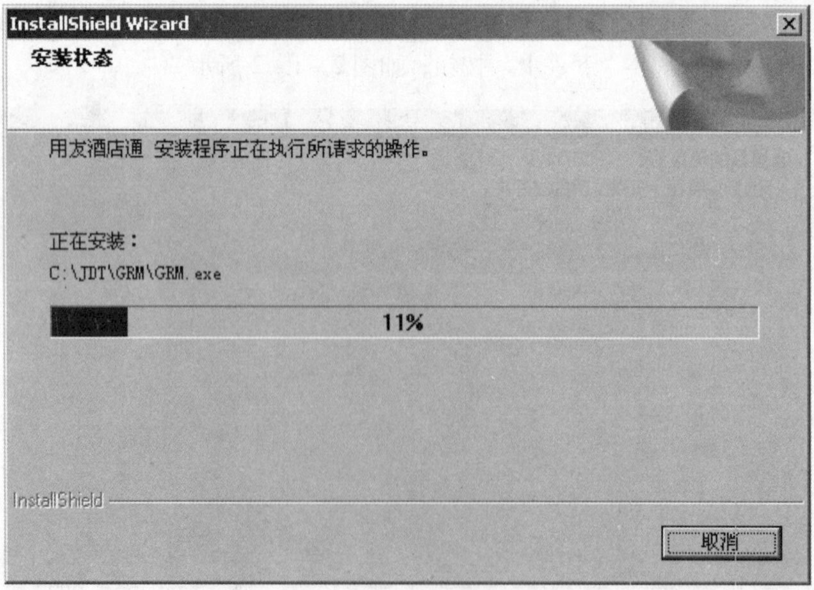

图 2-1-4

(5）安装程序在您的电脑“开始”/“程序”菜单中创建“用友通系列管理软件”→“酒店通”的程序组，同时在桌面生成快捷方式，至此安装完成。

（二）学生操作“软件卸载”

“卸载”就是删除产品。点 Windows 操作系统“控制面板”中的“添加/删除程序”按钮，在提示界面选择用友酒店通，点击“删除”按钮，系统开始删除产品，如图 2－1－5 所示。

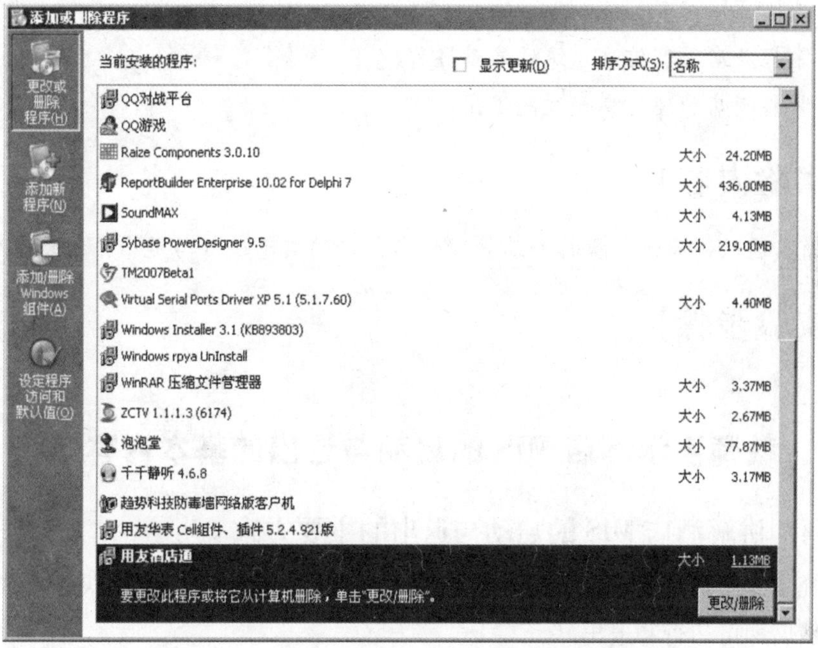

图 2－1－5

实验二 酒店管理信息系统的启动与退出

【实验目的】

1. 掌握酒店管理信息系统的启动过程；
2. 掌握酒店管理信息系统的退出。

【实验内容】

以酒店通软件为例，操作酒店管理信息系统的启动过程与退出系统。

【实验步骤】

一、教师演示酒店 MIS 的启动与退出的基本内容

（一）讲解酒店 MIS 的启动与退出的主要方式

系统全部安装完毕后，可选择在菜单中启动本系统，也可选择快捷方式启动本系统，然后即可运行和退出。

1. 在菜单中启动

在界面中用鼠标单击 Windows 桌面左下脚的“开始”按钮，将鼠标移动到“程序”菜单上，系统自动拖出下级菜单，用鼠标点击“用友通系列管理软件”→“酒店通”，再点击需启动的相应程序。

2. 快捷方式启动

软件安装后会自动在 Windows 桌面建立本系统的快捷方式，可以通过双击该快捷方式图标启动相应的程序。

（二）说明操作酒店 MIS 的启动与退出的注意事项

在使用本系统前，首先确定 SQL Server2000 服务管理器已经启动，即在 Windows 桌面任务栏右下角出现图标。如果没有启动，请运行计算机“开始”→“程序”中的“Microsoft SQL Server ”下级菜单中的“服务管理器”，选择“开始/继续”启动 SQL Server2000 服务管理器。选中“当启动 OS 时自动启用服务”选项，则在启动计算机时，系统自动启动 SQL Server 服务管理器。

（三）演示“启动酒店通应用服务器”功能操作

在启动客户端之前，应该首先启动应用服务器。首次使用应用服务器时需要初始化数据库。启动后会在状态栏显示图标。

1．启动应用服务器时出现初始化界面，如图2－2－1所示。

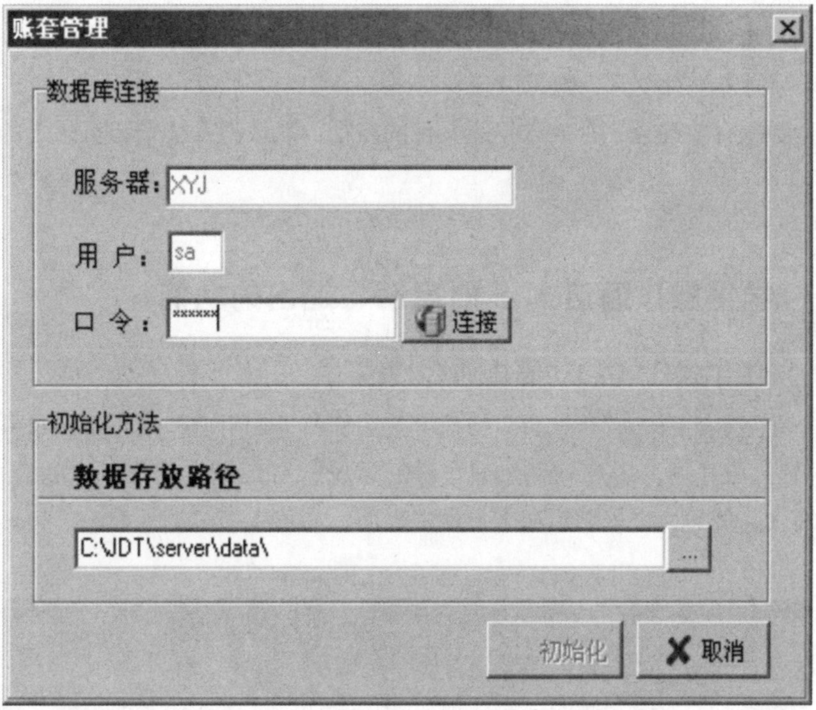

图2－2－1

2．输入口令后，点击“连接”按钮，启动服务器与数据库连接。

如果连接失败系统提出警告信息，如图2－2－2所示；如果连接成功时“初始化”按钮则变为激活状态。

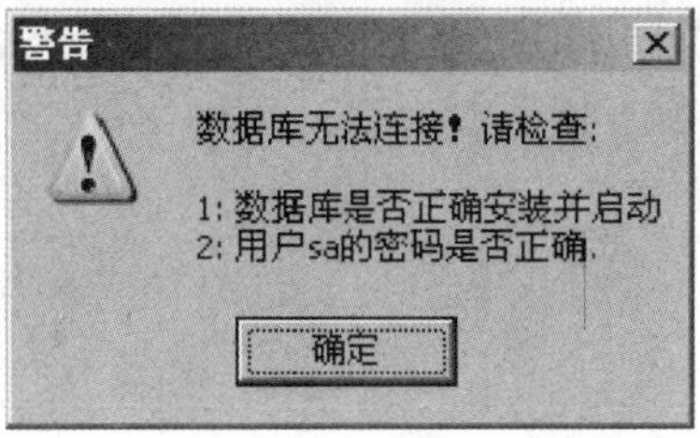

图2－2－2

3. 选择数据存放路径后点“初始化”按钮，此时数据文件将保存到所选文件路径。

（1）服务器：数据库所在的计算机名称，系统自动设置为本机的机器名，不需手工输入。

（2）用户：数据库系统用户名，系统自动设置为您数据库系统用户名“sa”，不需手工输入。

（3）口令：用户密码验证，为您安装 SQL Server 2000 时设置的“sa”登录密码，如果当时未进行设置，则无需录入密码。

（4）数据存放路径：存放数据库文件的路径，默认为系统安装目录下的 data 文件中。

二、学生操作酒店 MIS 的启动与退出的功能

（一）学生操作“启动酒店通客户端”

双击桌面上“酒店通客户端”快捷方式图标，进入用户登录界面，如图 2－2－3 所示。输入服务器、用户信息按回车键后系统会自动带出用户所在的公司账套，再点“确认”按钮，进入酒店通客户端主界面，如图 2－2－4 所示。

图 2－2－3

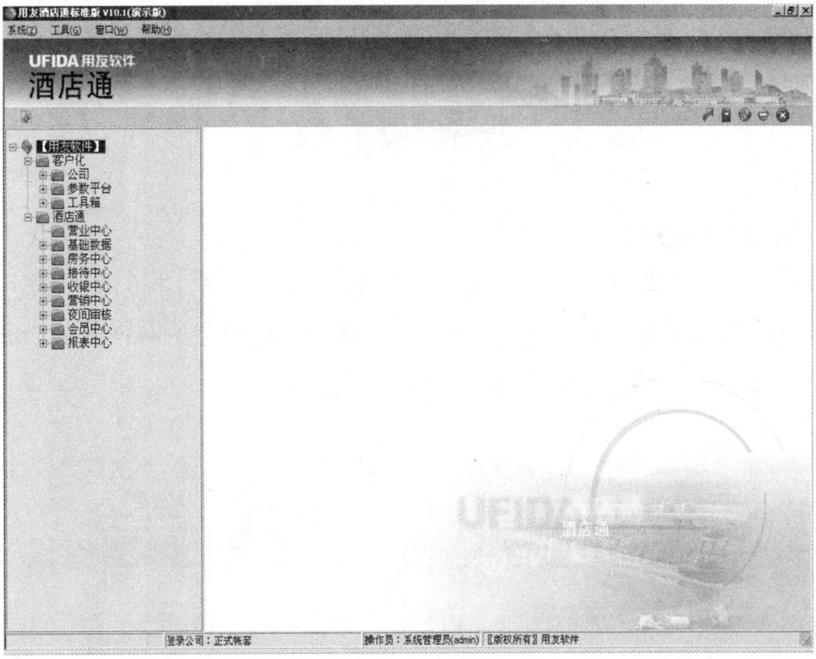

图 2－2－4

（二）学生操作“退出系统”功能

在系统运行的状态下，如果需要退出本系统，需要先退出酒店通客户端，然后再退出应用服务器。

1. 退出酒店通客户端

（1）可直接鼠标单击图 2－2－5 中的“退出”按钮，即可退出本系统。或使用 Windows 快捷键“Alt + F4”关闭应用程序。

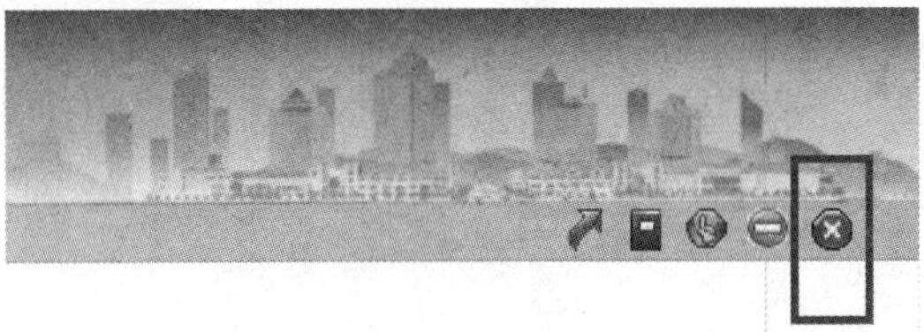

图 2－2－5

（2）不论哪种方式都会弹出对话框，如图 2－2－6 所示，单击“确定”按钮，完成关闭应用程序；或单击“取消”按钮，返回应用程序，取消本次关闭应用程序的操作。

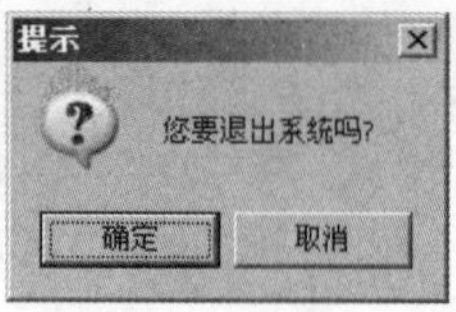

图 2－2－6

2. 退出应用服务器

(1) 在系统的系统栏，即 Windows 桌面程序的右下角，找到应用服务器的图标，在其上面右键单击，出现弹出式的菜单，如图 2－2－7 所示，单击“退出应用服务器”可以关闭应用程序。

图 2－2－7

(2) 如果此时出现图 2－2－8 的提示，表明此时有客户端链接到此应用服务器，此时，如果强行断开应用程序，会出现客户端数据丢失的严重后果。因此，此时一定要点击“否”按钮，不关闭应用程序。

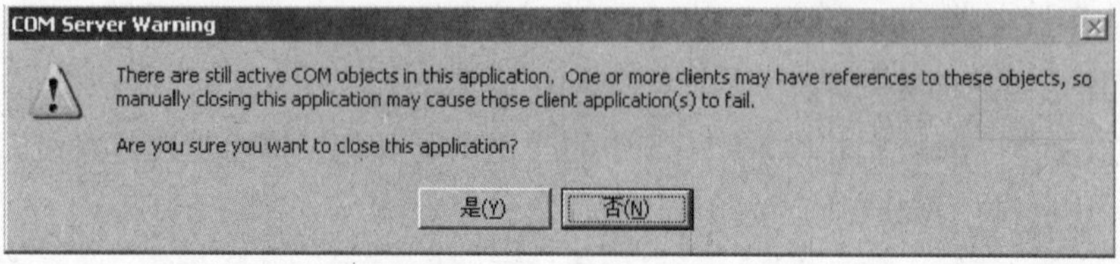

图 2－2－8

第三章 酒店管理信息系统查询

查询是酒店管理系统必备的一个基本功能。几乎所有的操作，均需要先查找到特定的宾客、账单，再进行操作。如要最快、最准、最方便地查找到需要的数据，需要熟悉查询的使用。本章所指的查询，指营业中心各部分的查询。查询方式主要有简单查询、自定义查询、综合查询。

实验一　宾客查询

【实验目的】

1. 掌握酒店管理系统不同的查询方式；
2. 熟悉查询的使用，准确地查询宾客信息。

【实验内容】

通过不同的查询方式，如简单查询、自定义查询、综合查询，对宾客信息进行查询。操作不同的简单查询条件，了解一类型客户的信息。

【实验步骤】

一、教师演示“宾客查询”功能的基本内容

（一）讲解“宾客查询”的主要方式

查询方式，主要有简单查询、自定义查询、综合查询，同时只能有一种有效。

1. 简单查询

列出了常用的查询字段，每次需要输入查询条件，多个查询条件可以组合使用。勾选条件使该条件有效。重填，清空所有的查询条件。

2. 自定义查询

把最为常用的查询条件保存，每次使用不需要再次输入查询条件。直接点击自定义查询，系统使用保存的查询条件查询数据。

3. 综合查询

所有的可用查询字段组合，每次需要输入查询条件。

（二）说明“宾客查询”的匹配方式

数据查询时，有多种匹配方式，每次只能选择其中的一种，主要有以下几种，如图 3－1－1 所示。

图 3－1－1

等于，查询的数据需要和查询条件完全相等才满足。

不等于，查询的数据和查询条件不相等才满足。

前缀为，查询的数据的前端和查询条件一致。

后缀为，查询的数据的后端和查询条件一致。

类似于，查询的数据的任意部分和查询条件一致。

值为空，查询的数据值为空。

值为非空，查询的数据值不为空。

（三）演示“宾客查询”功能的操作

1. 打开桌面上“酒店通”图标，输入服务器、公司、用户名和密码，进入系统。

2. 点击功能区的“营业中心”，进入宾客查询界面，列出了全部的宾客信息。主要分为查询内区域和数据显示区域。数据显示区域不同的字体颜色，代表了不同的账户状态，如图 3－1－2 所示。

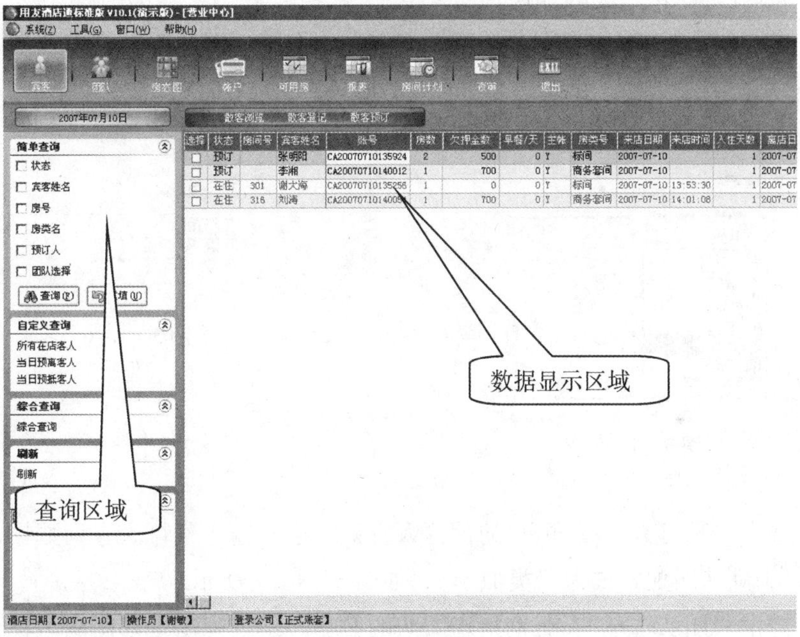

图 3－1－2

二、学生操作“宾客查询”的功能

（一）学生操作“简单查询”功能

浏览“简单查询”类别

1. 选中“状态”：查询指定状态的账户数据。系统列出账户的全部状态供选择，可以多选，如图 3－1－3 所示。

2. 选中“宾客姓名”：按宾客的姓名查询数据。手工输入需要查询的宾客姓名，选择不同的条件，默认匹配的方式为“类似于”，如图 3－1－4 所示。

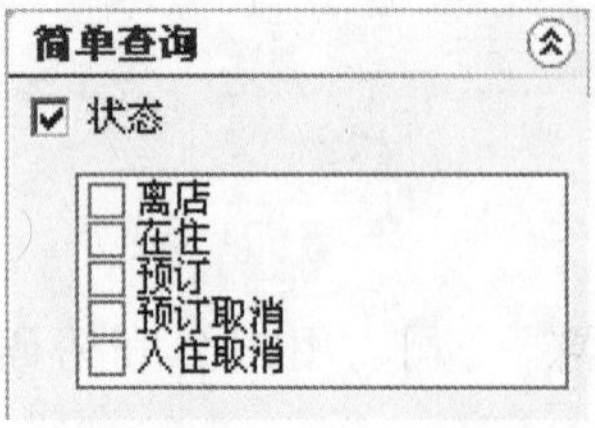

图 3－1－3

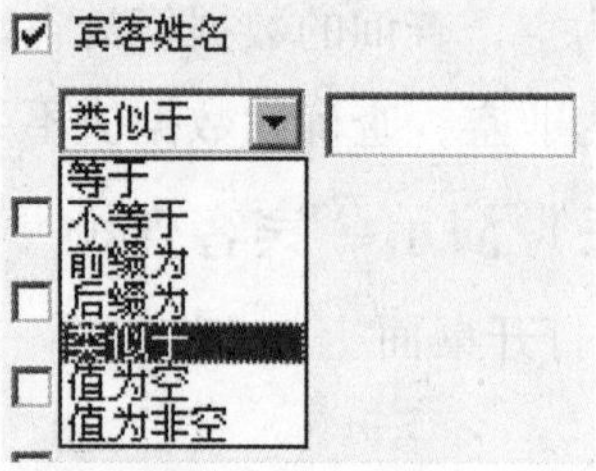

图 3－1－4

3．选中“房号”：按账户的房间号查询数据。手工输入需要查询的房间号，选择不同的条件，默认匹配的方式为“类似于”，如图 3－1－5 所示。

4．选中“房类名”：查询某类房间的数据。系统列出房间类别中的用户自定义的所有可用房类供选择，可多选，如图 3－1－6 所示。

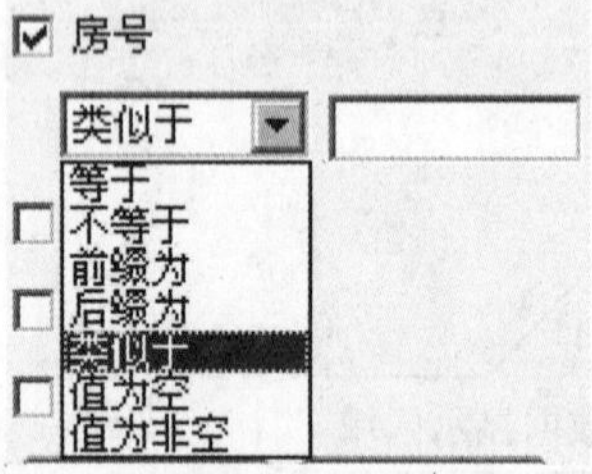

图 3－1－5

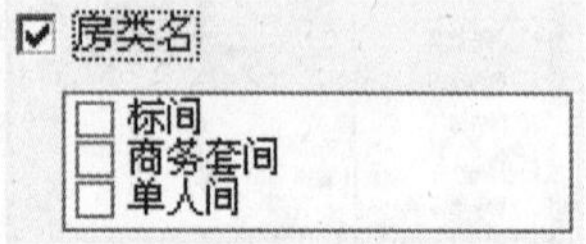

图 3－1－6

5．选中“预订人”：按账户的预订人查询。手工输入预订人查询数据，选择不同的条件，默认匹配方式为“类似于”，如图 3－1－7 所示。

6．选中“团队选择”：查询指定团队的数据。系统列出全部团队名称，供用户选择，可多选，如图 3－1－8 所示。

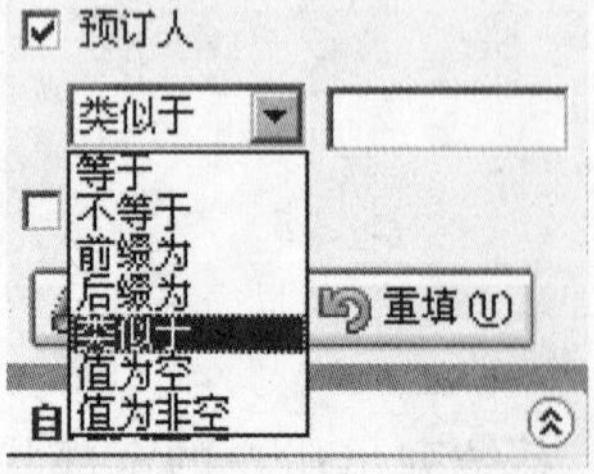

图 3－1－7

图 3－1－8

（二）学生操作“自定义查询”功能

浏览“自定义查询”类别，如图3－1－9所示。

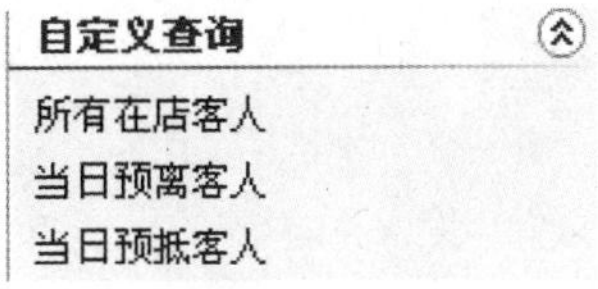

图3－1－9

1. 所有在店客人：查询全部在店的客人。等同于简单查询中，查询状态为“在住”的客人信息。

2. 当日预离客人：查询入住客人中，计划在当前系统日期中离店的客人。

3. 当日预抵客人：查询预订客人中，计划在当前系统日期中抵达的客人。

（三）学生操作“综合查询”功能

在简单查询和自定义查询都无法满足用户的需求下，可以使用综合查询。系统列出宾客账户的所有可查询信息，用户可以自由组合查询，录入方式和简单查询类似。输入一个查询条件后，需要按“增加”按钮，把当前查询条件加入到查询条件中。多个查询条件组合可以采用“并且”、“或者”关联。全部条件输入完成，可以按“确定”按钮开始查询，如图3－1－10所示。

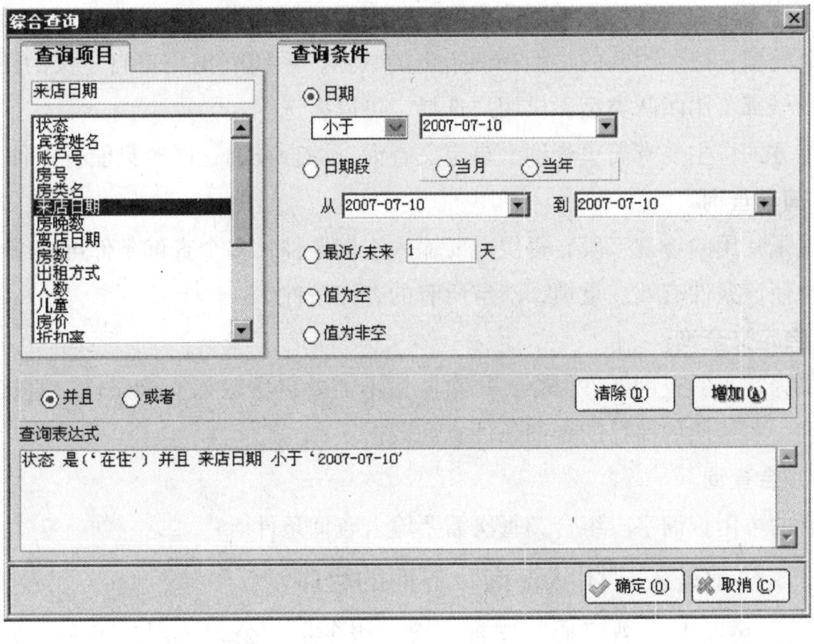

图3－1－10

实验二　团队查询

【实验目的】

1. 掌握团队查询不同的查询方式；
2. 熟悉操作团队查询功能。

【实验内容】

以酒店通软件为例，正确操作团队查询功能，通过不同的匹配方式，进行简单查询、自定义查询以及综合查询。

【实验步骤】

一、教师演示介绍“团队查询”功能的基本内容

（一）讲解“团队查询”的主要功能与查询方式

团队界面，集中显示了团队账户、团队成员的信息，能很方便地对团队进行快速的操作。团队的查询均查询团队主账，明细根据团队列出。

团队类型：按照团队的类型查询指定的数据。系统列出用户自定义的团队类型档案中的全部可用团队类型，供用户选择，可以多选。

查询方式，主要有简单查询、自定义查询、综合查询，同时只能有一种有效。

1. 简单查询

列出了常用的查询字段，每次需要输入查询条件，多个查询条件可以组合使用。勾选条件使该条件有效。重填，清空所有的查询条件。

2. 自定义查询

把最为常用的查询条件保存，每次使用不需要再次输入查询条件。直接点击自定义查询，系统使用保存的查询条件查询数据。

3. 综合查询

所有的可用查询字段组合，每次需要输入查询条件。

（二）演示进入“团队查询”界面的程序

1. 打开桌面上“酒店通”图标，输入服务器、公司、用户名和密码，进入系统。

2．点击功能区的“营业中心”，进入团队界面，集中显示了团队账户、团队成员的信息。团队的查询均查询团队主账，明细根据团队列出，如图3－2－1所示。

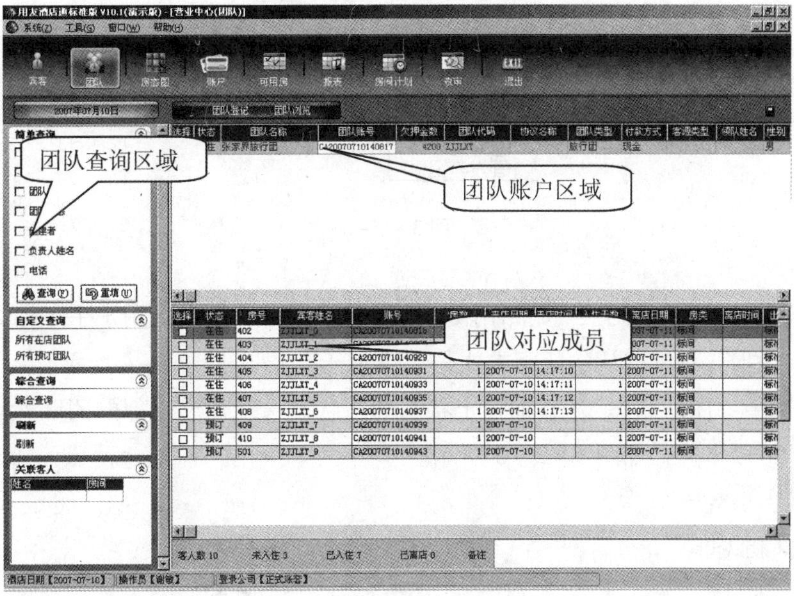

图3－2－1

（三）说明“团队查询”的匹配方式说明

数据查询时，有多种匹配方式，每次能选择其中的一种，主要有以下几种，如图3－2－2所示。

图3－2－2

等于，查询的数据需要和查询条件完全相等才满足。

不等于，查询的数据和查询条件不相等才满足。

前缀为，查询的数据的前端和查询条件一致。

后缀为，查询的数据的后端和查询条件一致。

类似于，查询的数据的任意部分和查询条件一致。

值为空，查询的数据值为空。

值为非空，查询的数据值不为空。

二、学生操作“部门/员工”的功能

（一）学生操作“简单查询”功能

浏览“简单查询”类别

1．选中“团队名称”：按照团队的名称查询指定的数据。用户手工输入需要查询的团队名称，系统默认的匹配方式是“类似于”，如图 3 –2 –3 所示。

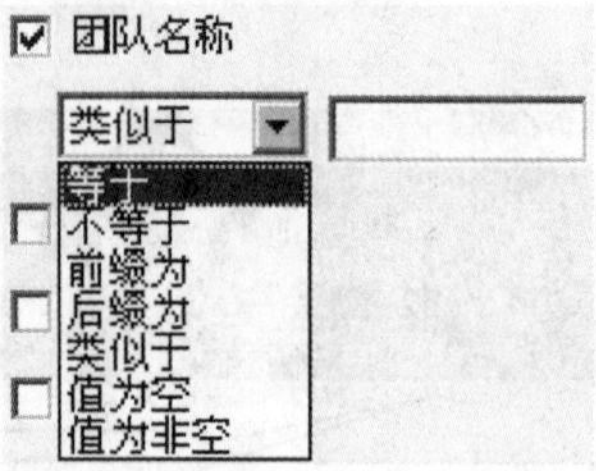

图 3 –2 –3

2. 选中“团队代码”：按照团队的代码查询指定的数据。用户手工输入团队的代号查询数据，系统默认的匹配方式是“类似于”，如图 3 –2 –4 所示。

3. 选中“团队状态”：查询指定状态的团队。系统列出全部的团队状态，供用户选择，可以多选，如图 3 –2 –5 所示。

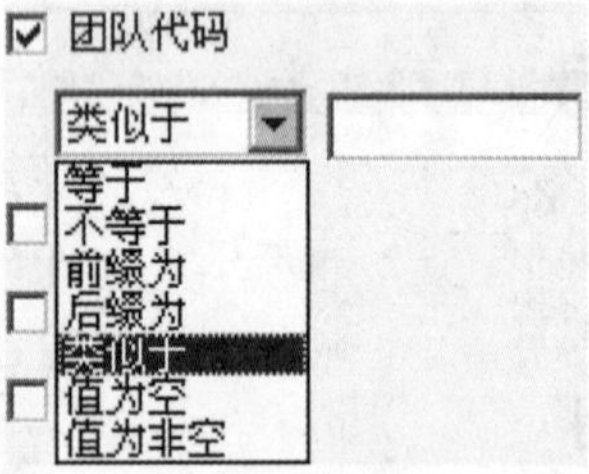

图 3 –2 –4

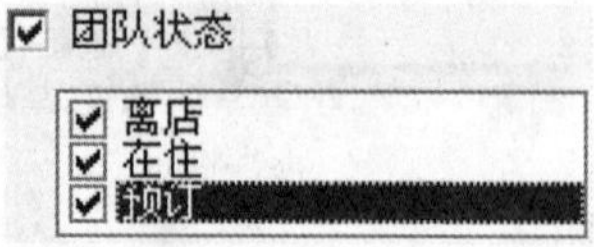

图 3 –2 –5

4. 选中“创建者”：按预订创建者查询指定的团队。系统列出用户定义的全部操作员供选择，可以多选，如图 3 –2 –6 所示。

5. 选中“负责人姓名”：按团队的负责人查询指定的团队。手工输入团队负责人的姓名，默认匹配方式为“类似于”，如图 3 –2 –7 所示。

6. 选中“电话”：按填写的团队电话查询，一般为负责人电话。手工输入电话号码，默认匹配方式为“类似于”，如图 3 –2 –8 所示。

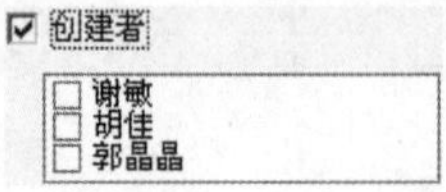

图 3 –2 –6

图 3 –2 –7

图 3 –2 –8

（二）学生操作“自定义查询”功能

浏览“自定义查询”类别，如图3－2－9所示。

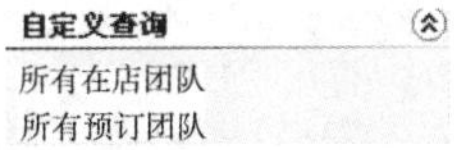

图3－2－9

1. 选中“所有在店团队”：查询所有状态为“在住”的团队。适合于收银员快速对在店团队进行操作。

2. 选中“所有预订团队”：查询所有状态为“预订”的团队。适合于接待人员处理预订的团队。

（三）学生操作“综合查询”功能

在简单查询和自定义查询都无法满足用户的需求下，可以使用综合查询。系统列出团队账户的所有可查询信息，用户可以自由组合查询，录入方式和简单查询类似。输入一个查询条件后，需要按“增加”按钮，把当前查询条件加入到查询条件中。多个查询条件组合可以采用“并且”、“或者”关联。全部条件输入完成，可以按“确定”按钮开始查询，如图3－2－10所示。

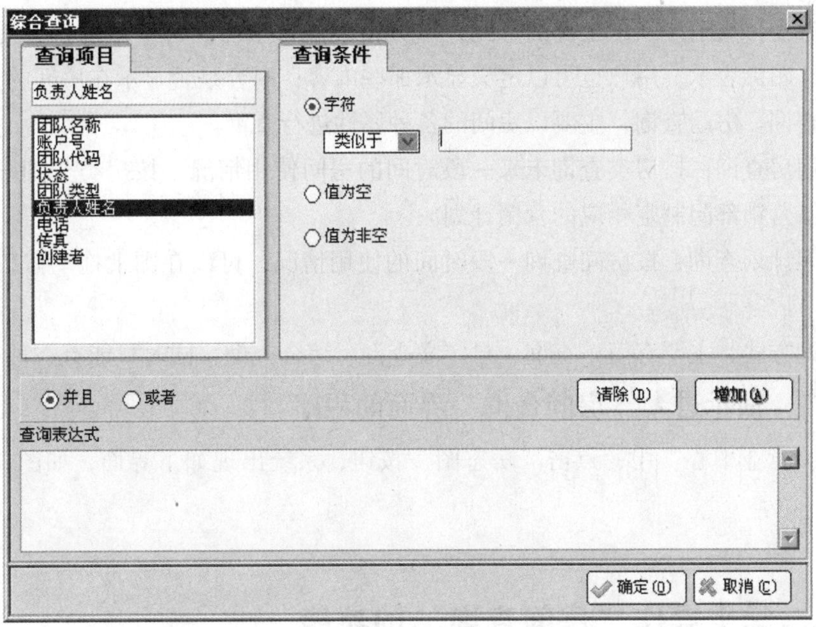

图3－2－10

实验三　房间查询

【实验目的】

1. 了解房态盘中的房间查询界面的主要功能；
2. 掌握房间房态的各种查询方法。

【实验内容】

了解房态盘中的房间的显示信息，使用不同的查询方法，如简单查询、综合查询及自定义查询，对房间房态的信息进行查询操作。

【实验步骤】

一、教师演示介绍“房间查询”功能的基本内容

（一）讲解“房间查询”的主要功能与查询方式

房态盘，集中显示了全部的房间，以方格表示每个房间；不同的状态使用不同的颜色、图标表示，用户也可以定义显示那些内容；内容是否显示在房间的方格上，不影响查询。房间查询，主要以房间的各种属性进行查询。

可用房查询：按房类查询未来一段时间的房间使用情况，按房类分别统计。可以提供给营销部门制定相应的营销计划。

房间计划查询：按房间查询一段时间的使用情况，可以在图上拖动修改，比如续住。

查询方式，主要有简单查询、自定义查询、综合查询，同时只能有一种有效。

（二）演示进入“房间查询”界面的程序

在“营业中心”中，点击“房态图”按钮，系统出现如下界面，如图 3－3－1 所示。

二、学生操作“房间查询”的功能

（一）学生操作“简单查询”功能

1. 选中“楼层号”：根据房间的楼层号查询房间。楼层号由系统从房间档案统

图 3－3－1

计所有使用的楼层号。可以多选，如图 3－3－2 所示。

2. 选中“房号”：按房号查询房间。手工输入房号，默认匹配方式为“类似于”，如图 3－3－3 所示。

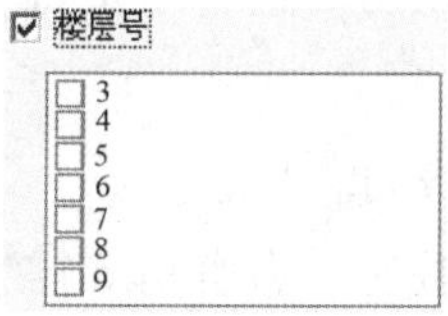

图 3－3－2

图 3－3－3

3. 选中“房间状态”：按房间的当前状态查询数据。系统列出全部的房间可用状态，可多选，如图 3－3－4 所示。房间状态是根据当前的业务操作，决定房间的状态，不根据时间变化，直到手工或系统变更其业务，才能使其状态发生变化。

4. 选中“清洁状态”：据房间的清洁状态查询数据。系统列出全部的可用清洁状态，可多选，如图 3－3－5 所示。

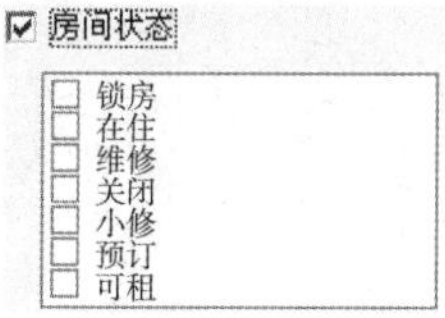

图 3－3－4

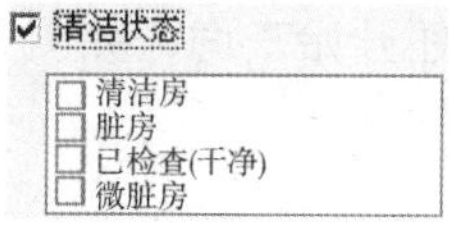

图 3－3－5

5. 选中“房类名”：按照房间类型查询数据。系统列出用户自定义的全部可用房间类型，可多选，如图3－3－6所示。

6. 选中“房间属性”：根据房间具备的特性查询，房间特性由用户定义。手工输入需要的房间属性，默认为“类似于”，如图3－3－7所示。

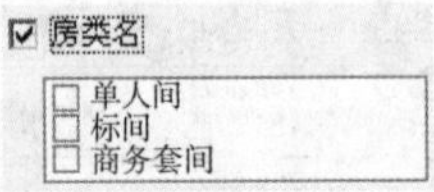

图3－3－6

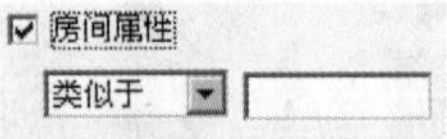

图3－3－7

（二）学生操作“自定义查询”功能

浏览“自定义查询”类别，如图3－3－8所示。

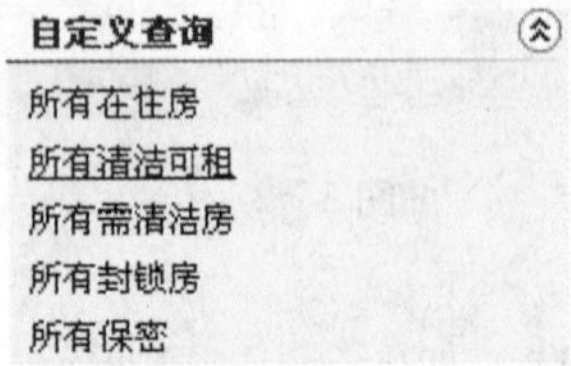

图3－3－8

1. 点击“所有清洁可租”：查询所有清洁的可出租房。适合于接待人员，查询可以出租给客人的房间信息。

2. 点击“所有在住房”：查询所有有客人入住的房间。

3. 点击“所有需清洁房”：查询所有清洁状态为脏房、微脏房等需要进行清洁的房间。

4. 点击“所有非可租房”：查询所有不可出租的房间，如封锁房、维修房等。

（三）学生操作“综合查询”功能

在简单查询和自定义查询都无法满足用户的需求下，可以使用综合查询。系统列出房间的所有可查询信息，用户可以自由组合查询，录入方式和简单查询类似。输入一个查询条件后，需要按“增加”按钮，把当前查询条件加入到查询条件中。多个查询条件组合可以采用“并且”、“或者”关联。全部条件输入完成，可以按“确定”按钮开始查询，如图3－3－9所示。

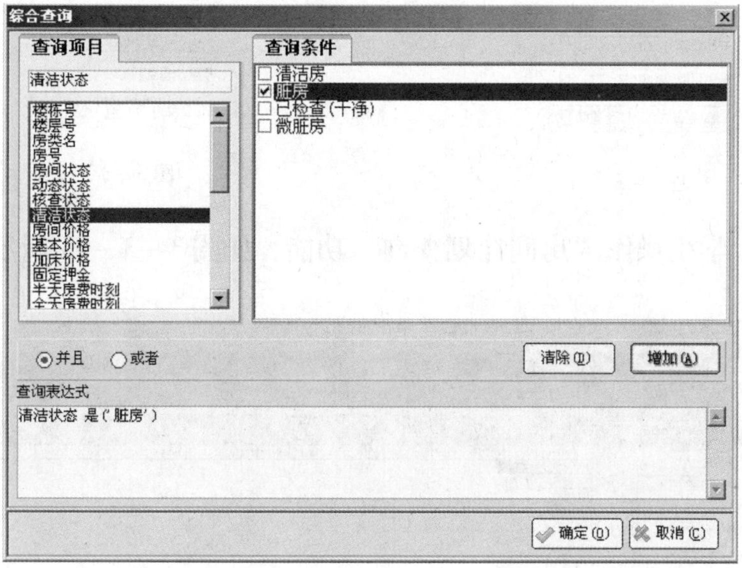

图 3－3－9

（四）学生操作“可用房查询”功能，如图 3－3－10 所示

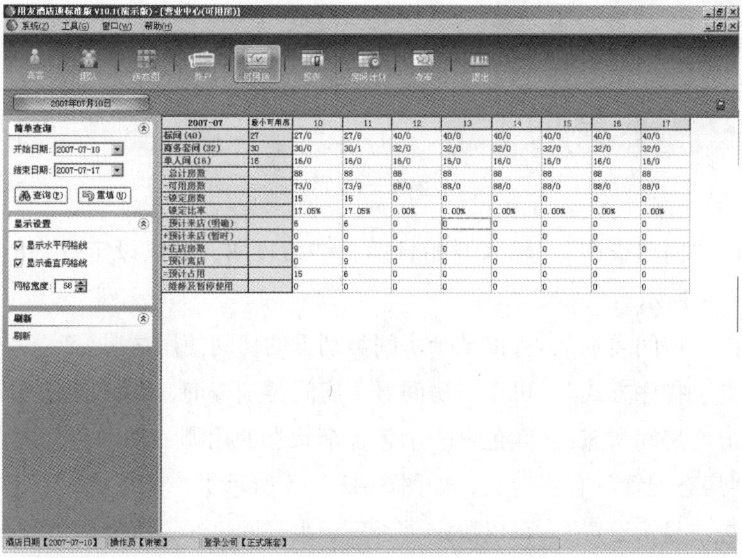

图 3－3－10

1. 点击“简单查询”：查询指定日期范围内的可用房信息。默认查询未来一个星期的可用房信息，如图 3－3－11 所示。

2. 进入“显示设置”：设置界面的显示，如是否显示水平网格线、垂直网格线等，如图 3－3－12 所示。

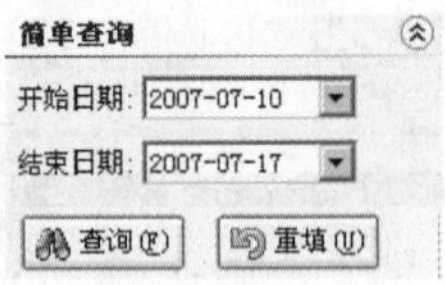

图 3－3－11

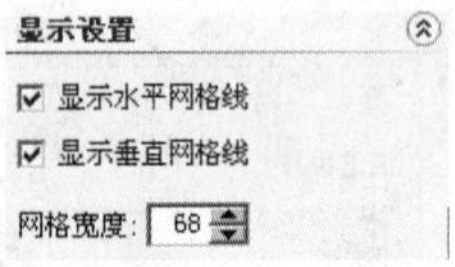

图 3－3－12

（五）学生操作“房间计划查询”功能，如图 3－3－13 所示

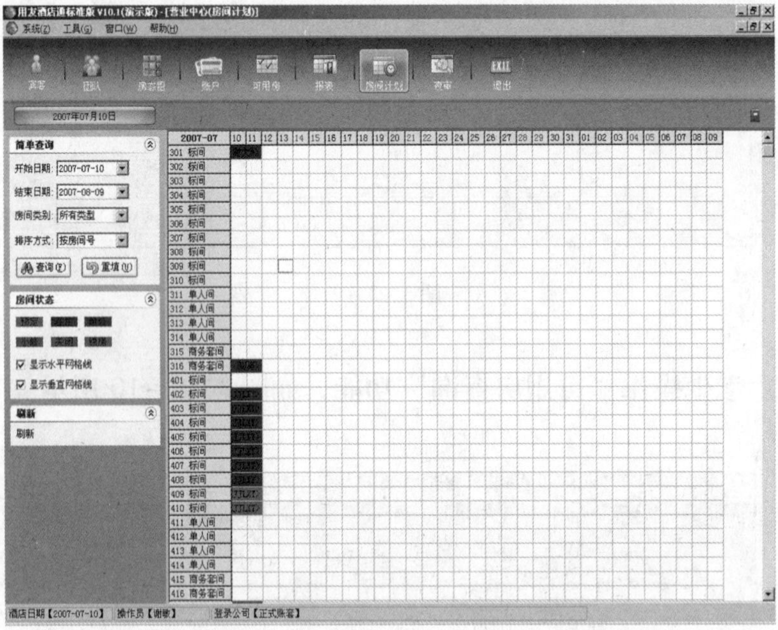

图 3－3－13

1. 点击“简单查询”：输入开始日期、结束日期，可以设定查询的日期范围，如图 3－3－14 所示。

2. 点击“房间类别”：查询某个房间类别下的房间使用情况。

3. 点击“排序方式”：可以按房间号、房间类别查询，默认按房间号排序。

4. 点击“房间状态”：颜色框表示，各个状态的用哪一种颜色。颜色由用户在房态盘的“房态配置”自由定义，如图 3－3－15 所示。

5. 点击“显示设置”：可以决定是否显示水平网格线、垂直网格线。

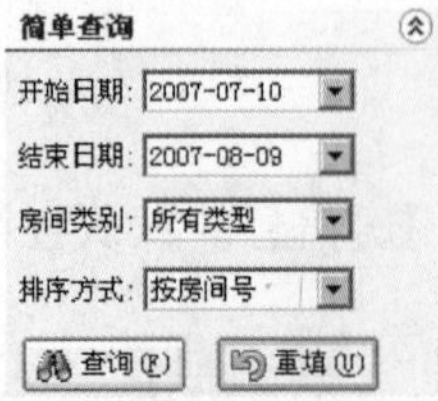

图 3－3－14

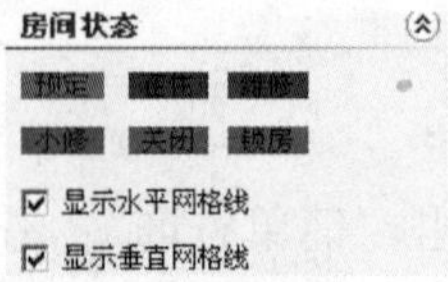

图 3－3－15

实验四　账户查询

【实验目的】

1. 了解账户查询界面功能；
2. 掌握按照不同的查询方法进行账户信息的查询。

【实验内容】

了解账户查询界面中的账务的显示信息，使用不同的查询方法，如简单查询、综合查询及自定义查询，对账户信息进行查询操作。

【实验步骤】

一、教师演示介绍“账户查询”功能的基本内容

（一）演示进入“账户查询”界面的程序

在“营业中心”中，点击“账务”按钮，系统出现如下界面，如图3-4-1所示。

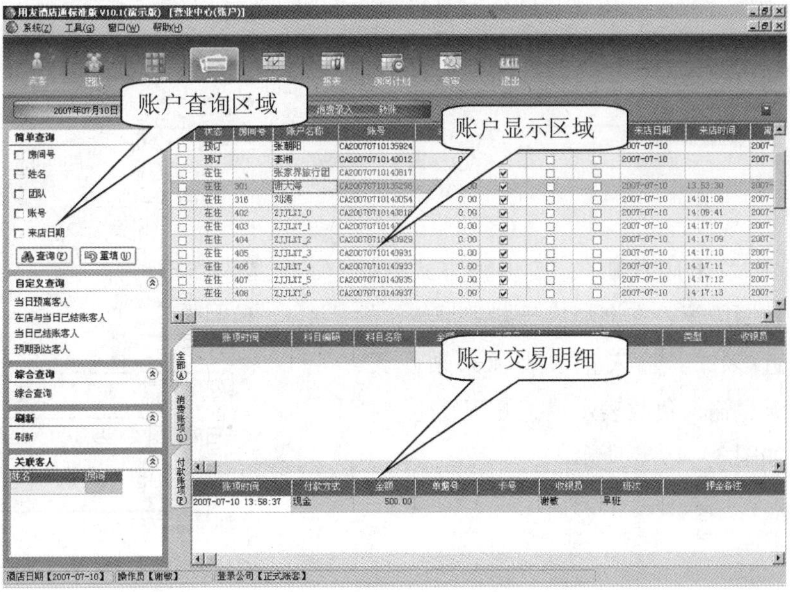

图3-4-1

（二）讲解“账户查询”的主要功能

账户查询界面：列出了系统中的全部账户余额，包括团队账户、散客账户、特殊账户；选择一个账户，可以在账户明细区域看到账户的消费信息、付款信息、押金信息。

二、学生操作“账户查询”的功能

（一）学生操作“简单查询”功能

1．选中“房间号”：按房间号查询指定的账单。需要手工输入房间号，匹配方式默认为“类似于”，如图 3－4－2 所示。

2．选中“姓名”：按宾客的姓名查找指定的账单。需要手工输入宾客姓名，匹配方式默认为“类似于”。如图 3－4－3 所示。宾客不包括团队的领队，可以按团队名称查询。

图 3－4－2

图 3－4－3

3．选中“团队”：按照团队的名称查询团队主账和团队对应的成员。手工输入团队名称，匹配方式默认为“类似于”，如图 3－4－4 所示。

4．选中“账号”：按账户的账号查询指定的数据。手工输入账号，匹配方式默认为“类似于”，如图 3－4－5 所示。

图 3－4－4

图 3－4－5

5．选中“来店日期”：按多种方式，如哪一天、日期段等，查询离店日期满足条件的账户。最近/未来，输入正数表示未来几天，包括了当天；输入负数表示最近几天，也包括了当天。如图 3－4－6 所示。

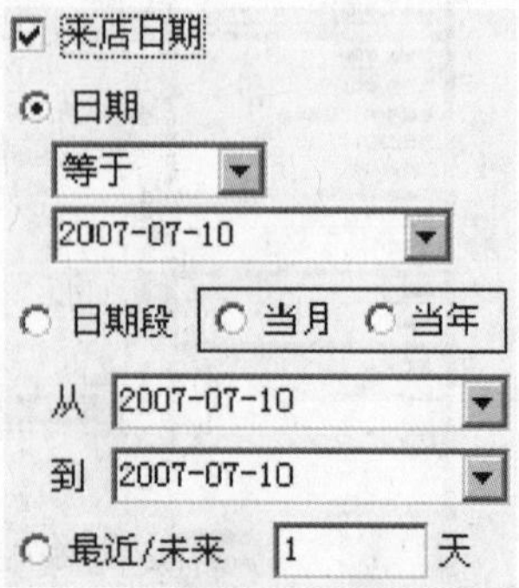

图 3－4－6

（二）学生操作“自定义查询”功能

浏览“自定义查询”类别，如图3－4－7所示。

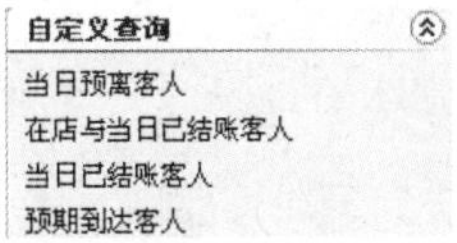

图3－4－7

1．点击“当日预离客人”，计划在当前系统日期离店的客人。

2．点击“在店与当日已结账客人”，在当前系统日期内，依然在店和当日已结账离店的客人。

3．点击“当日已结账客人”，查询当前系统，已结账的客人。

4．点击“预期到达客人”，计划在当前系统日期入住的预订客人。

（三）学生操作“综合查询”功能

在简单查询和自定义查询都无法满足用户的需求下，可以使用综合查询。如图3－4－8所示。系统列出房间的所有可查询信息，用户可以自由组合查询，录入方式和简单查询类似。输入一个查询条件后，需要按“增加”按钮，把当前查询条件加入到查询条件中。多个查询条件组合可以采用“并且”、“或者”关联。全部条件输入完成，可以按“确定”按钮开始查询。

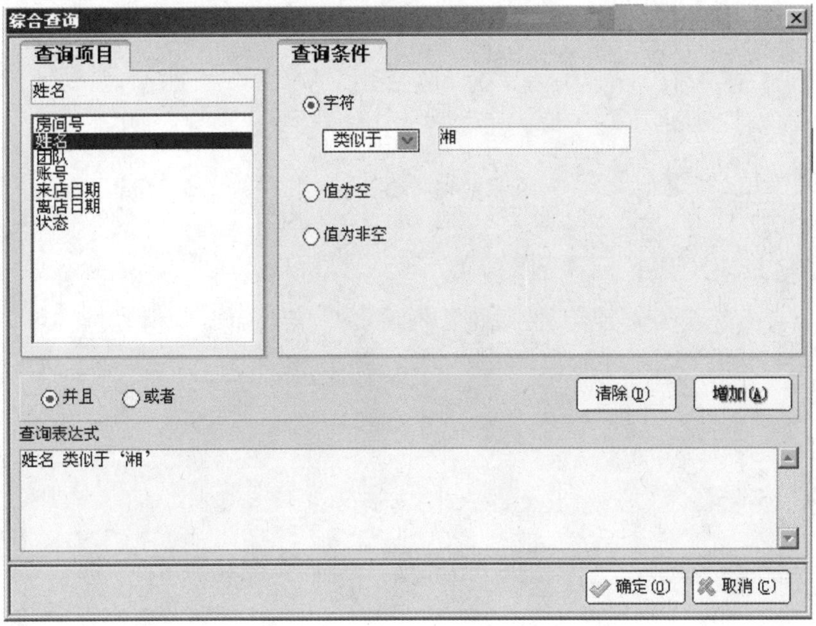

图3－4－8

第四章

客户化子系统

用户使用酒店通系统前需进行客户化处理，包括设置公司信息、用户权限、打印及账单号格式等数据。

实验一　公司信息与建公司账初始化

【实验目的】

1. 熟练设置公司信息;
2. 掌握新建公司账的操作。

【实验内容】

在酒店管理信息系统中，设置本公司的基本信息，包括基本名称、联系信息和其他信息部分，用户增加新的公司；对新建的公司进行建账操作。

【实验步骤】

一、教师演示介绍“公司信息与建公司账初始化”功能的基本内容

（一）讲解“公司信息与建公司账初始化”的主要功能

公司信息设置主要用于设置本公司的基本信息，包括基本名称、联系信息和其他信息部分，用户增加新的公司。

建公司账是对新建的公司进行建账操作的过程，分增补和建账两部分。增补是对已建账的公司进行公司信息的增加建立，建账是对新公司进行建账操作。

（二）说明操作“公司信息与建公司账初始化”功能的注意事项

1. 公司主键：标志公司的唯一标记，不能修改。
2. 公司编码：系统设置，不能修改。
3. 公司名称：必须输入，打印时会将公司名称打印在收银等账单上。
4. 只有系统内置的 admin（密码为空）才可以更改公司，其他用户由系统根据其所属公司自动选择。

二、学生操作“公司信息与建公司账初始化”的功能

（一）学生操作“公司信息设置”功能

1. 点击“客户化”→“公司属性”，显示如下界面，如图 4－1－1 所示。

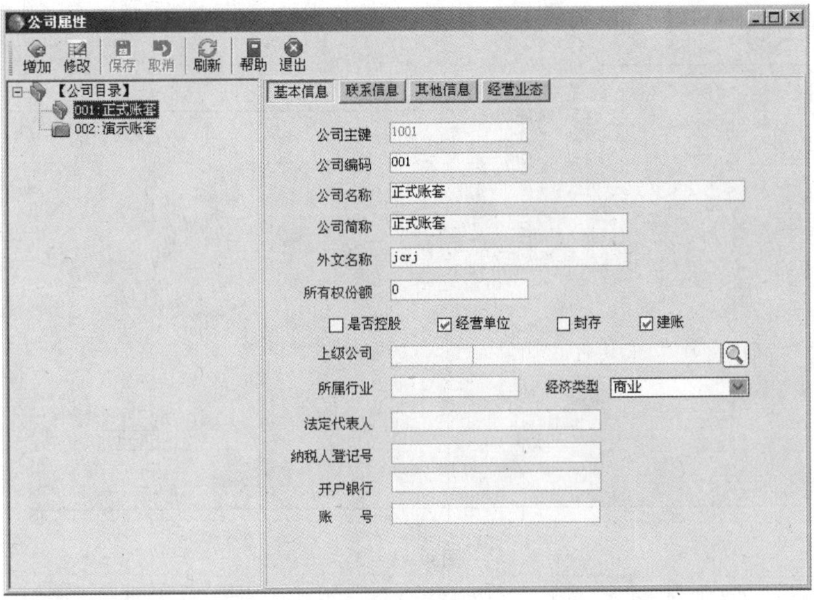

图 4 – 1 – 1

2. 在左边目录中选择要修改的公司，点“修改”按钮，在右侧编辑区输入详细信息，再点“保存”按钮，完成操作。

（二）学生操作“建公司账”功能

1. 点击“客户化”→“公司”→“建公司账”，显示如下界面，如图 4 – 1 – 2 所示。

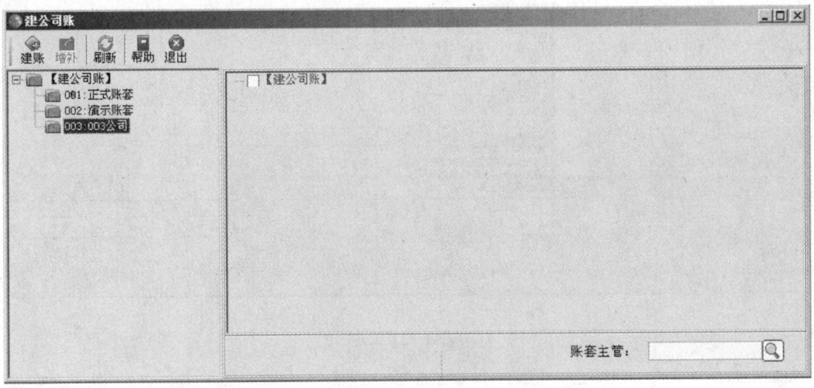

图 4 – 1 – 2

2. 设置账套建账和增补操作。

新建了公司后，如图 4 – 1 – 2 中，选择需要建账的公司，点击“建账”，选择需要启用的功能模块，如图 4 – 1 – 3 所示。

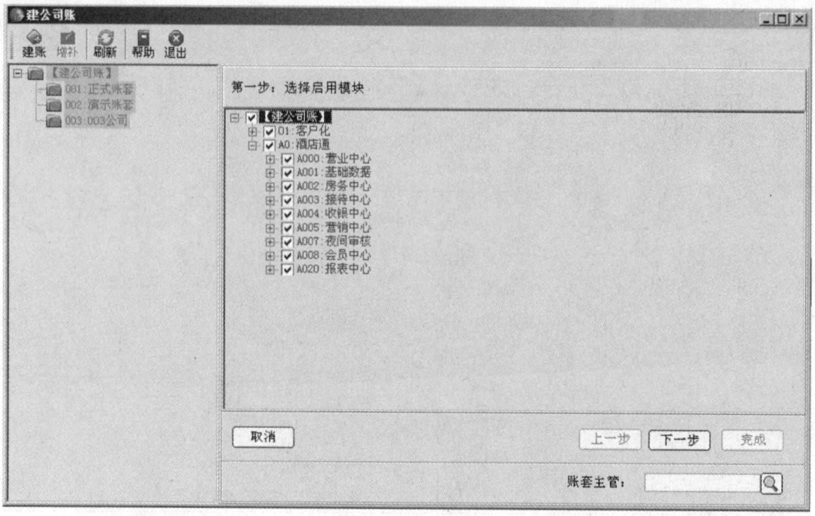

图 4－1－3

3．点击“下一步”，如图 4－1－4 所示。

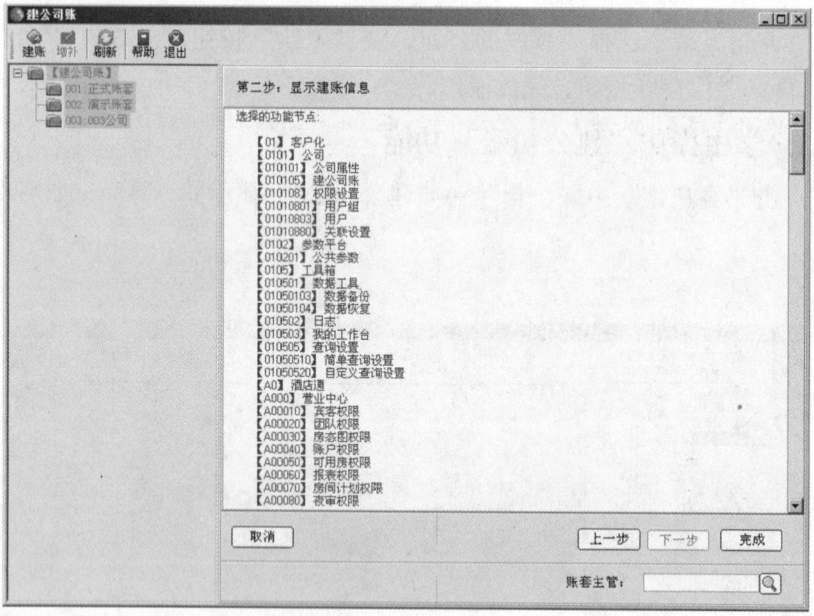

图 4－1－4

4．在图 4－1－4 中，点击“完成”按钮，进行建账完成过程；稍等建账完成后，系统会提示“已经完成新建公司账”，如图 4－1－5 所示。

图 4－1－5

5. 对已经完成建账操作的公司，客户就可以进行使用了。使用时在登录时选择相应的公司即可，如图 4－1－6 所示。

图 4－1－6

实验二　用户权限设置

【实验目的】

1. 掌握用户权限设置功能；
2. 熟练操作用户组的主要功能。

【实验内容】

在酒店管理信息系统软件中，在用户组功能节点中设置用户组及权限、设置用户及权限、设置用户关联用户组。对用户进行新增、修改、删除。

【实验步骤】

一、教师演示介绍“用户权限设置”功能的基本内容

（一）讲解“用户权限设置”的主要功能

在企业经营管理中不同人员分工不同，本系统提供了根据职员的职位性质、职

位等级授予相应权限的功能，有效地监督各部门工作，并且保证企业财务数据的安全性。可以按如下步骤操作：

（1）在用户组功能节点中设置用户组及权限；

（2）在用户组功能节点中设置用户及权限；

（3）在用户组功能节点中设置用户关联用户组。

“用户组”主要用于定义各种不同的权限组，为这些不同的权限组分配不同的权限，然后将不同的用户关联到相应的权限组。

“用户”主要用于对用户进行新增、修改、删除，并对用户功能模块权限进行设置。

关联设置用于设置操作员可以手动打折时的最低折扣率、手动的最大优惠金额。

二、学生操作“用户权限设置”的功能

（一）学生操作“用户组”功能

1. 点击“客户化”→“用户组”，显示如下界面，如图4－2－1所示

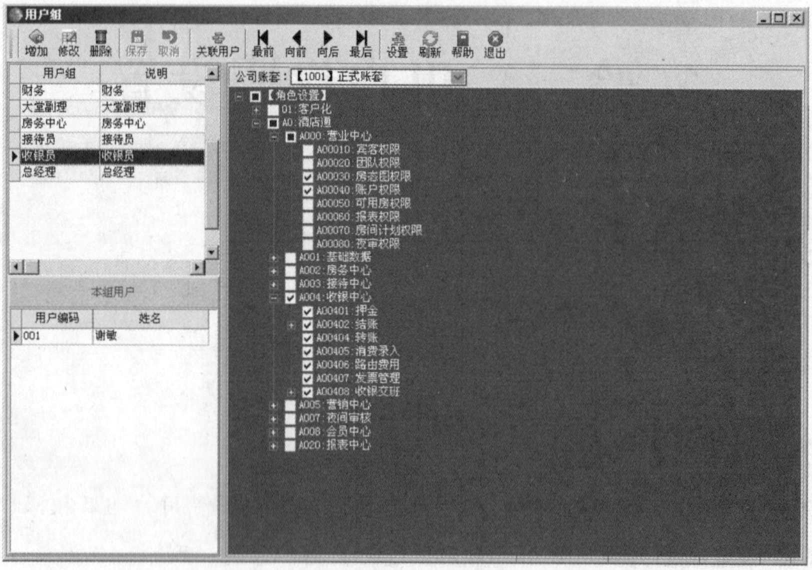

图4－2－1

2. 增加用户组

在图4－2－1中，点击“增加”按钮，建立一个权限组，为该权限组填好用户组名称，在右侧目录中勾选相应的权限节点。点击“保存”按钮，完成操作。

3. 修改用户组

在图4－2－1中，在左侧用户组列表中选择要修改的权限组，点击“修改”按

钮，可修改用户组名称和重新勾选其权限节点。点击“保存”按钮，完成操作。

4．删除用户组

在图4－2－1中，在左侧用户组列表中选择要修改的权限组，点击“删除”按钮，可删除选择的用户组（关联了用户的用户组不允许删除）。

5．用户组关联用户

在图4－2－1中，将相关用户关联对应的权限组。先在左侧用户组例表选择要关联用户的用户组，然后点击“关联用户”按钮，系统弹出用户组关联用户窗口，如图4－2－2所示。

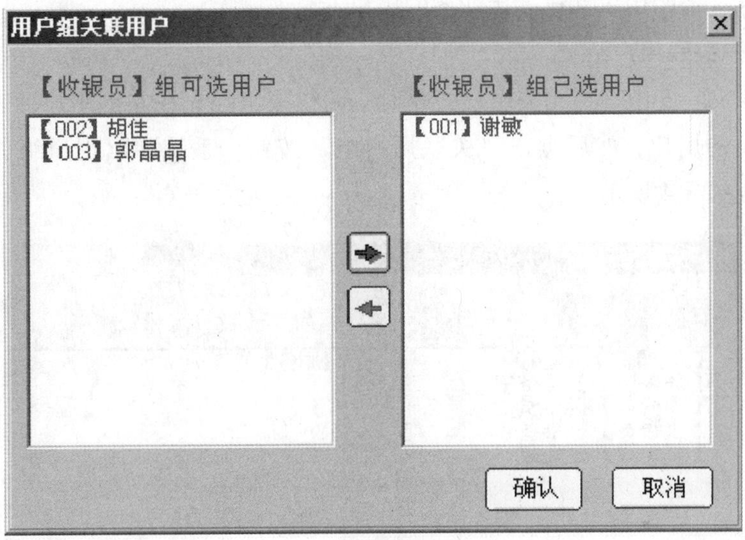

图4－2－2

再从用户列表中选择需关联的用户，点击，将选择的用户移到已选用户列表中。如需从已关联的用户中解除关联关系，在已选用户中选择已关联用户，点击，将选择的用户移到可选用户列表中。点击“确认”按钮，完成操作；如点击“取消”按钮，取消操作。

（二）学生操作“用户”功能

1．点击“客户化”→“用户”，显示如下界面，如图4－2－3所示

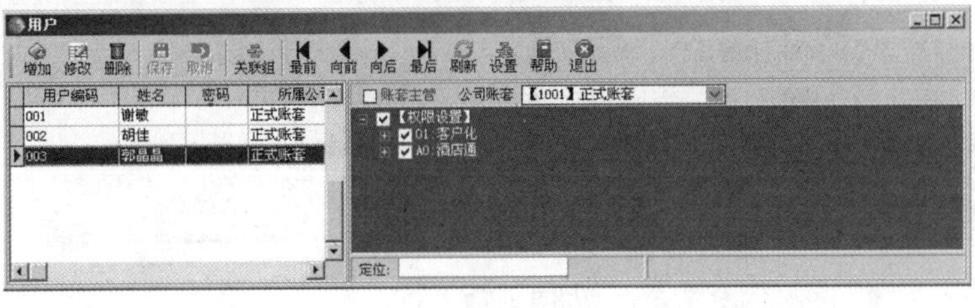

图4－2－3

2. **增加用户**

在图4－2－3中，点击“增加”按钮，建立一个用户，录入用户编码、名称、口令等内容，勾选用户权限。点击“保存”按钮，完成操作。

3. **修改用户**

在图4－2－3中，在左侧用户组列表中选择要修改的用户，点击“修改”按钮，可修改用户基本信息和权限。点击“保存”按钮，完成操作。

4. **删除用户**

在图4－2－3中，在左侧用户组列表中选择要删除的用户，点击“删除”按钮，可删除选择的用户（已发生业务的用户不允许删除）。

5. **用户关联用户组**

在图4－2－3中，将相关用户关联对应的权限组。先在左侧用户列表中选择要关联用户组的用户，然后点击“关联用户组”按钮，系统弹出用户组关联用户窗口，如图4－2－4所示。

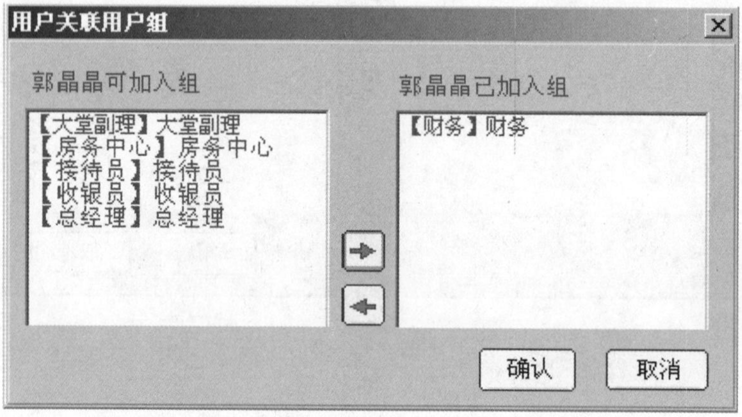

图4－2－4

（三）学生操作“关联设置”功能

设置操作员可以手动打折时的最低折扣率、手动的最大优惠金额。如图4－2－5所示。

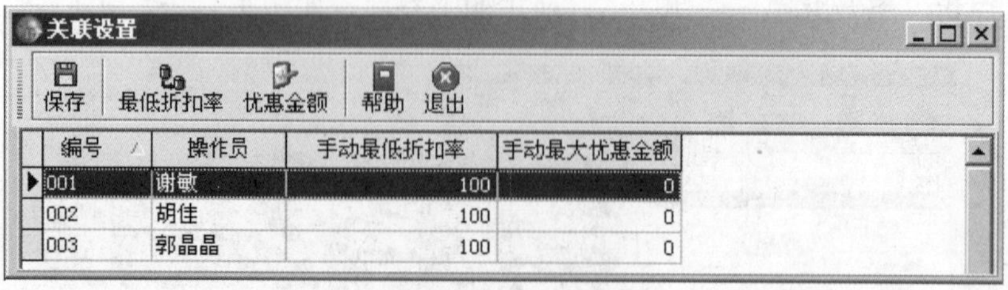

图4－2－5

1．**设置最低折扣率**

设置最低折扣率，为可以打折的百分比。若为“100”表示不能打折，为“80”表示最低能打 8 折，为“0”可以打任意折扣。选择需要设置的操作员，点击“最低折扣率”按钮，在弹出的设置界面输入最低折扣率，按“确定”即可，如图 4－2－6 所示。

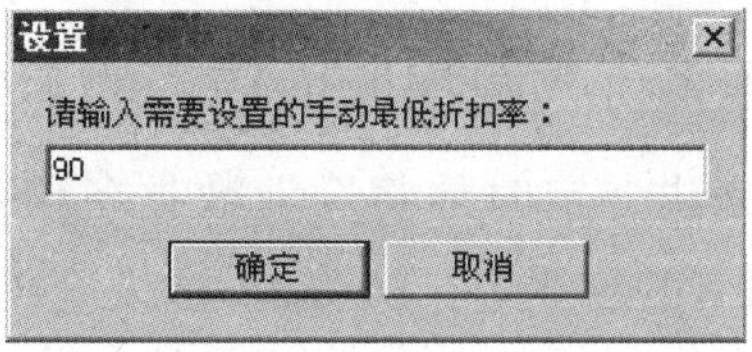

图 4－2－6

2．**设置优惠金额**

设置优惠金额，为手动优惠的最大金额，若为“0”不能优惠，大于“0”为手动优惠的最大金额。选择需要设置的操作员，点击“优惠金额”按钮，在弹出的设置界面输入最大优惠金额，按“确定”即可。如图 4－2－7 所示。

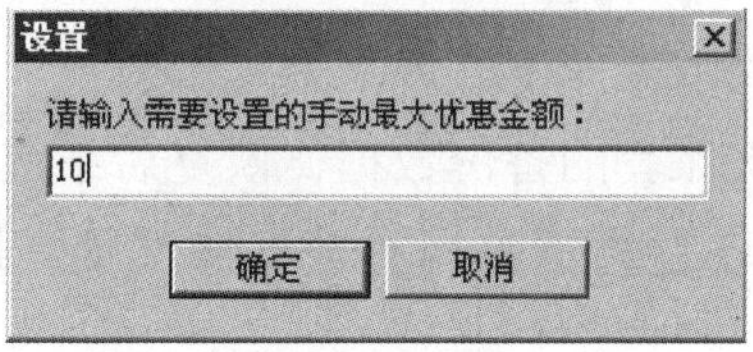

图 4－2－7

实验三　数据库备份与数据库恢复

【实验目的】

1．掌握数据库备份功能的操作；

2．掌握数据库恢复功能的操作。

【实验内容】

对“客户化”菜单下级的“数据备份”功能和“数据恢复”功能的操作。实现本地备份与远程备份两种方式。

【实验步骤】

一、教师演示介绍“数据库备份与数据库恢复”功能的基本内容

（一）讲解“数据库备份与数据库恢复”的主要功能

对于企业系统管理员来讲，定时地将企业数据备份出来存储到不同的介质上（如常见的软盘、光盘、网络磁盘等等），对数据的安全性是非常重要的。如果企业由于不可预知的原因（如地震、火灾、计算机病毒、人为的误操作等等），需要对数据进行恢复，此时备份数据就可以将企业的损失降到最小。当然，对于异地管理的公司，此方法还可以解决审计和数据汇总的问题。各企业应根据自身实际情况加以应用。

数据库备份：在这里可以备份所选账套的数据，备份后将在选择的路径下生成数据备份文件，以供数据恢复时使用。备份分为本地备份和远程备份。本地备份在数据库服务器上操作，备份在本地的某个文件目录；远程备份，指异机备份，把远程数据库系统的文件备份到数据库中的目录。

数据库恢复：恢复所选账套的备份数据，恢复后系统中所有数据均为备份的历史账套中的数据。数据库恢复会覆盖现有数据库文件，恢复前建议先备份当前数据库。

（二）演示“数据库备份与数据库恢复”的操作

二、学生操作“数据库备份与数据库恢复”的功能

（一）学生操作“数据库备份”功能

1. 以具有“数据备份”权限的用户进入系统，然后点击“客户化”菜单下级的“数据备份”功能进入。

2. 备份分为本地备份和远程备份。本地备份在数据库服务器上操作，备份在本地的某个文件目录；远程备份，指异机备份，把远程数据库系统的文件备份到数据库中的目录。

3. 此时系统弹出数据备份界面，如图 4－3－1 所示，在左边的目录树上或右边的账套列表中选择需要备份的账套。

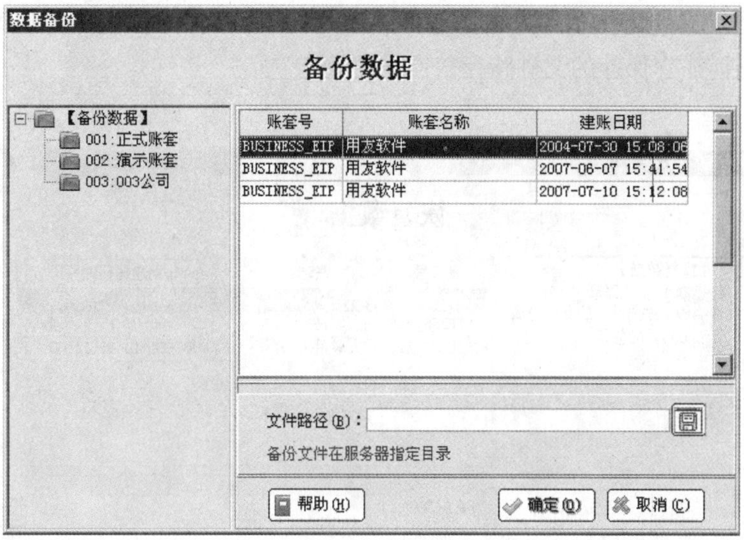

图4－3－1

点击文件路径的参照按钮，为此备份文件选择存放路径，如图4－3－2所示。选择好存放路径后，系统会自动生成文件名并显示在文件路径栏中（如：D:\酒店\BUSINESS_EIP_061019_171341. BAK）。点击数据备份界面上的“确定”按钮，此时备份文件将保存到所选文件路径。

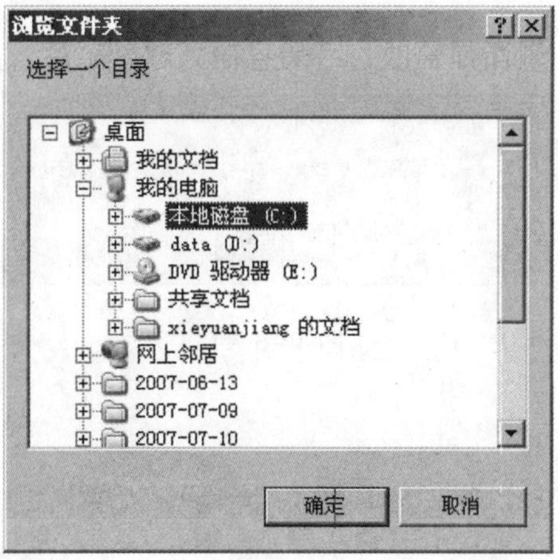

图4－3－2

（二）学生操作“数据库恢复”功能

1. 以具有“数据恢复”权限的用户进入系统，然后点击“客户化”菜单下级的“数据恢复”功能进入。

2. 此时系统弹出恢复数据界面，如图4－3－3所示，选择想要被恢复的数据账套，在右下方的账套号中将显示被选中的账套号名称，然后选中恢复数据的历史备份文件和当前账套保存的文件路径，点击“确定”。

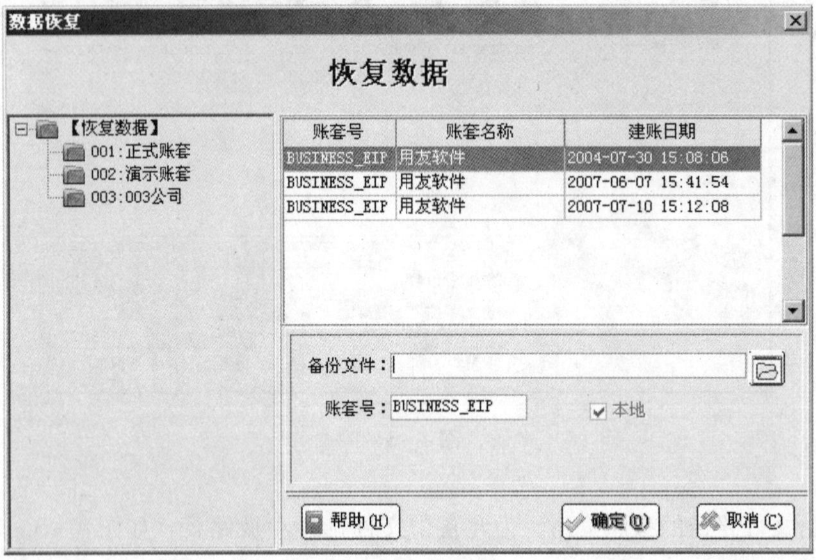

图 4－3－3

当系统提示数据恢复成功，如图 4－3－4 所示，此时已成功恢复了原来备份的账套数据。

图 4－3－4

实验四 日志与我的工作台

【实验目的】

1. 掌握“日志”功能的操作；
2. 熟练操作“我的工作台”功能。

【实验内容】

在客户化的下一级菜单中，学习“日志与我的工作台”的功能操作。用户根据需要，输入查询条件，进行日志的查询。在“我的工作台”中对快捷方式、系统控制等方面的自定义功能进行操作。

【实验步骤】

一、教师演示介绍“日志与我的工作台”功能的基本内容

（一）讲解“日志与我的工作台”的主要功能

日志：为了保证系统的安全运行，系统随时对每个操作员的操作时间、模块、账套等情况进行登记，形成操作，以便使所有操作都有记录、有迹可寻。

餐饮企业个性化经营非常突出，为了适用灵活多变的管理模式，设置了“我的工作台”功能。我的工作台可操作的内容分为：快捷方式、系统控制。

设置快捷方式：酒店通的功能很多，针对不同的岗位具备不同功能，因此，不同的岗位使用的功能不同，一个岗位不同的人经常用到的功能也不尽相同。快捷方式的设计就是允许每个操作员定义自己常用的功能，通过系统的“快捷进入”快速定位到需要的功能。

系统控制是设置系统必需的参数，用以适用酒店企业个性化经营所必需的一些参数。这些参数影响到企业日常营业的收入，如精度设置、开票附加费等，程控机、门锁接口设置等，因此非常重要，在正式营业前，必须规划并设置好这些参数。

参照定位：在使用参照时，通常需要在多条数据中找到自己需要的数据，可以快速找到所需要的数据。参照界面提供定位，默认是按编码定位。每个操作员有自己的操作习惯，系统提供默认的过滤条件供设置，允许选择的定位参照包括：编码、助记码、名称、类别。用户可根据自己的操作习惯选择，以后每次的参照选择界面

的默认定位参照都将是用户自己设置的参照定位的内容。

（二）演示进入“日志与我的工作台”界面程序，如图 4－4－1 所示

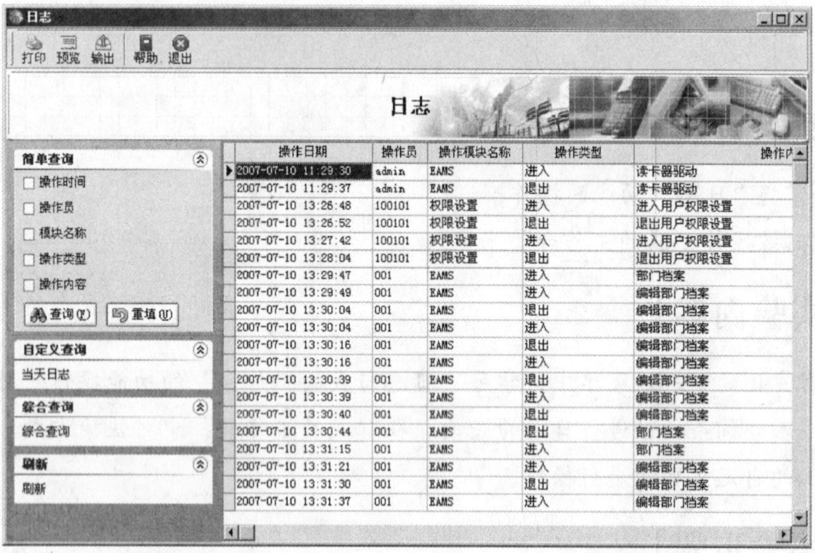

图 4－4－1

（三）说明操作“日志与我的工作台”功能的注意事项

系统控制需要账套主管才可以设置。

二、学生操作“日志与我的工作台”的功能

（一）学生操作“日志”功能

1. 点击“客户化”→“日志”。

2. 用户根据需要，输入查询条件，如：日期、所在账套、模块、操作类型，以及操作员等。点击“查询”按钮，系统将显示在当前条件下的所有操作记录。

（二）学生操作“我的工作台”功能

1. 在客户端的菜单栏中的客户化或左侧功能列表的客户化中点击“我的工作台”，可进入操作“我的工作台”的界面。

2. 打开“我的工作台”后首先看到的就是“快捷方式”，如要设置“快捷方式一”点击图 4－4－2 中的参照按钮，将打开功能参照选择界面，用户选择一个需要设定快捷方式的功能节点，按“确定”即可。其他快捷方式操作类似。

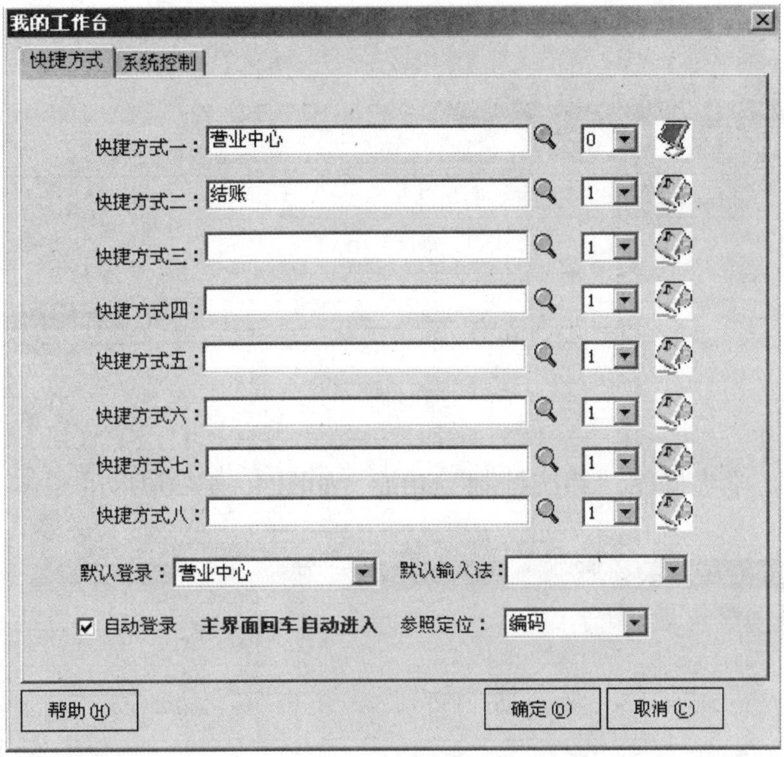

图 4－4－2

还可以定义默认登录：从定义的快捷方式中选择一个，在主界面回车即可快捷进入的功能。还可以选择“自动登录”，登录系统时，系统自动登录到功能。

3．使用快捷方式：在酒店通的客户端顶端的功能区域中点击“快捷进入”，如图 4－4－3 方框区域。在系统的主功能显示区域，将显示客户自定义的快捷方式，如图 4－4－4 中的“营业中心”、“每日收入晨报”；点击需要的功能，与在菜单、功能区域点击的效果是一致的。

图 4－4－3

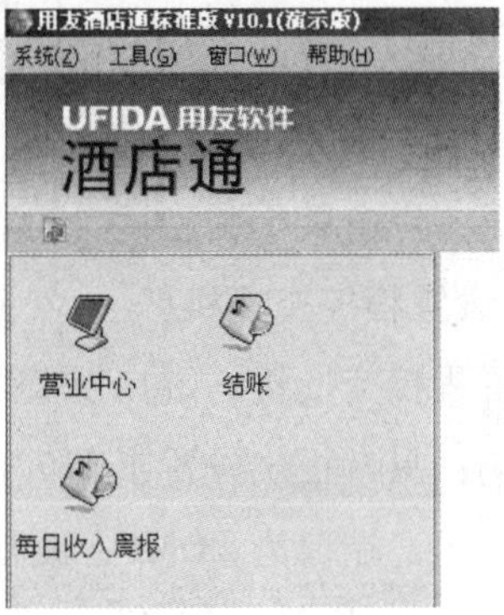

图 4－4－4

4. 快捷方式设置页签中的其他设置，如图 4－4－5 所示。

图 4－4－5

（三）学生操作“系统控制”功能，如图 4－4－6 所示

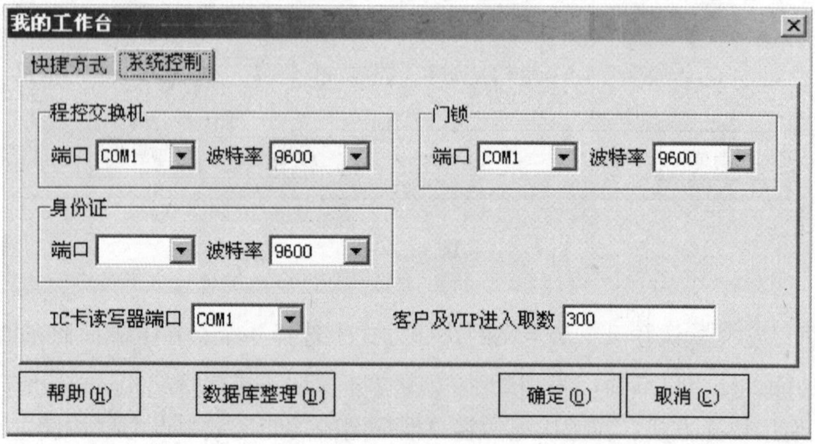

图 4－4－6

1. **设置精度**

设置的数值影响系统账单、报表中数值显示精度。在此基础上系统采用四舍五入处理。可以设置的包括单价、金额、数量。

默认值：均为 2。

设置：点击某个类型后，可直接输入数字进行调整。

2. **设置程控交换机**

设置程控交换机的端口、波特率；只有连接了程控交换机的主机需要设置。

影响：只有正确设置了端口、波特率才能收到电话记录。

默认值：端口为 COM1，波特率为 9600。

设置：通过下拉框选择。

3. **设置门锁**

设置门锁制卡设备的端口、波特率；只有连接了门锁制卡设备的主机需要设置。

影响：只有正确设置了端口、波特率才能通过系统制卡。

默认值：端口为 COM1，波特率为 9600。

设置：通过下拉框选择。

4. **设置身份证**

设置第二代身份证读取设备的端口、波特率；只有连接了第二代身份证读取设备的主机需要设置。

影响：只有正确设置了端口、波特率才能通过系统读取第二代身份证信息。

默认值：端口无，波特率为 9600。

设置：通过下拉框选择。

5. **其他设置**

开票附加费率：开发票超过消费金额，超出部分收取的税率。默认为 20%。

客户及 VIP 用户进入取数：客户数很多时，进入速度比较慢，可以设置显示的客户数，默认为 300。可以查找过滤找到其他数据。

IC 卡读写器端口：VIP 卡读写设备的端口。默认为 COM1。

第五章

基础设置

基础数据建立指在初次使用时，建立系统内的各类与业务相关的信息档案。主要包括：部门/员工、房间档案、房价设置、电话档案、项目档案、会计科目、客人档案、计量、营业班次、方案设置、摘要维护、图片档案管理、语种档案、付款方式、账户接口设置、预订类型、团队类型等设置。

实验一　部门/员工设置

【实验目的】

1. 掌握基础数据建立的功能操作；
2. 掌握新增、修改、删除部门信息与部门档案功能的操作；
3. 掌握新增、修改、删除员工信息与员工档案功能的操作。

【实验内容】

在基本信息功能中，学习新增、修改、删除、输出、浏览等基本功能的操作。学习部门信息、部门档案、员工信息、员工档案等功能模块的操作。

【实验步骤】

一、教师演示介绍“基础数据”功能的基本内容

（一）讲解“基础数据”的主要内容

基础数据建立指初次使用时，建立系统内的各类与业务相关的信息档案。主要包括：部门/员工、房间档案、房价设置、电话档案、项目档案、会计科目、客人档案、计量、营业班次、方案设置、摘要维护、图片档案管理、语种档案、付款方式、账户接口设置、预订类型、团队类型。

（二）说明“部门/员工”的主要功能

部门类别：主要完成对部门类别编码与部门类别名称的设置，用于对公司部门及员工相关信息进行维护。

部门档案：主要完成对部门档案内容的设置。用户可根据需要对部门档案进行新增、修改、删除。

员工类别：主要完成对员工类别内容的设置。

员工档案：主要完成对员工档案内容的设置。用户可根据需要对员工档案进行新增、修改、删除。

（三）演示“基础数据”的操作界面

点击“基本信息”后，进入某类基本信息操作界面，通过点击工具栏按钮操作基本信息，如图 5－1－1 所示。

图 5－1－1

系统的所有基本信息的基本操作方法如下：

1. 新增

增加一条新记录，点“新增”按钮会显示基本信息编辑界面，输入各项信息后点“保存”按钮完成新增操作。

2. 修改

选中某一个需要修改的基本信息，点击“修改”按钮会显示基本信息编辑界面，也可双击某条基本信息弹出基本信息编辑界面，输入各项信息后点“保存”按钮完成修改操作。

3. 删除

选中一个基本信息，点“删除”按钮会显示提示是否删除的询问界面，再点“确定”按钮后完成删除操作。

4. 输出

① 打印：点“输出”→“打印”可将当前界面所显示的基本信息打印出来。

② 预览：点“输出”→“预览”可预览打印效果及打印设置。

③ 输出：点“输出”→“输出”可将选取的基本信息输出到 Excel 表格。

5. 刷新

刷新数据信息，点“刷新”可刷新档案数据。

6. 浏览

点“浏览”→“查询”会显示一个查询界面，如图 5－1－2 所示。

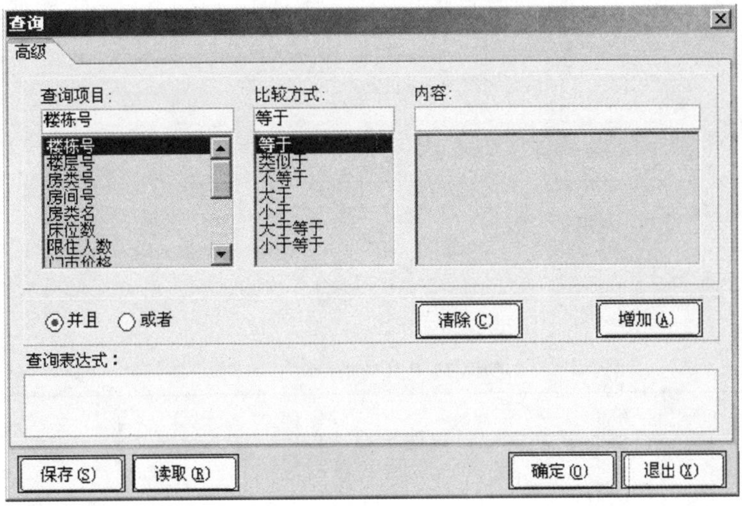

图 5－1－2

用户可以使用系统提供的逻辑关系、条件项、关系选择和条件值，点击“增加”和“清除”按钮编辑过滤条件表达式，将用户自己设置的表达式作为过滤条件，过滤查询。点“取消”按钮，取消查询。

7. 查看

可通过鼠标双击某一条基本信息进行查看。

8. 帮助

点“帮助”按钮可显示帮助文档。

9. 退出

退出此界面。也可以通过快捷键 ESC 退出。

（四）说明操作“部门/员工”功能的注意事项

新增、修改部门类别/员工类别时，部门类别编码需遵循编码规则：** ** ** 。

二、学生操作“部门/员工”的功能

（一）学生操作“部门类别”功能

1. 点击“基础数据”/“部门/员工”/“部门类别”，界面显示如图 5－1－3 所示

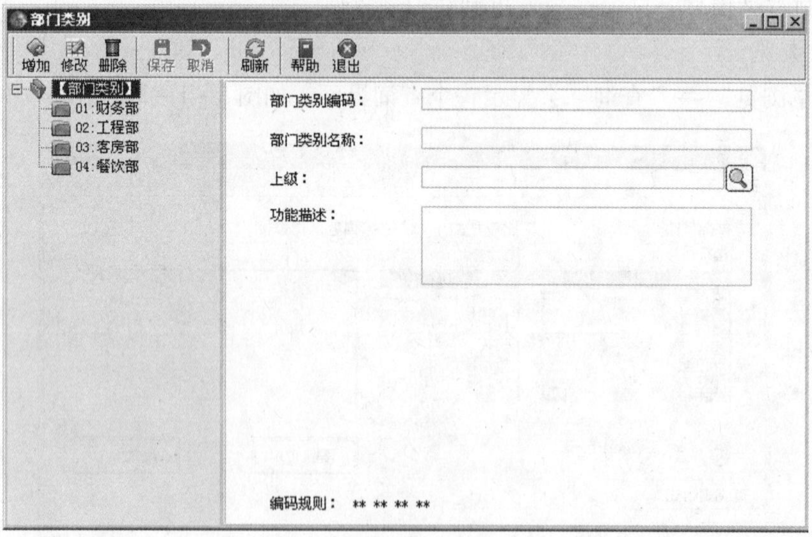

图 5－1－3

2. **增加部门类别**

在部门类别列表树中选择部门类别，点击“增加”按钮，显示如图 5－1－4 所示。

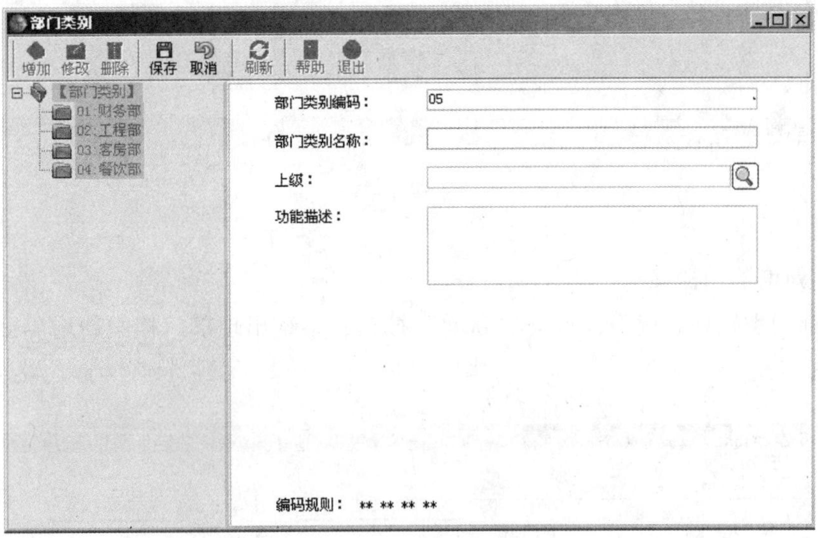

图 5－1－4

在编辑区输入“部门类别编码”、“部门类别名称”、“上级”，以及在“功能描述”中进行功能的描述。

点击“保存”按钮，系统将新增的部门类别保存。

注意：① 其中“部门类别编码”、“部门类别名称”为必须输入，且“部门类别编码”必须唯一。

② 在部门类别列表树为空的情况下，直接点击“新增”按钮，“上级”为空。

3. **修改部门类别**

在部门类别列表树中点击需修改的部门类别，点击“修改”按钮，即可对部门类别进行修改。点击“保存”按钮，系统将修改后的内容保存，如需放弃此次修改，点击“取消”按钮即可。

4. **删除部门类别**

在部门类别列表树中点击需删除的部门类别，点击“删除”按钮，即可删除此部门类别的内容。如果该部门类别正在使用，则不可删除。

（二）学生操作“部门档案”功能

1. 点击“基础数据”／“部门/员工”／“部门档案”，界面显示如图 5－1－5 所示

图 5－1－5

2．新增部门档案

在部门类别列表树中，点击“新增”按钮，系统出现部门档案新增界面，如图 5－1－6 所示。

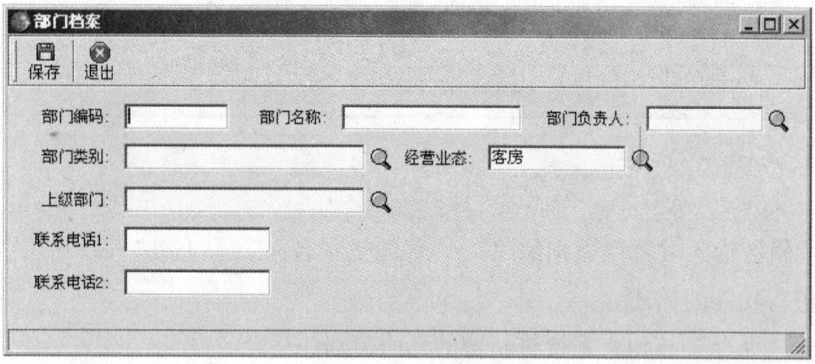

图 5－1－6

录入“部门编码”、“部门名称”，选择对应的“经营业态”。点击“保存”按钮，系统将新增的部门档案保存，如需撤销新增，点击“退出”按钮即可。

3．修改部门档案

在部门类别列表树中，点击需要修改的部门类别，在对应的部门档案列表中，选择需修改的部门档案记录。

点击“修改”按钮，修改指定部门档案内容。

点击“保存”按钮，系统将修改内容保存，如需撤销修改，点击“退出”按钮即可。

4．删除部门档案

在部门类别列表树中，点击需删除的部门类别，在对应的部门档案列表中，选择需删除的部门档案记录。点击“删除”按钮，系统将指定记录删除。

（三）学生操作“员工类别”功能

1. 点击“基础数据”/“部门/员工”/“员工类别”，界面显示如图5－1－7所示

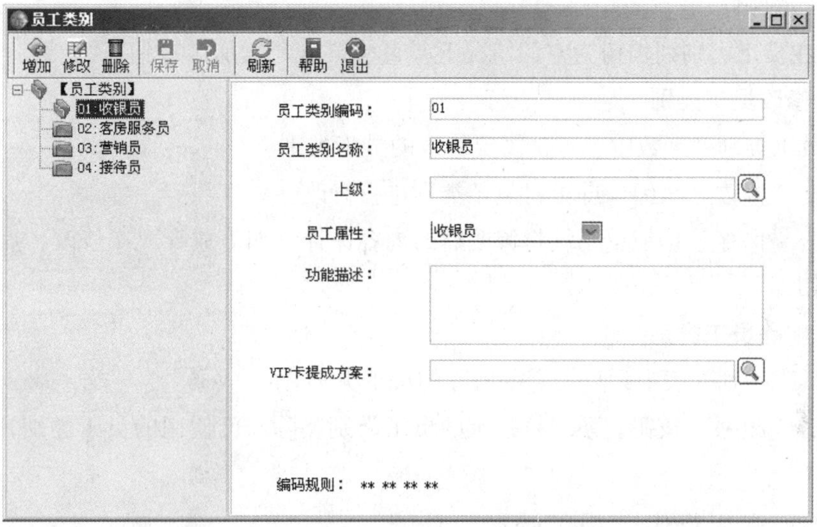

图5－1－7

2. 增加员工类别

在员工类别列表树中选择员工类别，点击“增加”按钮，界面如图5－1－8所示。

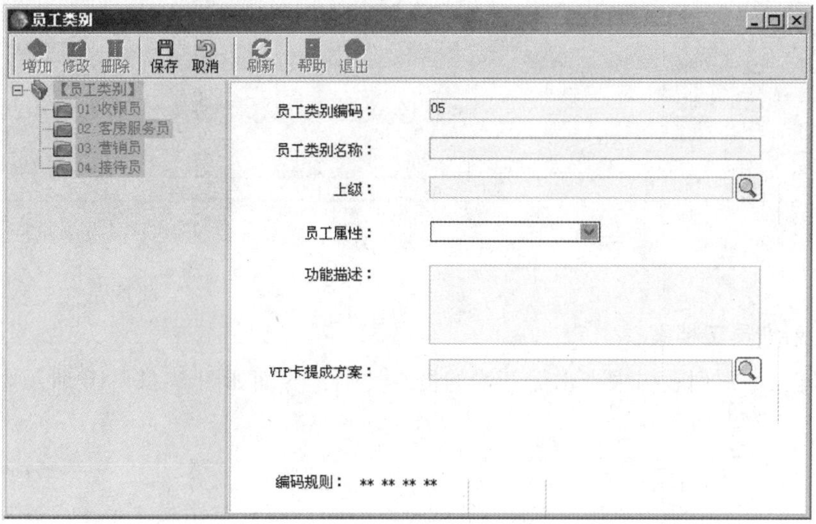

图5－1－8

在编辑区输入“员工类别编码”、“员工类别名称”、“上级”，选择“员工属性”，在“功能描述”中进行功能的描述。点击“保存”按钮，系统将新增的员工类别保存。

注意：① 其中“员工类别编码”、“员工类别名称”为必须输入，且“员工类别编码”必须唯一。

② 在员工类别列表树为空的情况下，直接点击“增加”按钮，“上级”为空。

3. 修改员工类别

在员工类别列表数中，点击需要修改的员工类别。

点击“修改”按钮，即可对员工类别进行修改。

点击“保存”按钮，系统将修改后的内容保存，如需放弃此次修改，点击“取消”按钮即可。

4. 删除员工类别

在员工类别列表中，点击需要删除的员工类别。

点击“删除”按钮，系统将指定的员工类别删除。已使用的员工类别，不允许删除。

（四）学生操作“员工档案”功能

1. 点击“基础数据”／“部门/员工”／“员工档案”，界面显示如图 5－1－9 所示

图 5－1－9

2. 新增员工档案

在员工类别列表树中点击需新增的员工类别，界面如图 5－1－10 所示。

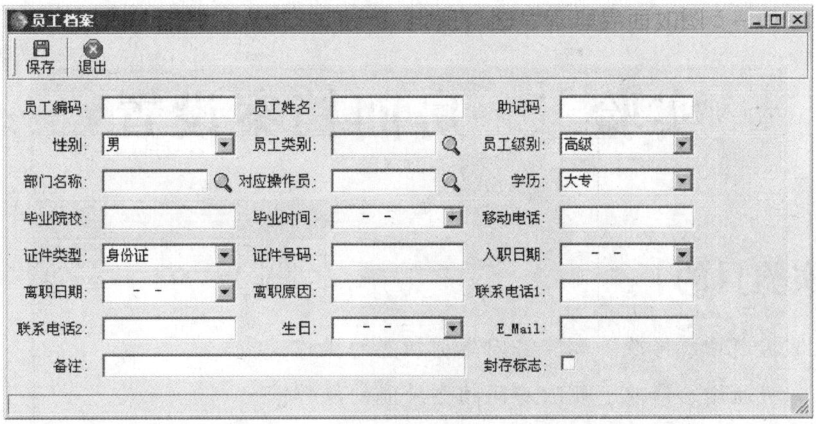

图 5－1－10

录入“员工编码”、“员工姓名”、“部门名称”、“对应操作员”、“入职日期”等内容。

点击“保存”按钮，系统将新增员工档案保存。

注意：“助记码”可根据员工姓名自动确定，用户无需手动录入。

3. 修改员工档案

在员工类别列表树中点击需修改员工的类别，在对应的“员工档案”列表中点击需修改的记录。

点击“修改”按钮，系统出现“员工档案”的修改界面，修改相关档案信息。

点击“保存”按钮，系统将修改内容保存，如需取消修改，点击“退出”按钮即可。

4. 删除员工档案

在员工类别列表树中点击需删除员工的类别，在对应的“员工档案”列表中点击需删除的记录。

点击“删除”按钮，系统将指定的员工档案删除。

实验二　房间档案设置

【实验目的】

1. 掌握新增、修改、删除房间类别功能的操作；
2. 掌握新增、修改、删除房间档案功能的操作；
3. 掌握新增、修改、删除房间特性功能的操作。

【实验内容】

在基本数据功能中，学习新增、修改、删除房间类别功能的操作，新增、修改、删除房间档案功能的操作，新增、修改、删除房间特性功能的操作。

【实验步骤】

一、教师演示介绍“房间档案”功能的基本内容

（一）说明“房间档案”基本功能

房间类别：主要完成对房间类别内容的设置。用户可根据需要对房间类别进行新增、修改、删除。房间类别的建立主要是为了建立房间档案时，对各房间进行类别分类，有利于按类别统计房间的业务信息。

房间特性：主要完成对房间特性的设置。用户可根据需要对房间特性进行新增、修改、删除。房间特性的建立主要是为了建立房间档案时，方便对各房间的特性进行设置。

房间档案：主要完成对房间档案内容的设置。用户可根据需要对房间档案进行新增、修改、删除。房间档案的建立主要是为了在业务处理中，需要房间时，只需参照房间档案选择房间，并可对任意房间所发生的业务进行查询与统计。

门锁系统，设置好后，可以在酒店管理中直接制房卡，使用门锁系统的制卡设备。一个系统同时只能使用一种系统支持的门锁。用户能修改参数。

（二）演示进入“房间类别”功能

点击“基础数据”/“房间档案”/“房间类别”，界面显示如图 5-2-1 所示。

图 5－2－1

二、学生操作“房间档案”的功能

（一）学生操作“房间类别”的功能

1. 点击“基础数据”／“房间档案”／“房间类别”

2. 新增房间类别

点击“新增”按钮，系统出现“房间类别”的新增界面。录入“房类号”、“房类名”、“基本价格”、“床位数”、“半天时刻”、“全天时刻”等内容，新增界面如图 5－2－2 所示。

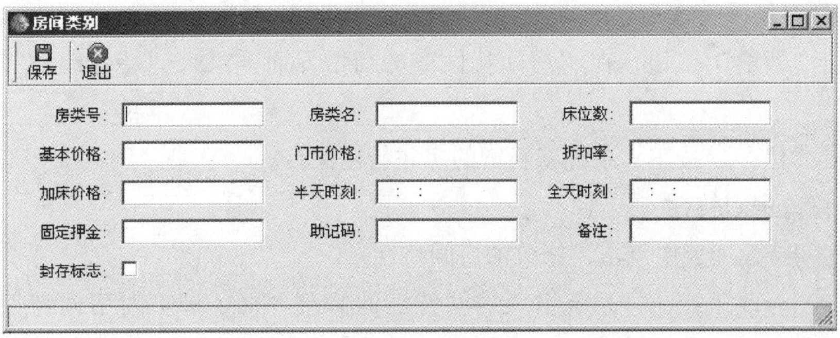

图 5－2－2

点击“保存”按钮，系统将新增的房间类别保存，如需取消新增，点击“退出”按钮即可。

3. 修改房间类别

在房间类别列表中，点击需要修改的房间类别。

点击“修改”按钮，系统出现房间类别的修改界面，即可对房间类别进行修改。点击“保存”按钮，系统将修改后的内容进行保存，如需撤销修改，点击“退出”即可。

4. **删除房间类别**

在房间类别列表中，点击需删除的房间类别记录。

点击“删除”按钮，即可删除此房类记录。已被引用的房间类别不能删除，只能封存。

（二）学生操作“房间特性”的功能

1. **点击“基础数据”／“房间档案”／“房间特性”，界面显示如图5－2－3所示**

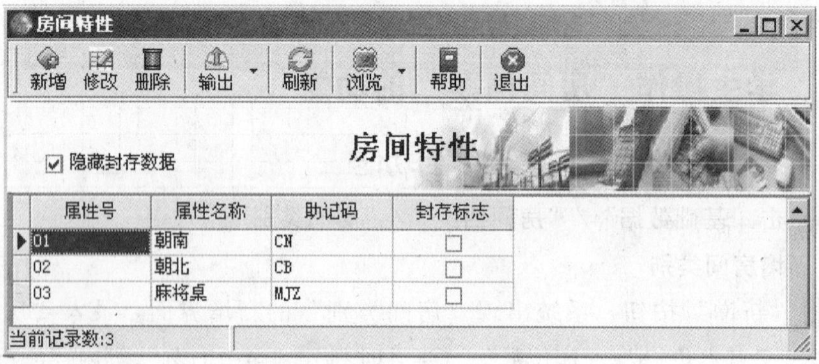

图5－2－3

2. **新增房间特性**

点击“新增”按钮，在“房间特性”的新增界面上录入“特性编号”和“特性名称”。

点击“保存”按钮，系统将新增的房间特性保存。

3. **修改房间特性**

在房间特性列表中点击需修改的房间特性。

点击“修改”按钮，系统出现房间特性的修改界面，即可对房间特性进行修改。点击“保存”按钮，系统将修改后的内容进行保存，如果不按“保存”按钮，即表示放弃此次修改。

4. **删除房间特性**

在房间特性列表中，点击需删除的房间特性记录。

点击“删除”按钮，即可删除此房间特性记录。已被引用的房间特性不能删除，只能封存。

（三）学生操作“房间档案”的功能

1. **点击“基础数据”／“房间档案”／“房间档案”，界面显示如图5－2－4所示**

图 5－2－4

2. 新增房间档案

在房间类型列表树中，点击需要增加房间的房间类型，点击“新增”按钮，系统出现房间档案新增界面。

录入“楼栋号”、“楼层号”，在特性列表中选择房间特性，新增界面如图 5－2－5 所示。

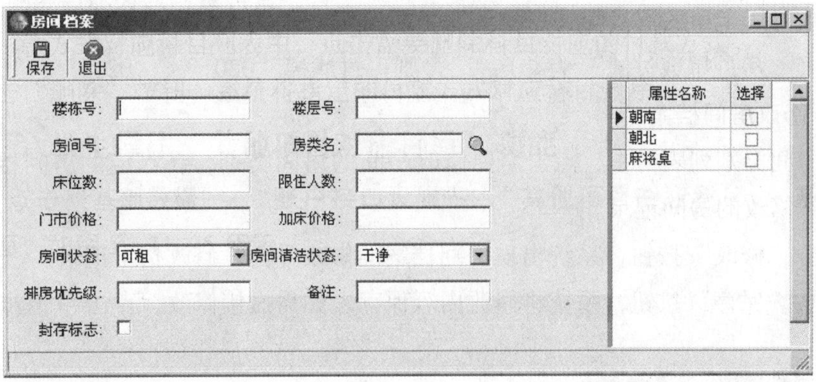

图 5－2－5

点击“保存”按钮，系统将新增的房间档案保存，如需取消新增，点击“退出”按钮即可。

3. 批量新增房间档案

在房间类型列表树中，点击需要增加房间的房间类型，点击“批量增房”按钮，系统出现房间的批量新增界面。

录入“栋号楼号”、“起始房号”、“终止房号”，在特性列表中选择房间特性，如图5-2-6所示。

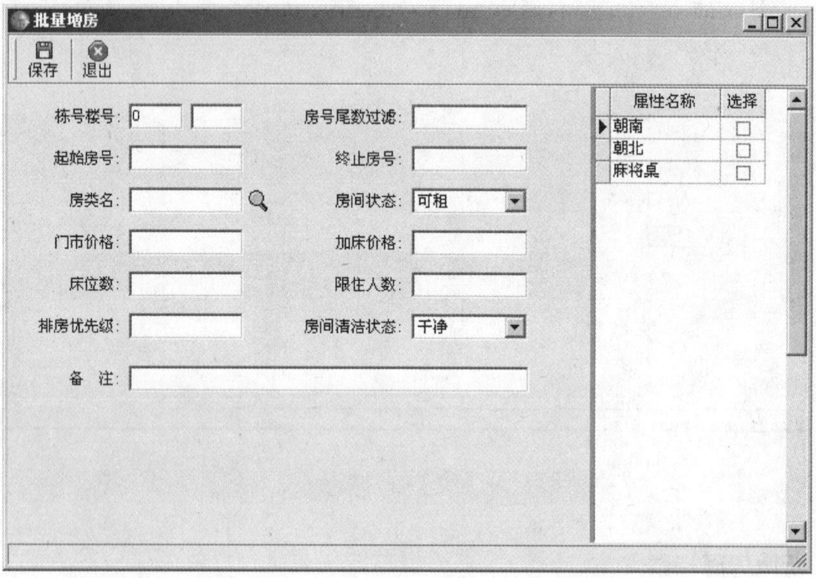

图5-2-6

点击“保存”按钮，批量增房完成，如需撤销批量增房，点击“退出”按钮即可。

注意：“房号尾数过滤”。可过滤“起始房号”和“终止房号”之间的房间号；多个尾数可用半角的逗号隔开。例如：“起始房号”为“0201”，“终止房号”为“0211”，“房号尾数过滤”为“1，2”，则可过滤掉“0201”、“0211”、“0202”。

4. 修改房间档案

在房间类别列表树中，点击需要修改房间的房间类别，在相应的房间档案列表中选择需修改的房间记录。

点击“修改”按钮，系统出现房间档案的修改界面，修改指定记录。

点击“保存”按钮，系统将修改内容保存，如需撤销修改，点击“退出”按钮即可。

5. 删除房间档案

在房间类别列表树中，点击需要删除房间的房间类别，在相应的房间档案列表中，选择需删除的房间记录。

点击“删除”按钮，系统将指定记录删除。已被引用的房间档案不能删除，只能封存。

（四）学生操作“门锁接口配置”的功能

1. 点击“基础数据”/“房间档案”/“门锁接口配置”，系统出现如下界面，如图 5－2－7 所示

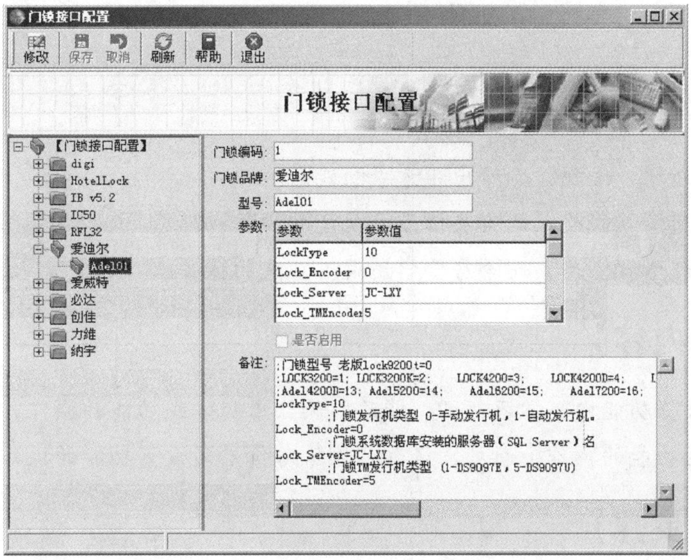

图 5－2－7

2. 身份证接口配置

系统在登记时，能读取第二代身份证，需要设置好设备及其参数。一个系统同时只能使用一种系统支持的身份证读取设备。用户能修改参数，具体的参数修改在备注中都有说明，需要严格按照说明调整参数，否则身份证读取可能会无法正常使用，如图 5－2－8 所示。

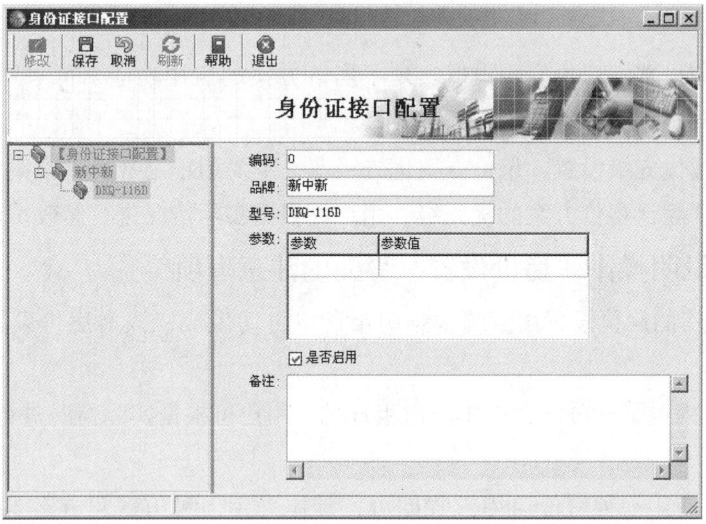

图 5－2－8

实验三　房价设置

【实验目的】

1. 掌握新增、修改、删除出租方式功能的操作；
2. 掌握新增、修改、删除房价设置功能的操作；
3. 掌握新增、修改、删除房价启用设置功能的操作。

【实验内容】

在基本数据功能中，学习新增、修改、删除出租方式功能的操作，新增、修改、删除房价设置功能的操作，新增、修改、删除房价启用设置功能的操作。

【实验步骤】

一、教师演示介绍“房价设置”功能的基本内容

（一）说明“房价设置”基本功能

出租方式：出租方式主要用于记录酒店客房出租时可选的方式（包括一般出租方式和节日出租方式），如出租方式名称、出租类型等。

房价设置：房价设置主要用于设置酒店客房在不同出租方式下的房间价格，如房间基价等。

房价启用设置：房价启用设置实现了房价方案的启用功能，可采用房价区段启用和房价日历启用两种方式。

房价方案优先级设置：房价方案优先级定义主要用于定义房价方案的优先级别。系统自定义了默认房价方案的优先级，用户可根据实际情况进行修改。

（二）说明操作“房价设置”界面的注意事项

1. 标准房的房价设置由系统根据门市价格自动生成，该类房价设置不能删除，只能修改。

2. 系统内置了部分酒店常用的出租方式，用户可根据实际情况进行增加、删除和修改。

3. 只需使用一种房价启用方式即可，具体采用何种方式可在公共参数中进行设置。

二、学生操作“房价设置”的功能

（一）学生操作“出租方式”的功能

1．点击“基础数据”／“房价设置”／“出租方式”，界面显示如图5－3－1所示

图5－3－1

2．新增一般出租方式

选择一般出租方式页签，点击“新增”按钮，系统出现一般出租方式新增界面。

录入“房价编码”、“出租名称”等内容，新增界面如图5－3－2所示。

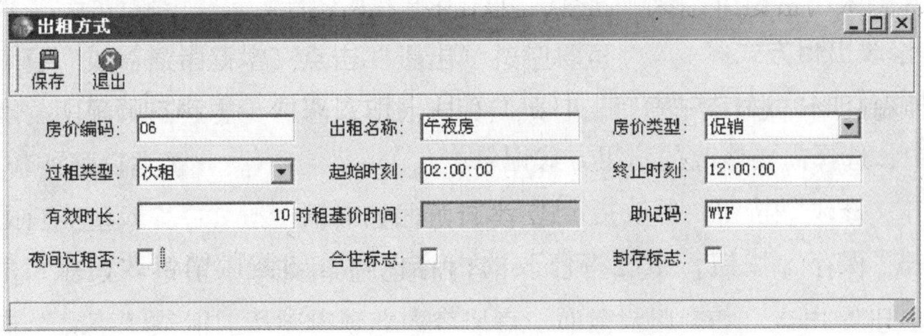

图5－3－2

点击“保存”按钮，系统将新增出租方式保存，如需撤销新增，点击“退出”按钮即可。

注意：①“起始时刻”。“出租类型”为日租或时租时，该项不能为空，需手动输入；“起始时刻”为该类出租方式的起始时间。

②“终止时刻”。“出租类型”为日租或时租时，该项不能为空，需手动输入；“终止时刻”为该类出租方式的终止时间。

③“有效时长”。直接由“起始时刻”和“终止时刻”计算得出。

计算方法为：m = “终止时刻” - “起始时刻”

m > 0 时，“有效时长” = m；

m < 0 时，“有效时长” = 24 + m。

④“时租基价时间”。“出租类型”为时租时的房间基价时间段，超过该时间，房租按照加钟价计算，如钟点房。

3. **新增节日出租方式**

选择节日出租方式页签，点击“新增”按钮，系统出现节日出租方式的新增界面。

录入“房价编码”、“出租名称”等内容，界面如图 5-3-3 所示。

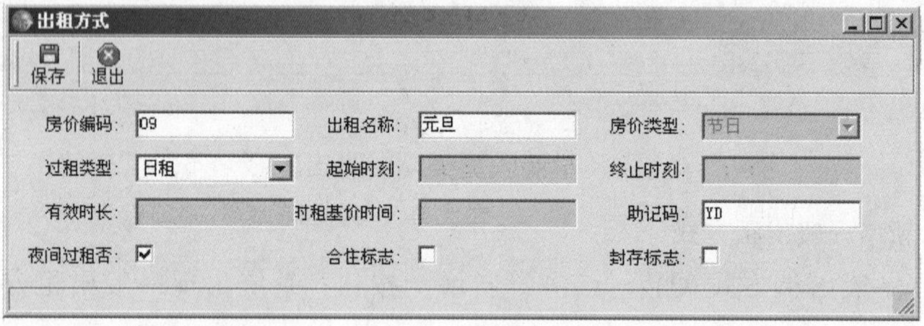

图 5-3-3

点击“保存”按钮，系统将新增节日出租方式保存。

4. **修改出租方式**

选择需修改出租方式所在的页签（节日出租方式或一般出租方式），在出租方式列表中，选择需要修改的出租方式记录。

点击“修改”按钮，修改指定的记录。

点击“保存”按钮，系统将修改的内容保存，如需撤销修改，点击“退出”按钮。

5. **删除出租方式**

选择需删除出租方式所在的页签（节日出租方式或一般出租方式），在出租方式列表中，选择需要删除的出租方式记录。

点击“删除”按钮，系统将指定记录删除。

（二）学生操作“房价设置”的功能

1. 点击“基础数据”/“房价设置”/“房价设置”，界面显示如图 5－3－4 所示

图 5－3－4

2. 新增其他房价

点击其他房价设置页签，选择需增加房价设置的房类和对应的出租方式，点击“新增”按钮，系统出现所选房类房间的参照窗口。

点击需新增房价设置的房间，点击“确定”按钮。录入“出租价格”等信息，界面显示如图 5－3－5 所示。

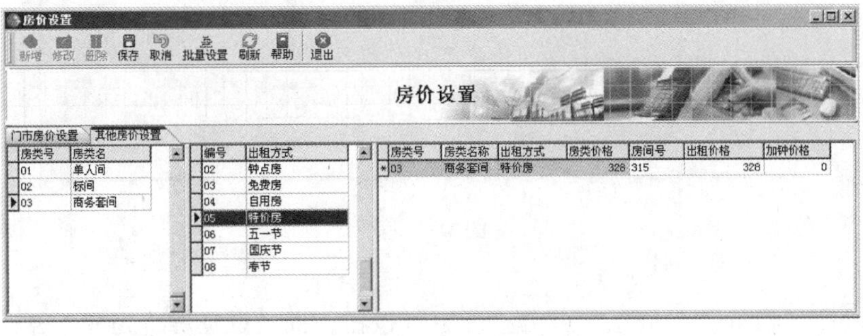

图 5－3－5

点击“保存”按钮。系统将新增房价设置保存，如需撤销新增，点击“取消”按钮即可。

注意：① 门市房价不能新增，只能修改。

② 新增钟点房的房价时，需设置加钟价格。

3. 修改门市/其他房价

在门市房价列表或其他房价列表中，点击需修改的房价记录。

点击“修改”按钮，修改门市房价的“房间价格”、“房间加钟价”或修改其他房间的“出租价格”、“加钟价格”。

点击“保存”按钮，系统将修改内容保存，如需撤销修改，点击“取消”按钮即可。

4. 删除其他房价

在门市房价列表中，点击需要删除的其他房价记录。

点击“删除”按钮，系统将指定的其他房价记录删除。

注意：门市房价不能执行删除。

5. 批量设置门市价格

在门市房价设置的房类列表中，选择需批量设置价格的房类。点击鼠标右键选择批量设置价格，系统出现批量设置价格界面，录入“房间价”、“加床价”，点击“确定”按钮，批量设置门市价格完成。

6. 批量设置其他价格

在其他价格设置的房类列表中，选择需批量设置房价的房类。在其他价格设置的出租方式列表中，点击需批量设置房价的出租方式。点击鼠标右键选择批量设置价格，系统出现批量设置价格的界面，如图 5－3－6 所示。

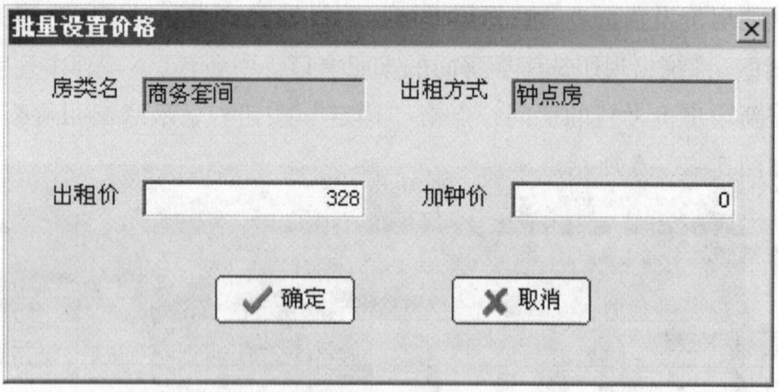

图 5－3－6

录入“出租价”等信息，点击“确定”按钮，批量设置房价完成。

批量设置钟点房时，需录入“加钟价”。通过批量设置可实现批量修改的功能。

7. 删除所有价格

在其他价格设置的房类列表中，选择需删除所有价格的房类。

在其他价格设置的出租方式列表中，点击需删除所有价格的出租方式。

点击鼠标右键选择删除所有房价，系统将指定房类，指定出租方式的所有房价设置删除。门市房价不能执行该操作。

（三）学生操作“房价启用设置”的功能

1. 点击“基础数据”/“房价设置”/“房价启用设置”，界面显示如图5－3－7所示

图5－3－7

2. 新增房价区段启用

选择房价区段启用页签后，点击“新增”按钮，系统出现房价区段启用界面。

选择“出租方式编码”，确定“开始日期”和“结束日期”等内容，界面如图5－3－8所示。

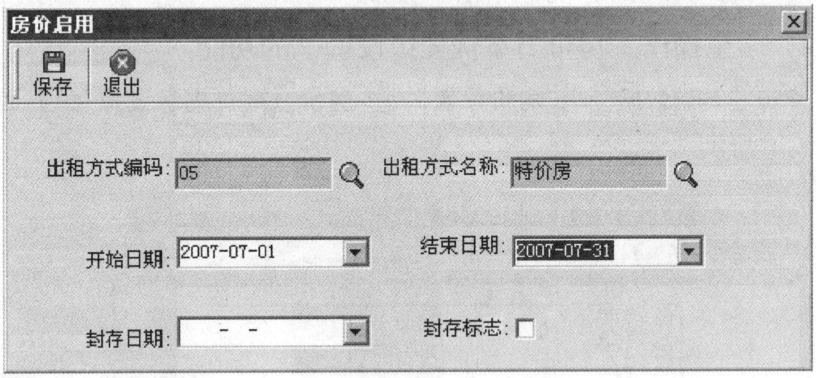

图5－3－8

点击“保存”按钮，系统将新增区段启用设置保存。

3. 新增房价日历启用

选择房价日历启用页签后，点击“新增”按钮，系统出现房价日历启用界面。

选择“出租方式编号”，确定“年”、“月”，勾选“日”，界面如图5－3－9所示。

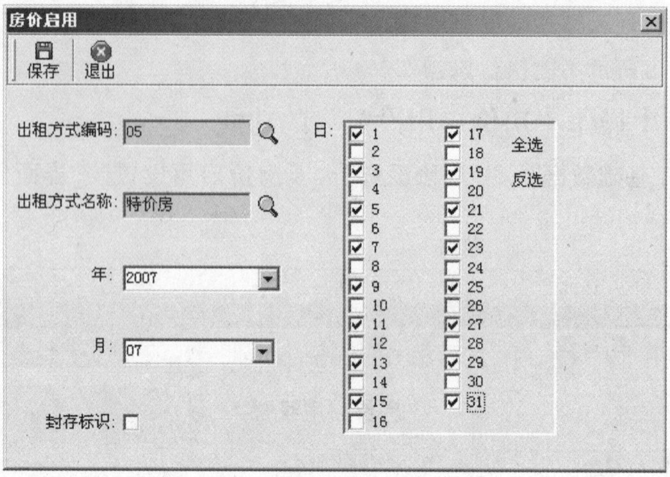

图 5 - 3 - 9

点击“保存”按钮，系统将新增的房价日历启用保存。

4. 修改房价启用设置

在房价启用设置列表中，选择需要修改的房价启用记录。

点击“修改”按钮，修改指定记录，点击“保存”按钮，系统将修改内容保存。如需撤销修改，点击修改界面的“退出”按钮。

5. 删除房价启用设置

在房价启用设置列表中，选择需要删除的房价启用记录。

点击“删除”按钮，系统将指定记录删除。

（四）学生操作“房价方案优先级设置”的功能

1. 点击“基础数据”/“房价设置”/“房价方案优先级设置”，界面显示如图 5 - 3 - 10 所示

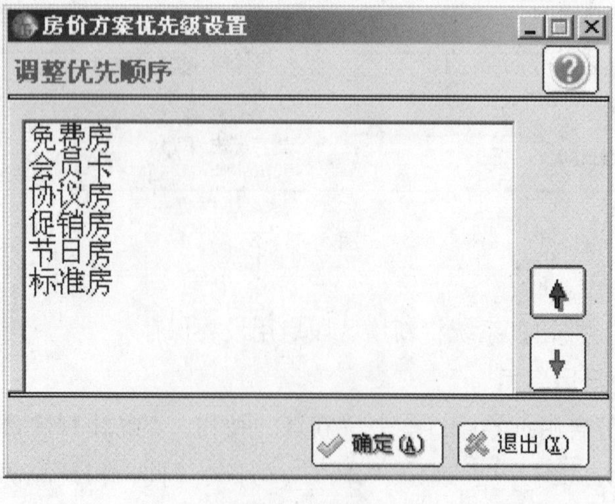

图 5 - 3 - 10

2. 调整优先顺序

点击需调整优先顺序的房价方案，界面如图 5－3－11 所示。

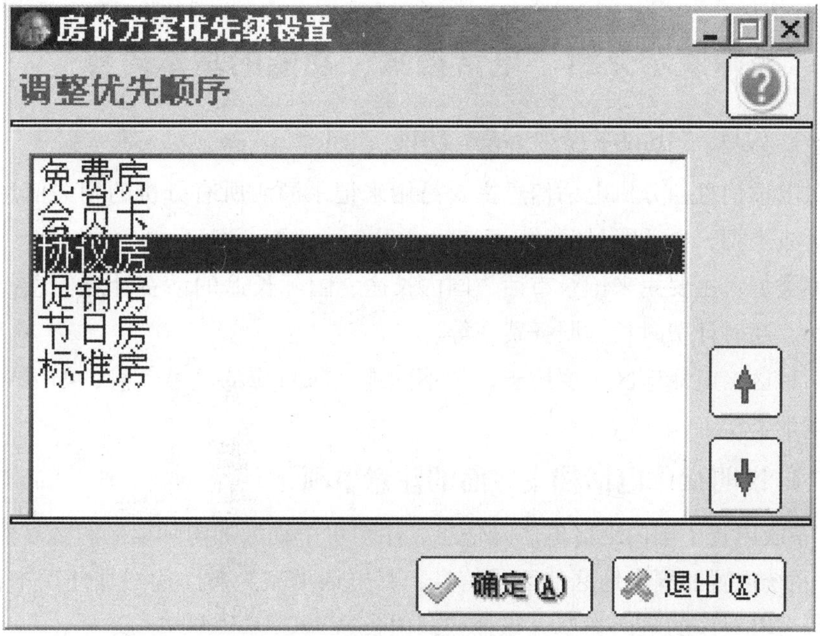

图 5－3－11

点击[↑]或[↓]按钮，调整指定房价方案的位置。点击“确定”按钮，房价方案优先级设置完成，如需撤销设置，点击“退出”按钮即可。

实验四　电话档案设置

【实验目的】

1. 掌握新增、修改、删除、批量新增分机电话信息功能的操作；
2. 掌握新增、修改、删除费率类型功能的操作；
3. 掌握新增、修改、删除电话地区功能的操作。

【实验内容】

在基本数据功能中，学习新增、修改、删除、批量新增分机电话信息功能的操作，新增、修改、删除费率类型功能的操作，新增、修改、删除电话地区功能的操作。

【实验步骤】

一、教师演示介绍“电话档案”功能的基本内容

（一）说明“电话档案”基本功能

分机电话信息：分机电话信息主要是用来记录酒店所有分机的相关信息，如分机号、分机类型、电话账号等。

费率类型：主要用来记录市话、国内长途、国际长途的话费计算信息，如起始计费时长、超时计费时长、服务费率等。

电话地区：电话地区主要用于记录不同地区所对应的区号信息，如区号、地区名称、电话类型。

（二）说明操作电话档案界面的注意事项

1. 系统内置了国内地区的区号信息，用户可手动增加国际地区的区号信息。

2. 系统内置的国内地区的区号信息，其电话类型为空。用户在使用本系统前，请务必设置其对应的电话类型（市话或国内长途）。

二、学生操作“电话档案”的功能

（一）学生操作“分机电话信息”功能

1. 点击“基础数据”／“电话档案”／“分机电话信息”，界面显示如图 5－4－1 所示

图 5－4－1

2. **新增分机电话信息**

点击“新增”按钮，系统出现分机电话新增界面。

录入“分机号”、“分机类型”等相关分机电话信息，界面如图5－4－2所示。

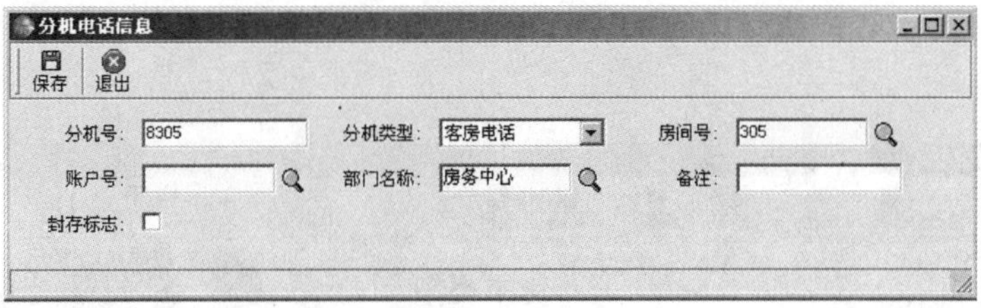

图5－4－2

点击“保存”按钮，系统将新增的分机电话信息保存。

注意：① 客人入住某客房后，该客房分机的电话账号与该客人的客账号对应。

② 公司电话的电话账号为永久账号的公司账号；公用电话的电话账号为公用电话账号。

③ 行政电话的电话账号为行政电话账号。系统的其他功能节点不能引用已封存的数据。

3. **修改分机电话信息**

在分机电话信息列表中，选择需要修改的分机电话记录。

点击“修改”按钮，系统出现分机电话的修改界面，修改指定记录。

点击“保存”按钮，系统将修改的内容保存，如需撤销修改，点击“退出”按钮。通过批量新增分机电话信息的方式，可实现批量修改的功能。

4. **删除分机电话信息**

在分机电话信息列表中，选择需要删除的分机电话记录。

点击“删除”按钮，系统将指定的分机电话记录删除。删除分机电话后，此分机所打电话将不再记录。

5. **批量新增分机电话信息**

点击“批量新增”按钮，系统出现批量设置客房分机界面。按图5－4－3窗体右边所示规则，录入“房间号”等信息。

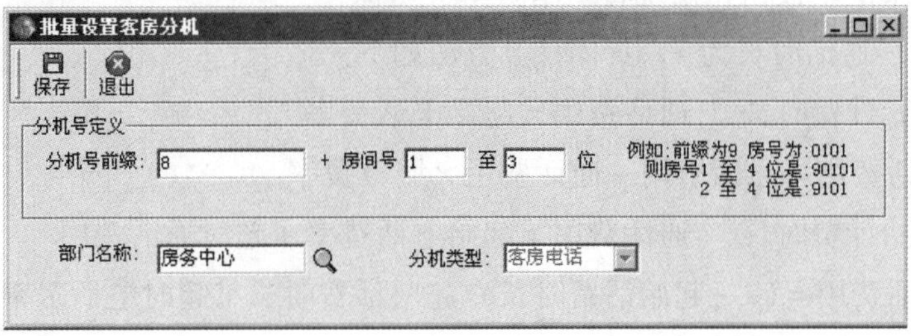

图5－4－3

点击“保存”按钮，批量设置客房分机信息成功。

（二）学生操作“费率类型”功能

1. 点击“基础数据”/“电话档案”/“费率类型”，界面显示如图5-4-4所示

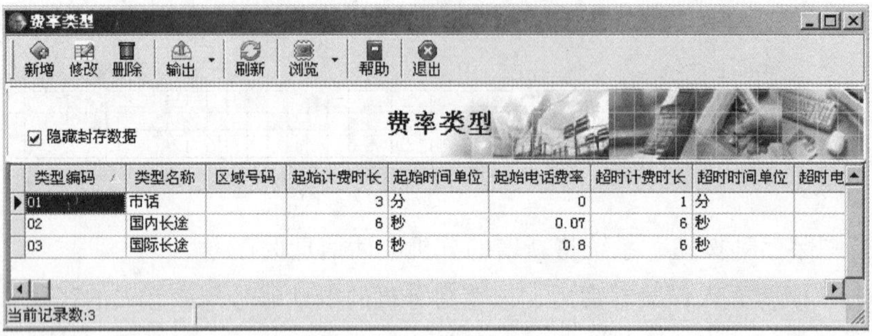

图5-4-4

2. 新增费率类型

点击“新增”按钮，系统出现费率类型新增界面。录入“类型编码”、“类型名称”、“起始计费时长”、“超时计费时长”等内容，界面显示如图5-4-5所示。

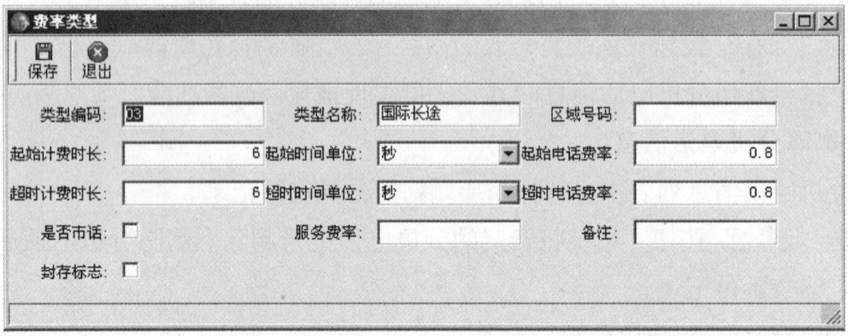

图5-4-5

点击“保存”按钮，系统将新增费率类型保存。

注意：① 通话时长为x，具体计算方法如下。

&x≤起始计费时长　通话费用=起始电话费率

实际通话费用=通话费用+通话费用×服务费率

&x>起始计费时长　通话费用=起始电话费率+超时通话费用

超时通话费用=(x-起始话费时长)/超时话费时长×超时电话费率

实际通话费用=通话费用+通话费用×服务费率

例如：通话时长为100s，则通话费用 = 0.8 +（100 − 6）/6 × 0.8 ≈ 13.6

实际通话费用 = 13.6 + 13.6 × 0.1 ≈ 14.96

（x − 起始话费时长）/超时话费时长有余数，直接进1。如：（100 − 6）/6 ≈ 16

② 系统的其他功能节点不能引用已封存的数据。

3. 修改费率类型

在费率类型列表中，指定需要修改的费率类型记录。

点击“修改”按钮，系统出现费率类型修改界面，修改指定记录。

点击“保存”按钮，系统将修改内容保存，如需撤销修改，点击“退出”按钮。

4. 删除费率类型

在费率类型列表中，指定需要删除的费率类型记录。

点击“删除”按钮，系统将指定的费率类型记录删除。

（三）学生操作“电话地区”功能

1. 点击“基础数据”/“电话档案”/“电话地区”，界面显示如图5－4－6所示

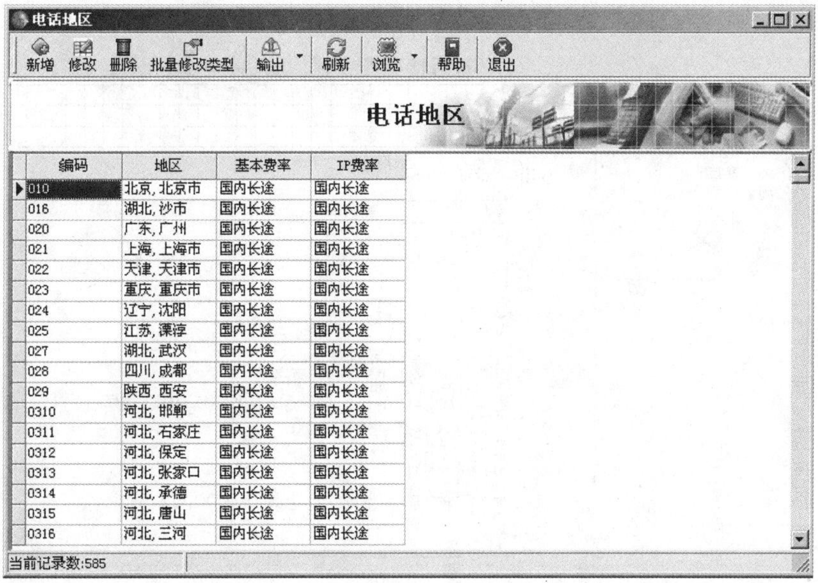

图5－4－6

2. 新增电话地区

点击“新增”按钮，系统出现电话地区新增界面。录入“区号”、“地区名称”等内容。

点击“保存”按钮，系统将新增的电话地区保存。

3. 修改电话地区

在电话地区列表中，指定需要修改的电话地区记录。

点击“修改”按钮，系统出现电话地区修改界面，修改指定记录。

点击“保存”按钮，系统将修改的内容保存，如需撤销修改，点击“退出”按钮。

4. 删除电话地区

在电话地区列表中，指定需要删除的电话地区记录。

点击“删除”按钮，系统将指定的记录删除。

5. 批量修改类型

点击“批量修改类型”按钮，系统出现电话类型参照界面。

选择需要的电话类型，点击“确定”按钮，批量修改类型成功。

（四）学生操作“电话接口配置”功能

点击“基础数据”/“房间档案”/“电话接口配置”，系统出现如下界面，如图5-4-7所示

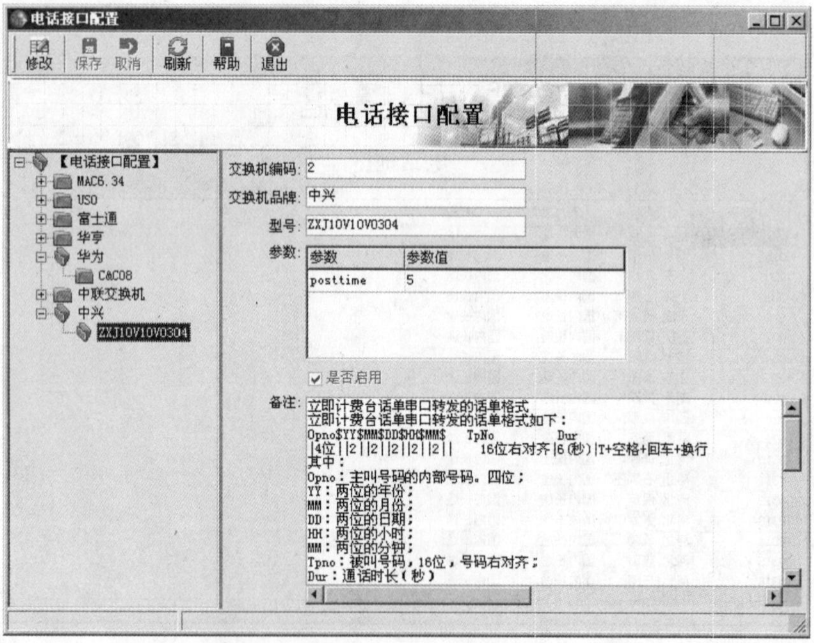

图5-4-7

实验五 项目档案设置

【实验目的】

1. 掌握新增、修改、删除项目类别功能的操作；
2. 掌握新增、修改、删除项目档案功能的操作；
3. 掌握新增、修改、删除多语种项目档案功能的操作。

【实验内容】

在基本数据功能中，学习新增、修改、删除项目类别功能的操作，新增、修改、删除项目档案功能的操作，新增、修改、删除多语种项目档案功能的操作。

【实验步骤】

一、教师演示介绍“项目档案”功能的基本内容

（一）讲解“项目档案”的主要功能

项目类别：主要用于消费类别的设置。用户可根据业务需要进行新增、修改、删除。消费类别的建立主要是为了在业务处理中，需要录入消费类别时，只需参照选择即可，也可分类别对项目消费进行统计。

项目档案：主要完成项目档案的设置。用户可根据业务需要进行新增、修改、删除。项目档案的建立主要是为了在消费录入时可参照录入。

多语种项目档案：主要用于设置项目档案不同语种的翻译。用户可根据业务需要进行新增、修改、删除。多语种项目档案的建立，主要用于在进行多语种打印时，可根据用户设置的翻译进行项目打印。

（二）说明操作“项目档案”功能的注意事项

1. 在新增、修改项目类别时，项目类别编码需遵循编码规则：＊＊ ＊＊ ＊＊。

2. 高级查询：选择查询项目和比较方式，输入内容，点击“增加”按钮然后即可查询。

二、学生操作“项目档案”的功能

（一）学生操作“项目类别”功能

1. 点击“基础数据”/“项目档案”/“项目类别”，系统出现如下界面，如图5－5－1所示

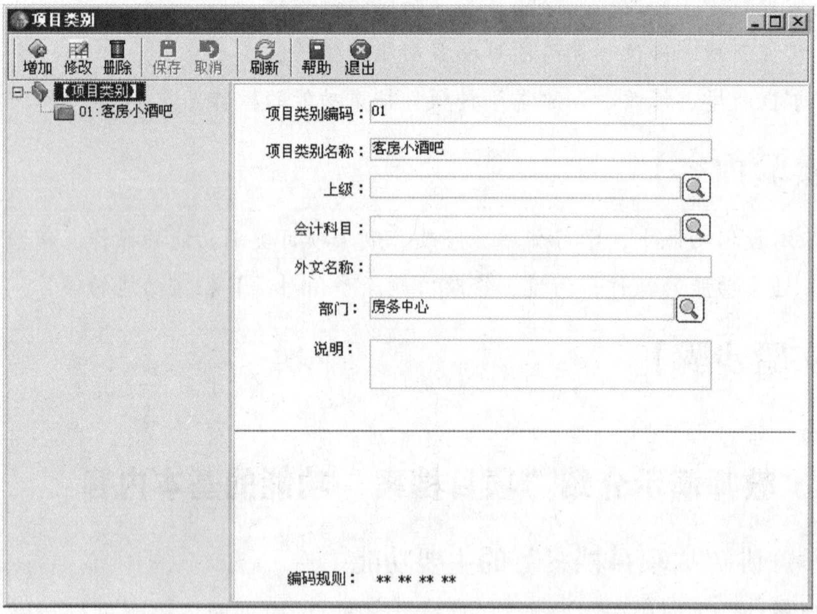

图5－5－1

2. **增加项目类别**

点击“增加”按钮，以上界面处于编辑界面，录入“项目类别编码”、“项目类别名称”等信息。

点击“保存”按钮，系统将新增的项目类别保存。如需撤销新增，点击“取消”按钮。

注意：在项目类别列表树中选择类别后，再点击“新增”按钮，系统可自动确定其为新增类别的上级。

3. **修改项目类别**

在项目类别列表树中，点击需修改的项目类别。

点击“修改”按钮，修改指定项目类别内容。

点击“保存”按钮，系统将修改内容保存，如需撤销修改，点击“取消”按钮即可。

4．删除项目类别

在项目类别列表树中，点击需删除的项目类别。

点击“删除”按钮，系统将指定的项目类别记录删除。

（二）学生操作“项目档案”功能

1．点击“基础数据”／“项目档案”／“项目档案”，系统出现如下界面，如图 5－5－2 所示

图 5－5－2

2．新增项目

在消费项目类别中，点击需增加项目的类别，点击“新增”按钮，系统出现项目新增界面。

录入“项目编码”、“项目名称”、“单价”，选择“单位”等信息，出现如下界面，如图 5－5－3 所示。

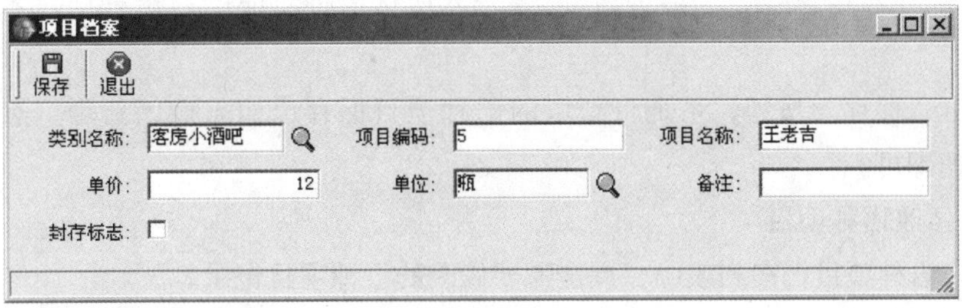

图 5－5－3

点击“保存”按钮，系统将新增内容保存，如需撤销新增，点击“退出”按钮即可。

注意：新增项目是所属类别的第一个项目时，用户需手动录入“项目编码”，此后的新增项目的“项目编码”可自动确定，在已有编码的情况下加 1。

3. 修改项目

在项目档案列表中，点击需修改的项目记录。

点击“修改”按钮，修改指定项目内容。

点击“保存”按钮，系统将修改内容保存，如需撤销修改，点击“退出”按钮即可。

4. 删除项目

在项目档案类表中，点击需删除的项目记录。

点击“删除”按钮，系统将指定记录删除。

（三）学生操作“多语种项目档案”功能

1. 点击“基础数据”/“项目档案”/“多语种项目档案”，系统出现如下界面，如图5-5-4所示

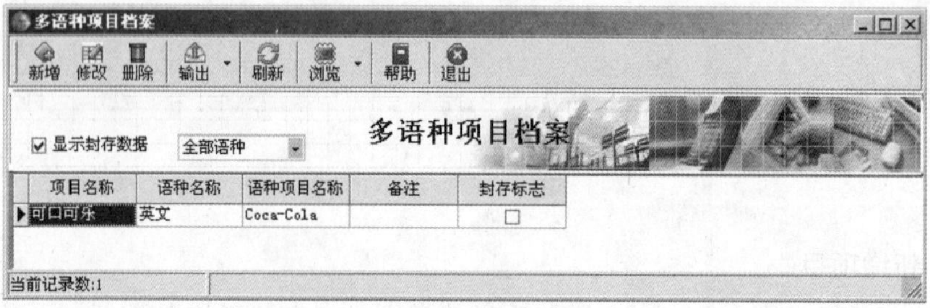

图5-5-4

2. 新增语种项目

点击“新增”按钮，系统出现语种项目的新增界面。

选择“项目名称”、“语种名称”，录入所选语种对应的“语种项目名称”等信息。

点击“保存”按钮，系统将新增的语种项目保存，如需撤销新增，点击“退出”按钮即可。

3. 修改语种项目

在多语种项目档案列表中，点击需要修改的语种项目记录。

点击“修改”按钮，系统出现语种项目的修改界面，修改指定记录。

点击“保存”按钮，系统将修改内容保存，如需撤销修改，点击“退出”按钮即可。

4. 删除语种项目

在多语种项目档案列表中，点击需要删除的语种项目记录。

点击“删除”按钮，系统将指定语种项目记录删除。

实验六　会计科目设置

【实验目的】

1. 掌握新增、修改、删除会计科目功能的操作；
2. 掌握新增、修改、删除多语种会计科目功能的操作。

【实验内容】

在基础数据的会计科目功能中，学习新增、修改、删除会计科目功能的操作，新增、修改、删除多语种会计科目功能的操作。

【实验步骤】

一、教师演示介绍“会计科目”功能的基本内容

（一）说明“会计科目”的主要功能

会计科目：所谓设置会计科目就是对会计要素构成内容按其性质的差别及管理上的要求进行归类，分为若干项，并按每一具体项目的性质标志加以命名的一种专门方法，既包含收入项，也包含支出项，主要实现会计科目设置，用户可根据业务需要新增、修改、删除。会计科目的建立主要是为了在收银操作消费和付款的选择时，根据参照选择即可。

多语种会计科目：主要用于设置会计科目不同语种的翻译，用户可根据业务需要进行新增、修改、删除。多语种会计科目的建立，主要用于在进行多语种打印时，可根据用户设置的翻译进行打印。

（二）说明操作“会计科目”功能的注意事项

1. 系统内容数条会计科目；

2. 英文可直接在会计科目表中“英文名称”字段进行设置，中文是系统默认，故中文和英文可不用在此进行设置。

二、学生操作“会计科目”的功能

（一）学生操作“会计科目”功能

1. 点击“基础数据”/“会计科目”/“会计科目”，系统出现如下界面，如图5-6-1所示

图5-6-1

2. 新增会计科目

在科目列表树中，点击需增加科目所属的父科目，如是第一级科目，可点击“科目”。

点击“新增”按钮，系统出现会计科目的新增界面，如图5-6-2所示。

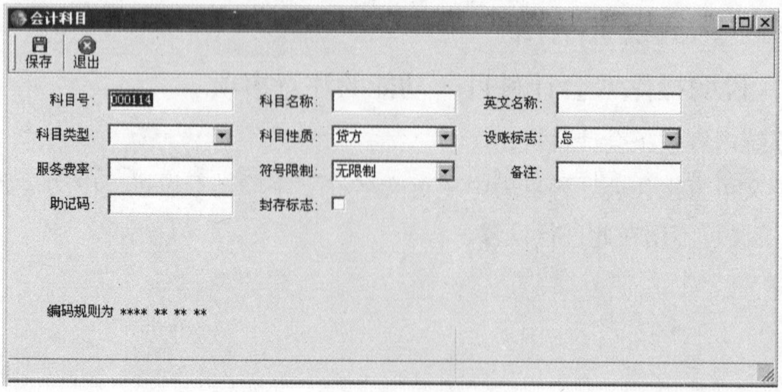

图5-6-2

录入“科目名称”、“服务费率”等，选择“科目类型”。点击“保存”按钮，系统将新增内容保存，如需撤销新增，点击“退出”按钮即可。“科目号”直接根据你所选的父科目自动确定，遵循编码规则：**** ** ** 。

3. 修改会计科目

在科目类型列表中，点击需要修改的会计科目。点击“修改”按钮，系统出现会计科目的修改界面，修改指定记录。点击“保存”按钮，系统将修改内容保存，如需撤销修改，点击“退出”按钮即可。系统内置的会计科目非特殊情况，不建议修改。

4. 删除会计科目

在科目列表树中，点击需要删除的会计科目。点击“删除”按钮，系统将指定的会计科目删除。系统内置的会计科目非特殊情况，不建议删除。

（二）学生操作“多语种会计科目”功能

1. 点击“基础数据”/“会计科目”/“多语种会计科目”，系统出现如下界面，如图5－6－3所示

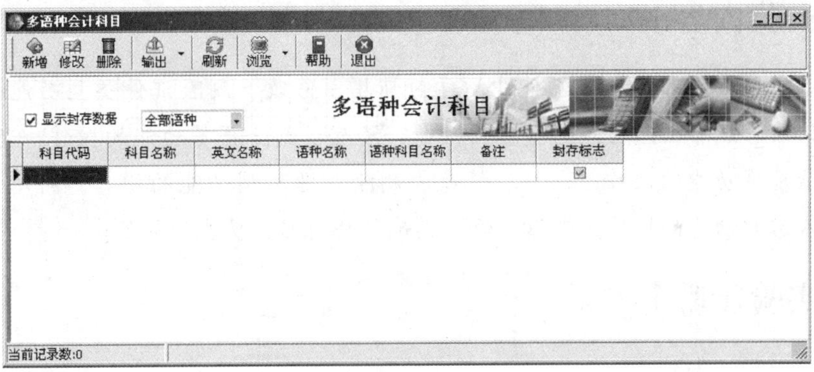

图5－6－3

2. 新增语种科目

点击“新增”按钮，系统出现语种科目的新增界面。选择“科目代码”、“语种名称”，录入该语种对应的“语种科目名称”等信息。点击“保存”按钮，系统将新增的科目保存，如需撤销新增，点击“退出”按钮即可。

3. 修改语种科目

在多语种会计科目列表中，点击需要修改的科目记录。点击“修改”按钮，修改指定科目记录。点击“保存”按钮，系统将修改内容保存，如需撤销修改，点击“退出”按钮即可。

4. 删除语种科目

在多语种会计科目列表中，点击需要删除的科目记录。点击“删除”按钮，系统将指定记录删除。

实验七　客人档案设置

【实验目的】

1. 掌握新增、修改、删除证件类型功能的操作；
2. 掌握新增、修改、删除国籍功能的操作；
3. 掌握新增、修改、删除籍贯功能的操作；
4. 掌握新增、修改、删除地区功能的操作；
5. 掌握新增、修改、删除客源类型功能的操作；
6. 掌握新增、修改、删除个人客户功能的操作；
7. 掌握新增、修改、删除公司客户功能的操作。

【实验内容】

在基础数据的客人档案功能中，学习新增、修改、删除证件类型功能的操作，新增、修改、删除国籍功能的操作，新增、修改、删除籍贯功能的操作，新增、修改、删除地区功能的操作，新增、修改、删除客源类型功能的操作，新增、修改、删除个人客户功能的操作，新增、修改、删除公司客户功能的操作。

【实验步骤】

一、教师演示介绍“客人档案”功能的基本内容

（一）讲解“客人档案”的主要功能

证件类型：主要用于记录酒店客人登记时可使用的不同证件类型，如证件类型名称等。用户可根据需要进行新增、修改、删除。证件类型的建立主要是为了在业务处理中，需要证件类型时，只需参照选择即可。

国籍：主要用于记录酒店客人来店登记时可选的国籍，如国籍名称等。用户可根据需要进行新增、修改、删除。国籍的建立主要是为了在业务处理中，需要录入国籍时，只需参照选择即可。

籍贯：主要用于记录酒店客人来店登记时的可选籍贯，如籍贯名称。用户可根据需要进行新增、修改、删除。籍贯的建立主要是为了在业务处理中，需要录入籍贯时，只需参照选择即可。

地区：主要用于记录各省市对应的编号（身份证号的前几位对应的即为省市编号），如编码、名称等。用户可根据需要进行新增、修改、删除。地区的建立是根据身份证号确定地址的前提。

客源类型：客源类型主要用于记录酒店客人登记时的可选类型，如类型名称、客源类别等。用户可根据需要新增、修改、删除。客源类型的建立主要是为了在业务处理中，需要录入客源类型时，只需参照选择即可。

客人档案：是个人客户客史维护的主界面，实现了客史操作、客史查询等功能。

公司客户：是公司客户客史维护的主界面，实现了客史操作、客史查询等功能。

（二）说明操作“客人档案”功能的注意事项

预订或在住的客人客史信息不允许删除。

二、学生操作“客人档案”的功能

（一）学生操作“证件类型”功能

1. 点击“基础数据”/“客人档案”/“证件类型”，界面显示如图5-7-1所示

图5-7-1

2. 新增证件类型

点击“新增”按钮，系统弹出证件类型新增界面。

录入“类型编码”、“类型名称”。

点击“保存”按钮，系统将新增的证件类型保存。

3. 修改证件类型

在证件类型列表中，选择需要修改的记录。

点击“修改”按钮，在修改界面修改指定记录。

点击“保存”按钮，系统将修改内容保存，如需撤销修改内容，点击“退出”。

4. 删除证件类型

在证件类型列表中，选择需要删除的记录。

点击“修改”按钮，系统将指定记录删除。

（二）学生操作“国籍”功能

1. 点击“基础数据”/“客人档案”/“国籍”，界面显示如图 5－7－2 所示

图 5－7－2

2. 新增国籍信息

点击“新增”按钮，系统出现国籍新增界面。

录入“国籍编号”和“国籍名称”，点击“保存”按钮，系统将新增国籍保存。

如需取消新增内容，点击新增界面上的“退出”按钮。

3. 修改国籍信息

在国籍列表中，选择需修改的国籍记录。

点击“修改”按钮，系统弹出修改界面，修改国籍内容。

点击“保存”按钮，系统将修改内容保存，如需撤销修改，点击“退出”按钮。

4．删除国籍记录

在国籍列表中，选择需要删除的国籍记录。

点击“删除”按钮，系统将指定记录删除。

（三）学生操作“籍贯”功能

1．点击“基础数据”/“客人档案”/“籍贯”，界面显示如图5－7－3所示

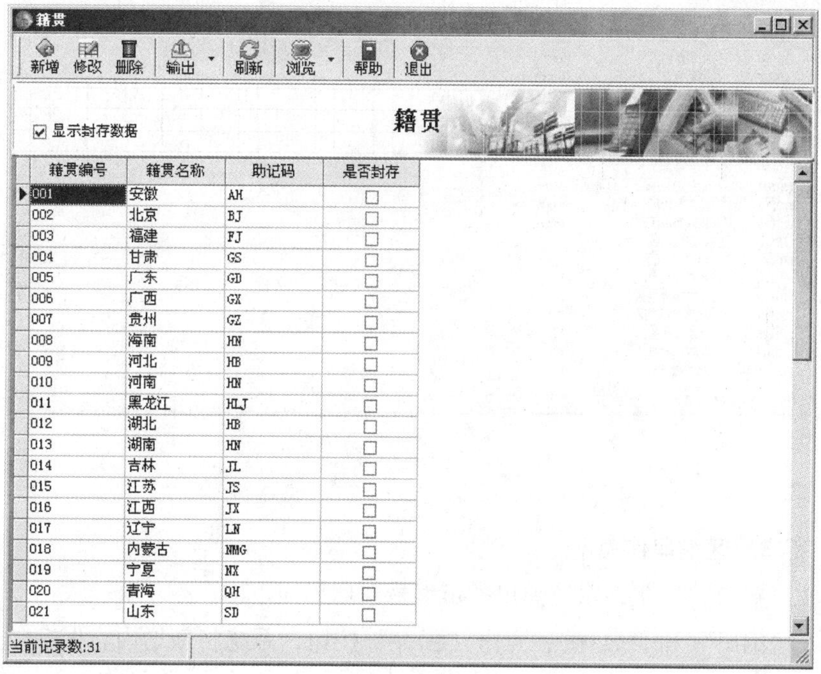

籍贯编号	籍贯名称	助记码	是否封存
001	安徽	AH	☐
002	北京	BJ	☐
003	福建	FJ	☐
004	甘肃	GS	☐
005	广东	GD	☐
006	广西	GX	☐
007	贵州	GZ	☐
008	海南	HN	☐
009	河北	HB	☐
010	河南	HN	☐
011	黑龙江	HLJ	☐
012	湖北	HB	☐
013	湖南	HN	☐
014	吉林	JL	☐
015	江苏	JS	☐
016	江西	JX	☐
017	辽宁	LN	☐
018	内蒙古	NMG	☐
019	宁夏	NX	☐
020	青海	QH	☐
021	山东	SD	☐

图5－7－3

2．新增籍贯信息

点击“新增”按钮，系统出现籍贯新增界面。

录入“籍贯编码”和“籍贯名称”，点击“保存”按钮，系统将新增的籍贯记录保存。如需撤销新增内容，点击新增界面上的“退出”按钮。

3．修改籍贯信息

在籍贯列表中，选择需要修改的籍贯记录。

点击“修改”按钮，修改指定的籍贯记录。

点击“保存”按钮，系统将指定记录保存，如需撤销修改内容，点击“退出”按钮。

4. **删除籍贯记录**

在籍贯列表中，选择需要删除的籍贯记录。

点击“删除”按钮，系统将指定记录删除。

（四）学生操作“地区”功能

1. **点击“基础数据”/“客人档案”/“地区”，界面显示如图5-7-4所示**

图5-7-4

2. **新增地区编码信息**

点击“新增”按钮，系统弹出省市编号新增界面。

录入“编码”和“名称”，点击“保存”按钮，系统将新增内容保存。

3. **修改地区编码信息**

在省市编号列表中，选择需要修改的省市编号记录。

点击“修改”按钮，修改指定记录。

点击“保存”按钮，系统将修改内容保存，如需撤销修改，点击“退出”按钮。

4. **删除地区编码记录**

在省市编号列表中，选择需要删除的省市编号记录。

点击“删除”按钮，系统将指定记录删除。

（五）学生操作“客源类型”功能

1. **点击“基础数据”/“客人档案”/“客源类型”，界面显示如图5-7-5所示**

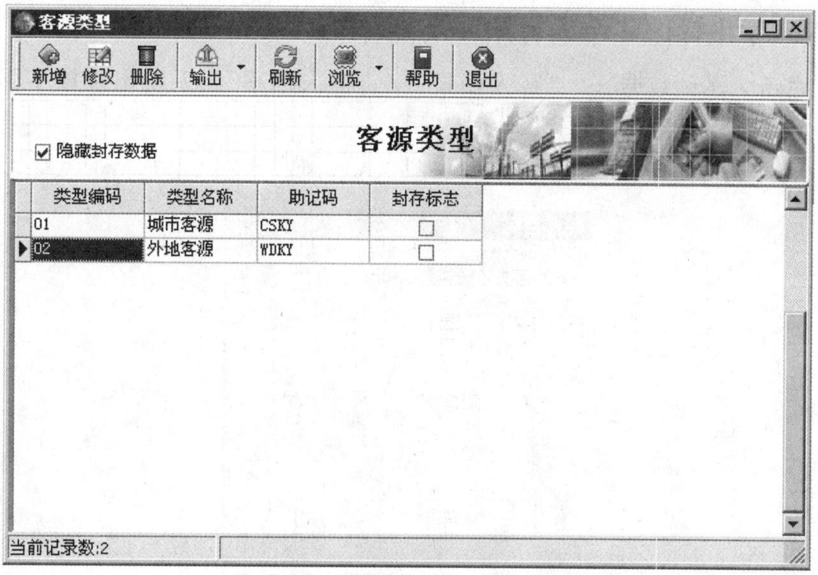

图 5－7－5

2. 新增客源类型

点击“新增”按钮，系统出现客源类型新增界面。

录入“类型编码”、“类型名称”，界面如图 5－7－6 所示。

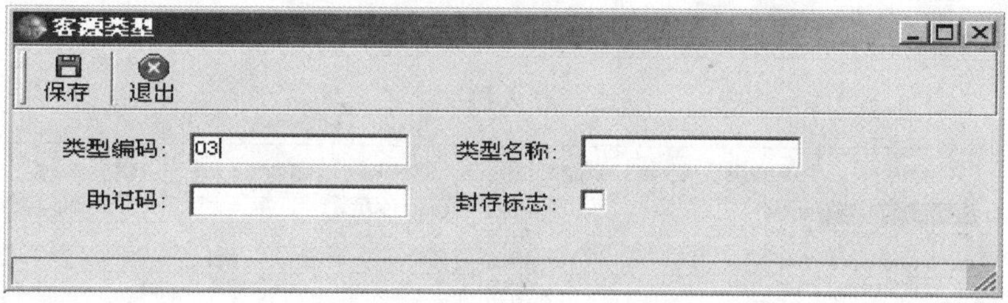

图 5－7－6

点击“保存”按钮，系统将新增的客源类型保存。

3. 修改客源类型

在客源类型列表中，选择需要修改的客源类型。

点击“修改”按钮，修改指定的客源类型。

点击“保存”按钮，保存修改的内容。如需撤销修改，点击“退出”按钮。

4. 删除客源类型

在客源类型列表中选择需要删除的客源类型。

点击“删除”按钮，系统将指定记录删除。

（六）学生操作“个人客户”功能

1. 点击“基础数据”/“客人档案”/“客人档案”，系统出现如下界面，如图 5 -7 -7 所示

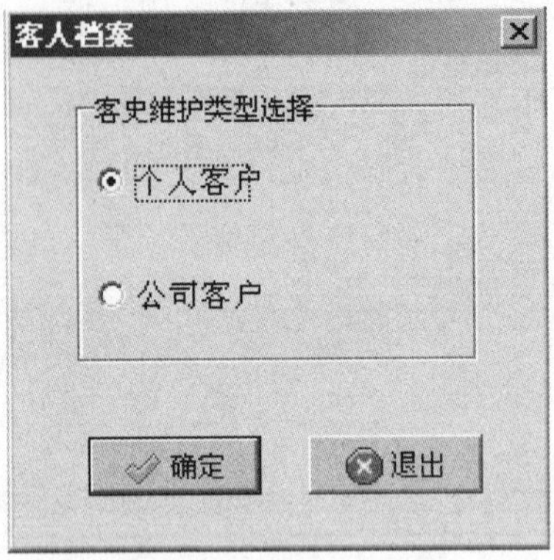

图 5 -7 -7

选择个人客户后，点击“确定”按钮，系统出现如下界面，如图 5 -7 -8 所示。

帐户号	中文姓名	英文姓名	姓名简称	证件类型	证件号码	证件有效期	国籍	籍贯	常驻城
CA20070710135257	谢大海			身份证	430101196712		中国		湖南省
CA20070710135925	张朝阳			身份证			中国		
CA20070710140013	李湘			身份证			中国		
CA20070710140055	刘涛			身份证			中国		
CA20070710140819	ZJJLXT_0			身份证			中国		
CA20070710140928	ZJJLXT_1			身份证			中国		
CA20070710140930	ZJJLXT_2			身份证			中国		
CA20070710140932	ZJJLXT_3			身份证			中国		
CA20070710140934	ZJJLXT_4			身份证			中国		
CA20070710140936	ZJJLXT_5			身份证			中国		
CA20070710140938	ZJJLXT_6			身份证			中国		
CA20070710140940	ZJJLXT_7			身份证			中国		
CA20070710140942	ZJJLXT_8			身份证			中国		
CA20070710140944	ZJJLXT_9			身份证			中国		

图 5 -7 -8

2. 客史操作——增加个人客户

点击“增加”按钮，录入客户的基本信息等，如图 5 -7 -9 所示。

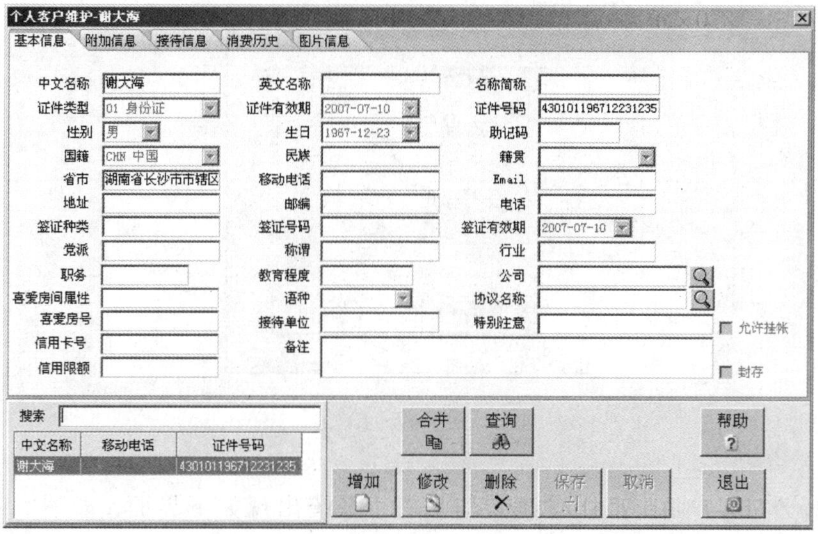

图 5－7－9

点击“保存”按钮，系统将新增的个人客户信息保存，如需撤销新增，点击“取消”按钮即可。

注意：客人的附加信息中的消费信息、消费合计以及接待信息、消费历史不能手动录入，需根据客人的具体消费由系统自动产生。客人的图片信息可在“基础数据”/“图片档案管理”中进行维护。

3. 客史操作——修改个人客户信息

在“搜索”栏录入需修改信息的个人客户姓名、证件号码或移动电话后，点击“查询”按钮，调出查询客人信息。

点击“修改”按钮，修改查询到的客人信息。

点击“保存”按钮，系统将修改内容保存，如需撤销修改，点击“取消”按钮。

注意：客人的附加信息中的消费信息、消费合计以及接待信息、消费历史不能手动修改，需根据客人的具体消费由系统自动产生。客人的图片信息可在“基础数据”/“图片档案管理”中进行维护。

4. 客史操作——删除个人客户信息

在“搜索”栏录入需删除客人记录的客户姓名、证件号码或移动电话后，点击“查询”按钮，调出查询客人信息。

点击“删除”按钮，系统将指定记录删除。

（七）学生操作“公司客户”功能

1. 点击“基础数据”/“客人档案”/“客人档案”，系统出现如下界面，如图 5－7－10 所示

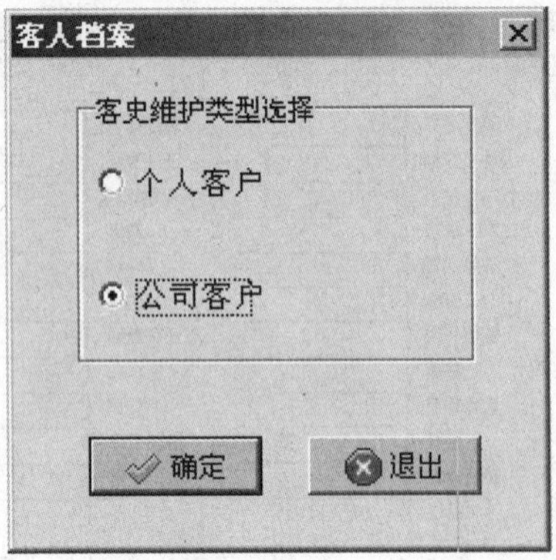

图 5-7-10

选择公司客户后，点击“确定”按钮，系统出现如下界面，如图 5-7-11 所示。

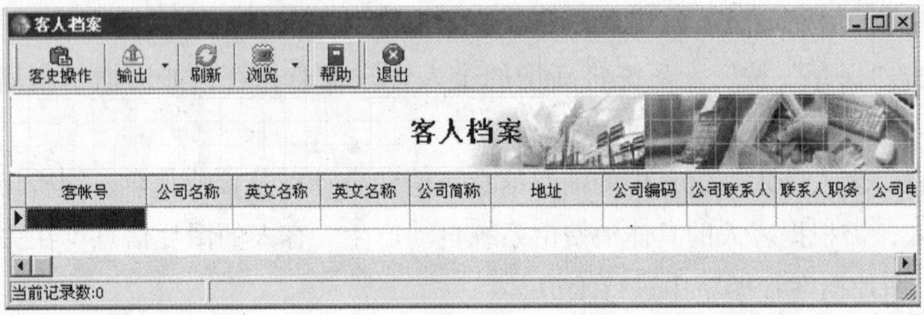

图 5-7-11

2. 客史操作——新增公司客户信息

点击“增加”按钮，录入基本信息等，界面如图 5-7-12 所示。

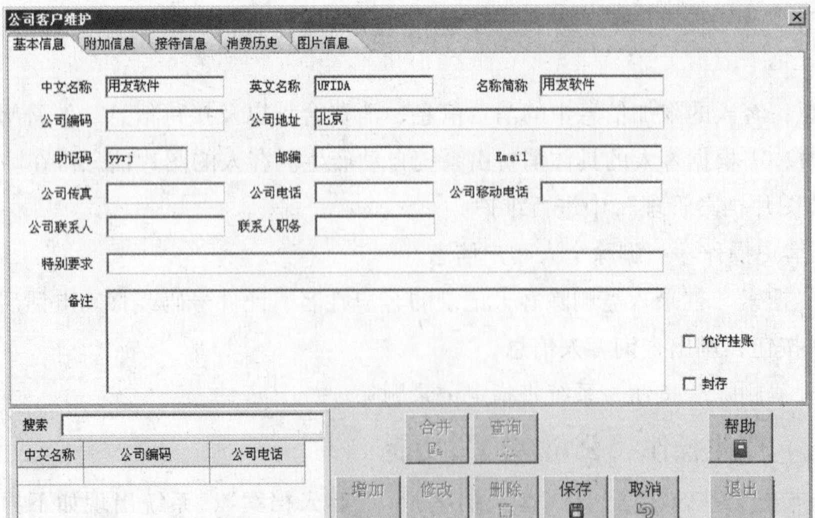

图 5-7-12

点击“保存”按钮，系统将新增公司信息保存，如需撤销新增，点击“取消”按钮即可。

注意：公司的附加信息中的今年汇总、去年汇总以及接待信息、消费历史不能手动录入，需根据公司的具体消费由系统自动产生。公司的图片信息可在“基础数据”/“图片档案管理”中进行维护。

3. 客史操作——修改公司客户信息

在“搜索”栏录入中文姓名、公司编码或公司电话，点击“查询”按钮，查询需修改的公司信息。

点击“修改”按钮，修改指定的公司记录。

点击“保存”按钮，系统将修改内容保存，如需撤销修改，点击“取消”按钮即可。

注意：公司的附加信息中的今年汇总、去年汇总以及接待信息、消费历史不能手动修改，需根据公司的具体消费由系统自动产生。公司的图片信息可在“基础数据”/“图片档案管理”中进行维护。

4. 客史操作——删除公司客户信息

在“搜索”栏录入中文姓名、公司编码或公司电话，点击“查询”按钮，查询需删除的公司信息。

点击“删除”按钮，系统将指定公司客户记录删除。

5. 客史操作——合并

在“搜索”栏录入中文姓名、公司编码或公司电话，点击“查询”按钮，查询需进行合并操作的公司信息。

点击“合并”按钮，选择需并入的公司记录。系统出现是否合并的询问信息，点击“确定”按钮，合并操作完成。

注意：① 可将接待信息和消费历史信息进行合并，参照选择的合并公司基本信息被清空。

② 个人客户的合并操作于此类似，在此不作详述。

实验八　计量与营业班次设置

【实验目的】

1. 掌握新增、修改、删除计量单位功能的操作；
2. 掌握新增、修改、删除营业班次功能的操作。

【实验内容】

在“基础数据”/“计量”功能中，学习新增、修改、删除计量单位功能的操作；在“基础数据”/“营业班次”功能中，学习新增、修改、删除营业班次功能的操作。

【实验步骤】

一、教师演示介绍“计量与营业班次”功能的基本内容

（一）讲解“计量与营业班次”的主要功能

计量单位：主要是对项目的单位进行设置。例如：桶、盒、瓶等。用户可根据需要进行新增、修改、删除。计量单位的建立主要是为了在业务处理中（如新增项目档案时），需要计量单位时，只需参照选择即可。

营业班次定义：主要是对酒店在营业时间、收银班次进行的划分，查询报表时可按班次条件进行查询。

（二）说明操作“计量与营业班次”功能的注意事项

为了保证报表数据查询的完整性，营业班次应覆盖全天。

二、学生操作“计量与营业班次”的功能

（一）学生操作“计量单位”功能

1. 点击“基础数据”/“计量”/“计量单位”，界面显示如图 5－8－1 所示

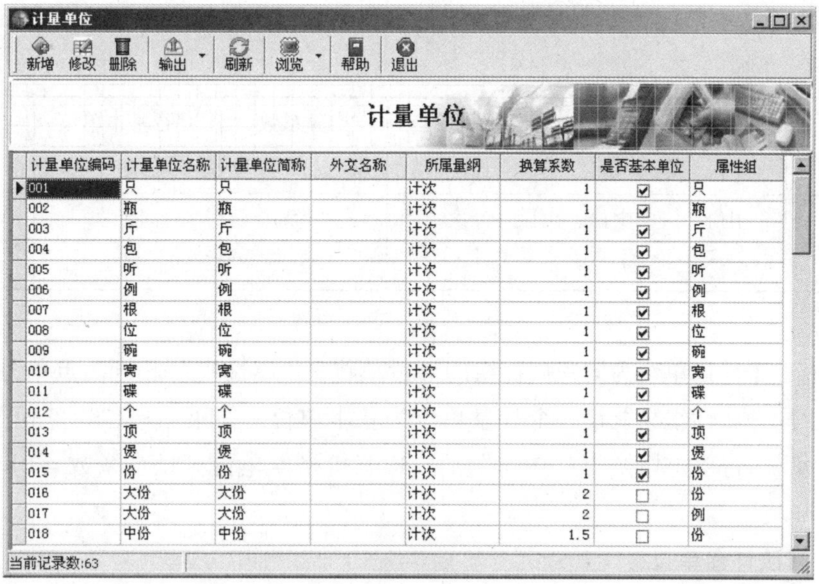

图 5－8－1

2. **新增计量单位**

点击“新增”按钮，系统出现计量单位新增界面，录入“计量单位编码”、“计量单位名称”、“计量单位简称”、“所属量纲”、“换算系数”等信息后，界面如图 5－8－2 所示。

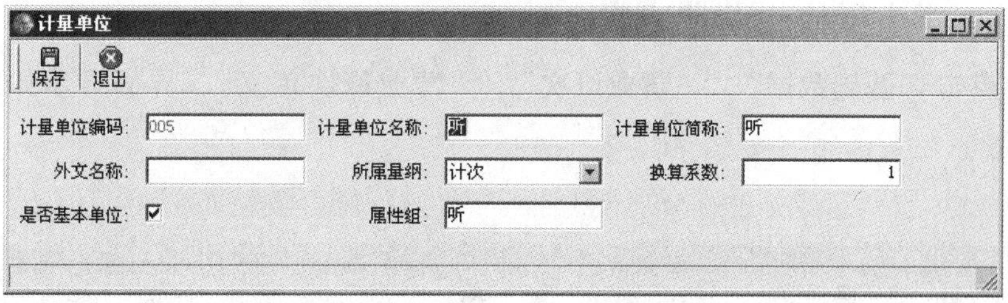

图 5－8－2

点击“保存”按钮，系统将新增计量单位保存，如需撤销新增，点击“退出”按钮即可。

注意：① 所属量纲。量纲是指同一性质的计量单位，所属量纲系统设定可以选择。

② 换算系数。修改项目单位时，系统会根据换算系数计算项目价格（计算公式：应收价格 = 基本单位价格 × 换算系数）。

③ 属性组。同一属性组的单位，项目选择时单位可以相互切换，并根据换算系数重新计算菜品价格。

④是否基本单位。一个属性组中只能设置一个基本单位，用于修改菜品单位里计算价格。例：

编码	名称	简称	所属量纲	换算系数	是否基本单位	属性组
01	份	份	计次	1	是	份
02	中份	中份	计次	1.5	否	份
03	大份	大份	计次	2	否	份

以上三个计量单位为同一属性组的计量单位，“属性组”相同。点单时可以相互切换。同一属性组只能设一个计量单位为基本单位。一菜品单位为“份”，单价为“10元”。将单位切换为“中份”后，应收价格=单价×换算系数=10×1.5=15元。

2. 修改计量单位

在计量单位列表中，点击需修改的计量单位记录。

点击“修改”按钮，修改指定记录。

点击“保存”按钮，系统将修改内容保存，如需撤销修改，点击“退出”按钮即可。

3. 删除计量单位

在计量单位列表中，点击需要删除的计量单位记录。

点击“删除”按钮，系统将指定记录删除。

（二）学生操作“营业班次”功能

1. 点击“基础数据”/“营业班次”/“营业班次定义”，界面显示如图5-8-3所示

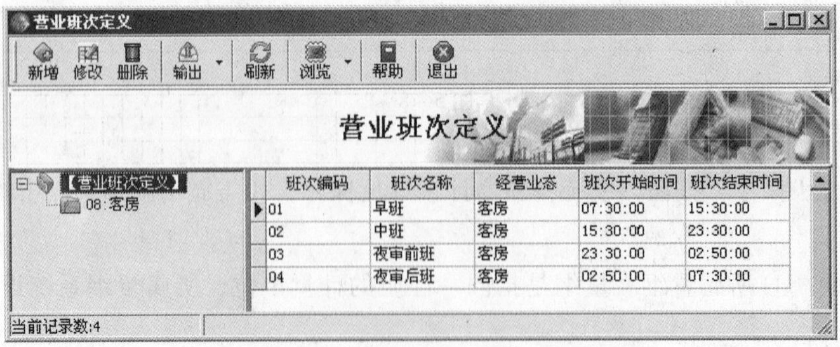

图5-8-3

2. **新增营业班次**

在营业班次定义列表树中，选择需新增班次的业态。点击“新增”按钮，系统出现营业班次的新增界面，设置“班次编码”、“班次名称”、“班次开始时间”、“班次结束时间”，界面如图5-8-4所示。

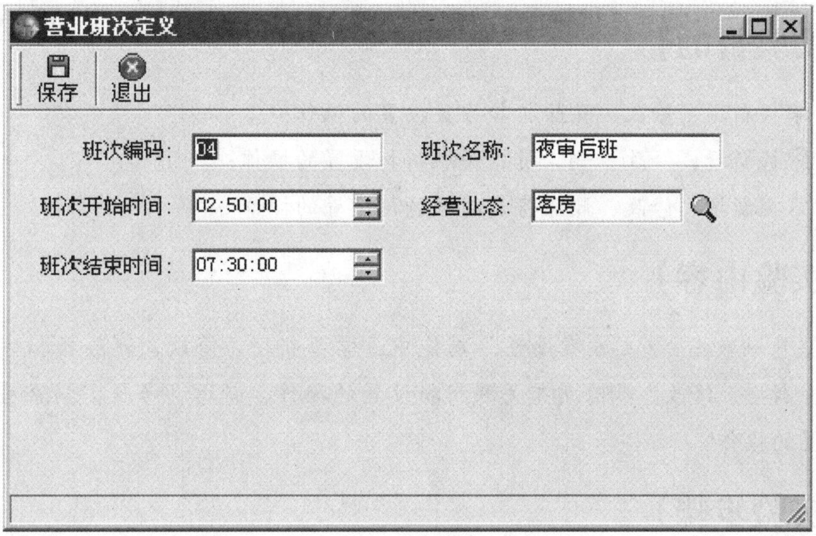

图5-8-4

点击“保存”按钮，系统将新增的营业班次保存，如需撤销新增，点击“退出”按钮即可。

3. **修改营业班次**

在营业班次定义列表树中，选择需修改营业班次所属的业态。

在相应的营业班次列表中，点击需修改的营业班次记录。

点击“修改”按钮，系统出现营业班次的修改界面，修改班次信息。

点击“保存”按钮，系统将修改内容保存，如需撤销修改，点击“退出”按钮即可。

4. **删除营业班次**

在营业班次列表树中，选择需要删除营业班次所属的业态。

在相应的营业班次列表中，点击需删除的营业班次记录。

点击“删除”按钮，系统将指定记录删除。

实验九　方案设置

【实验目的】

1. 掌握新增、修改、删除折扣方案设置的操作；
2. 掌握新增、修改、删除员工关联折扣设置的操作；
3. 掌握新增、修改、删除房类超额预订设置的操作。

【实验内容】

在“基础数据”/“方案设置”功能中，学习新增、修改、删除折扣方案设置的操作，新增、修改、删除员工关联折扣设置的操作，新增、修改、删除房类超额预订设置的操作。

【实验步骤】

一、教师演示介绍“方案设置”功能的基本内容

讲解“方案设置”的主要功能

折扣方案设置：主要完成折扣方案的设置，用户可根据需要新增、修改、删除。折扣方案的设置主要是在业务处理中，需要选择折扣方案进行折扣处理时，包括授权折扣处理以及会员卡设置折扣等地方会用到折扣方案，设置时只需参照选择即可。

员工关联折扣设置：主要完成员工与折扣的关联设置。用户可根据需要进行关联、取消关联。员工关联折扣的设置主要是为了设置折扣授权，便于打折的管理。

房类超额预订设置：可对房类超额预订的比率进行设置，用户在预订时，可根据此比率进行超额房类预订。

二、学生操作“方案设置”的功能

（一）学生操作“折扣方案设置”功能

1. 点击“基础数据”／“方案设置”／“折扣方案设置”，界面显示如图 5－9－1 所示

图 5－9－1

2. 新增折扣方案

点击“新增”按钮，系统出现折扣方案的新增界面。录入“折扣方案编码”、“折扣方案名称”，设置对应折扣方案不同房类的房价，界面如图 5－9－2 所示。

图 5－9－2

点击“保存”按钮，系统将新增的折扣方案保存，如需撤销新增，点击“取消”按钮即可。

注意：新增不同房类的折扣价格时，可通过“行操作”下的“增加一行”和“删除一行”实现。

3. 修改折扣方案

点击“列表”按钮，在折扣方案列表中点击需要修改的折扣方案记录。

点击“修改”按钮，即可修改折扣方案。

点击“保存”按钮，系统将修改内容保存，如需撤销修改，点击“取消”按钮即可。

注意：增加或删除房类的折扣价格时，可通过“行操作”下的“增加一行”和“删除一行”实现。

4. 删除折扣方案

点击“列表”按钮，在折扣方案列表中点击需要删除的折扣方案记录。

点击“删除”按钮，系统将指定记录删除。

（二）学生操作“员工关联折扣设置”功能

1. 点击“基础数据”/“方案设置”/“员工关联折扣设置”，界面显示如图5-9-3所示

图5-9-3

2. 设置员工关联折扣

在操作员列表中，点击需要新增关联的操作员。

点击新增按钮，系统出现折扣方案的参照窗口，选择需关联的折扣方案。

点击“确定”按钮，关联折扣设置完成，如需取消关联，点击“退出”按钮即可。

3. 删除员工关联折扣

在操作员列表中，点击需要删除折扣关联的操作员。

在对应的折扣方案列表中，点击需删除的折扣方案。

点击“删除”按钮，系统将指定员工的指定折扣方案删除。

（三）学生操作“房类超额预订设置”功能

1. 点击“基础数据”/“方案设置”/“房类超额预订设置”，系统出现如下界面，如图 5－9－4 所示

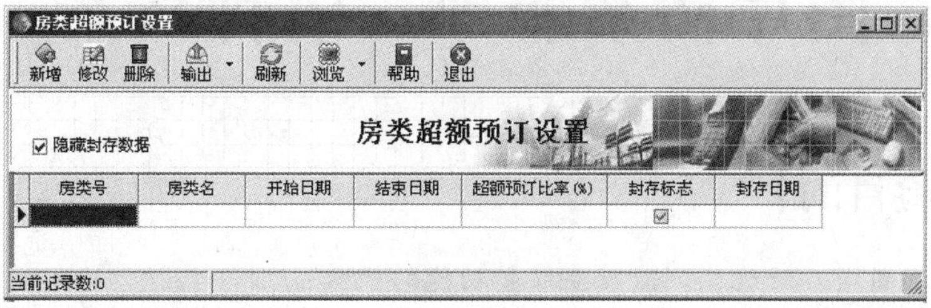

图 5－9－4

2. 新增房类超额预订比率

点击“新增”按钮，系统出现超额预订设置的新增界面。确定“房类名”、“开始日期”、“结束日期”、“超额预订比率（%）”，新增界面如图 5－9－5 所示。

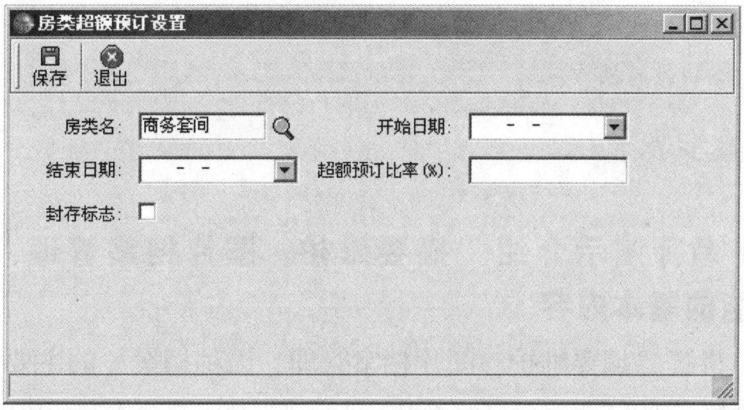

图 5－9－5

点击“保存”按钮，系统将新增的超额预订保存，如需撤销新增，点击“退出”按钮即可。

3. 修改房类超额预订

在房类超额预订列表中，点击需修改的记录。

点击“修改”按钮，修改指定内容。

点击“保存”按钮，系统将修改内容保存。

4. 删除房类超额预订

在房类超额预订列表中，点击需删除的房类超额预订记录。

点击“删除”按钮，系统将指定记录删除。

实验十　摘要维护、图片档案管理、语种档案

【实验目的】

1. 掌握新增、修改、删除摘要维护功能的操作；
2. 掌握新增、修改、删除图片档案管理功能的操作；
3. 掌握新增、修改、删除语种档案功能的操作。

【实验内容】

在“基础数据”/“摘要维护”功能中，学习新增、修改、删除折扣方案设置的操作；在“基础数据”/“图片档案管理”功能中，学习新增、修改、删除图片档案管理功能的操作；在“基础数据”/“语种档案”功能中，学习新增、修改、删除语种档案功能的操作。

【实验步骤】

一、教师演示介绍“摘要维护、图片档案管理、语种档案”功能的基本内容

（一）讲解“摘要维护、图片档案管理、语种档案”的主要功能

摘要维护：可用于设置封房的原因，可在“设置封房状态”的原因录入中使用。用户可根据业务需要进行新增、修改、删除。

图片档案管理：主要用于管理酒店员工、项目、宾客、授权人的所有图片资料。

语种档案：主要用于记录可用于多语言账单打印的不同语种，如语种编号、语种名称等。用户可根据需要新增、修改、删除。语种档案的建立主要用于在业务处理中，需要语种时直接通过语种档案参照选择即可。

（二）说明操作“摘要维护、图片档案管理、语种档案”功能的注意事项

1. 高级查询：选择查询项目和比较方式，输入内容，点击“增加”按钮然后确定即可查询。

2. 摘要内容：即摘要的文字说明，必须填写。

二、学生操作“摘要维护、图片档案管理、语种档案”的功能

（一）学生操作“摘要维护”功能

1. 点击“基础数据”/“摘要维护”，系统显示如下界面，如图5－10－1所示

图5－10－1

2. 新增摘要

点击“新增”按钮，系统出现摘要的新增界面。录入“摘要编码”、“摘要内容”，确定“摘要类型”等，新增界面显示如下，如图5－10－2所示。

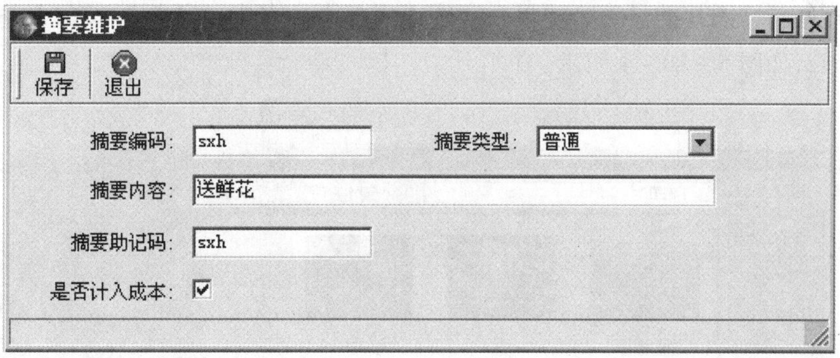

图5－10－2

点击“保存”按钮，系统将新增的摘要保存，如需撤销新增，点击“退出”按钮即可。

3. 修改摘要

在摘要列表中，点击需要修改的摘要记录。

点击“修改”按钮，修改指定的记录内容。

点击“保存”按钮，系统将修改内容保存，如需撤销修改，点击“退出”按钮即可。

4. 删除摘要

在摘要列表中，点击需要删除的摘要记录。

点击“删除”按钮，系统将指定的摘要记录删除。

（二）学生操作“图片档案管理”功能

1. 点击“基础数据”/“图片档案管理”，界面显示如图 5－10－3 所示

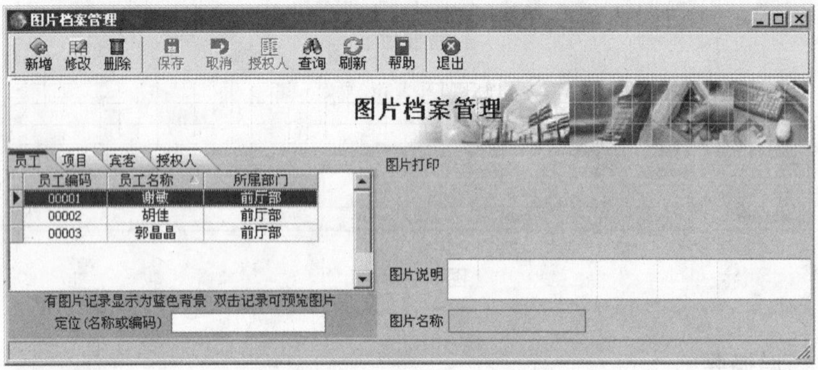

图 5－10－3

2. 新增图片

选择需新增图片的员工、项目、宾客或授权人，点击“新增”按钮，系统出现如下界面，如图 5－10－4 所示。

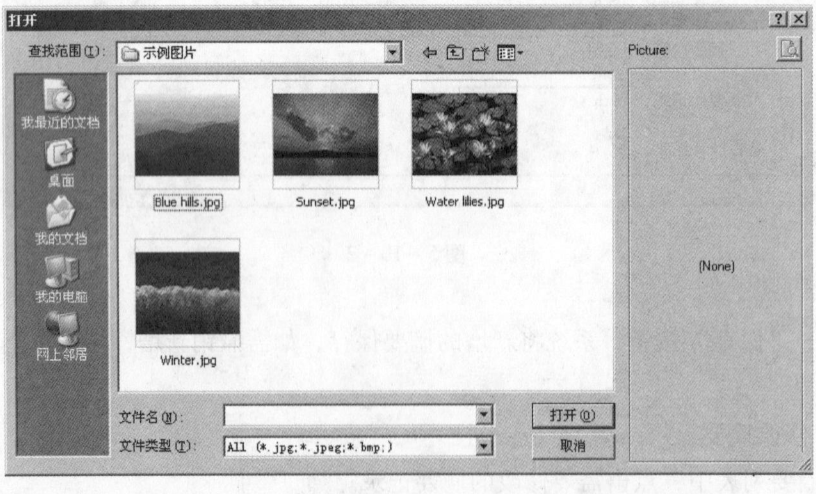

图 5－10－4

选择需要添加的图片，点击“打开”按钮，图片管理界面如图 5－10－5 所示。

图 5－10－5

输入“图片说明”后，点击“提交”按钮，图片新增操作完成。

3. **修改图片信息**

选择需要修改图片信息的员工、项目、宾客或授权人。

点击“修改”按钮，修改“图片说明”等信息。

点击“提交”按钮，系统将修改信息保存，如需撤销修改，点击“取消”按钮即可。

4. **删除图片**

选择需要删除图片的员工、项目、宾客或授权人。

点击“删除”按钮，系统将指定图片删除。

（三）学生操作“语种档案“功能

1. **点击“基础数据”／“语种档案”，界面显示如图 5－10－6 所示**

图 5－10－6

2. **新增语种**

点击“新增”按钮，系统出现语种新增界面。

录入“语种编号”、“语种名称”等内容。

点击“保存”按钮，系统将新增的语种保存。

3. **修改语种信息**

在多语种字典列表中，选择需要修改的语种记录。

点击“修改”按钮，修改指定的语种记录。

点击“保存”按钮，系统将修改内容保存。如需撤销修改内容，点击修改界面的“退出”按钮即可。

4. **删除语种信息**

在多语种字典列表中，选择需要删除的语种记录。

点击“删除”按钮，系统将指定语种记录删除。

实验十一　付款方式、账户接口设置

【实验目的】

1. 掌握新增、修改、删除付款方式功能的操作；
2. 掌握新增、修改、删除账户接口设置的操作。

【实验内容】

在“基础数据”/“付款方式”功能中，学习新增、修改、删除付款方式的操作；在“基础数据”/“账户接口设置”功能中，学习新增、修改、删除账户接口设置的操作。

【实验步骤】

一、教师演示介绍“付款方式、账户接口设置”功能的基本内容

（一）讲解“付款方式、账户接口设置”的主要功能

付款方式：主要是对结账付款的方式及各付款方式积分比率的设置。用户可根据需要新增、修改、删除。付款方式的建立可用于在业务处理中，需要选择付款方式时，只需参照选择即可。如有押金支付房费或消费的情况，则需要在付款方式中

进行类型为订金的付款方式的设置，不然不能进行押金支付。

付款方式对应科目：主要完成付款方式与会计科目的对应设置。用户在“押金”中进行押金新增操作，在“结账”中进行结账操作，需选择付款方式，在进行押金收取和结账操作前，需将付款方式与会计科目进行对应。

其他项目对应科目：主要用于其他项目与会计科目的对应设置。该节点的建立为餐饮数据的转入作准备。

项目所属科目：主要完成项目与科目代码的对应设置。在启用项目时，需对项目与科目代码进行对应。

（二）说明操作付款方式、账户接口设置功能的注意事项

1．收入计算基数：收入计算基数与营业收入相关。计算公式：收入 = 收款金额 ×收款方式的收入计算基数百分比（%）。

2．在会计科目表中，缺少付款方式对应的科目时，可手动在“会计科目表”中新增后，再进行对应设置操作。

3．在会计科目表中，缺少其他项目对应的科目时，可手动在“会计科目表”中新增后，再进行对应设置操作。其他项目主要包括餐饮收入项目。

二、学生操作“付款方式、账户接口设置”的功能

（一）学生操作“付款方式”功能

1．点击“基础数据”/“付款方式”，界面显示如图 5－11－1 所示

付款方式编码	付款方式名称	类型	收入计算基数(%)	备注
01	现金	现金	100	默认方式
02	挂账	挂账	100	挂账
03	VIP卡	储值卡	100	VIP卡
04	消费券	消费券	0	消费券,抵现金
05	信用卡	银行卡	100	信用卡
06	免单	免单	0	
07	公司账	店付	100	公司账
08	现金支票	支票	100	现金支票
09	转账支票	支票	100	转账支票
10	签单卡	挂账	100	签单卡
11	代金券	消费券	100	
12	押金支付	订金	100	系统定义

图 5－11－1

2. 新增付款方式

点击“新增”按钮，系统出现付款方式的新增界面，如图5－11－2所示。

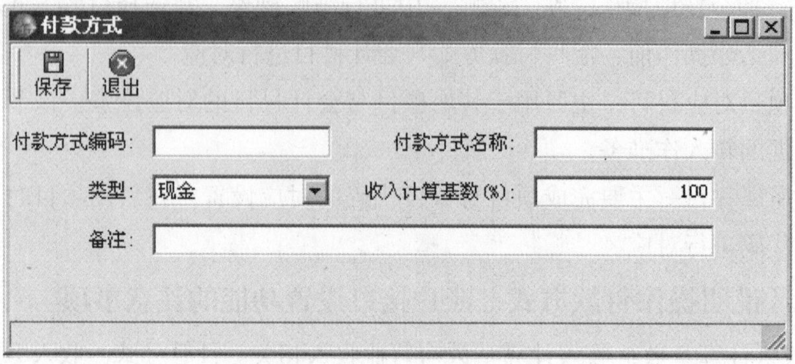

图5－11－2

录入“付款方式编码”、“付款方式名称”，选择“类型”等信息。

点击“保存”按钮，系统将新增的付款方式保存，如需撤销新增，点击“退出”按钮即可。

3. 修改付款方式

在付款方式列表中，点击需要修改的记录。

点击“修改”按钮，即可对指定记录进行修改。

点击“保存”按钮，系统将修改内容保存，如需撤销修改，点击“退出”按钮即可。

4. 删除付款方式

在付款方式列表中，点击需要删除的记录。

点击“删除”按钮，系统将指定记录删除。

（二）学生操作“账户接口设置”功能

1. 点击“基础数据”／“账户接口设置”／“付款方式对应科目”，系统出现如下界面，如图5－11－3所示

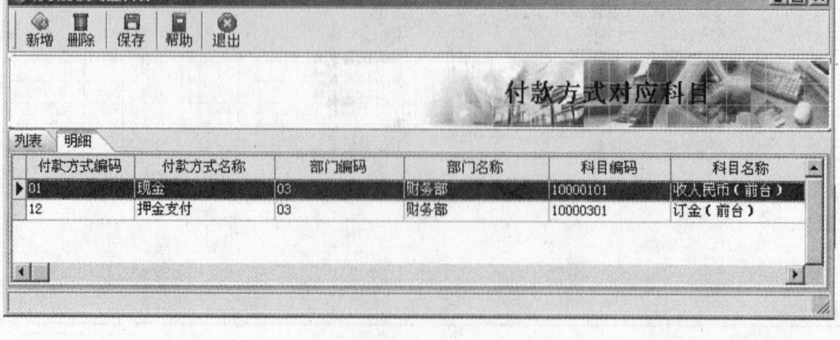

图5－11－3

2. **新增付款方式对应科目**

在付款方式对应科目列表中，点击需新增对应科目的付款方式。

点击“新增”按钮，系统出现部门档案参照界面，选择付款方式对应部门，系统出现会计科目选择界面，点击付款方式对应的会计科目，界面如图 5－11－4 所示。

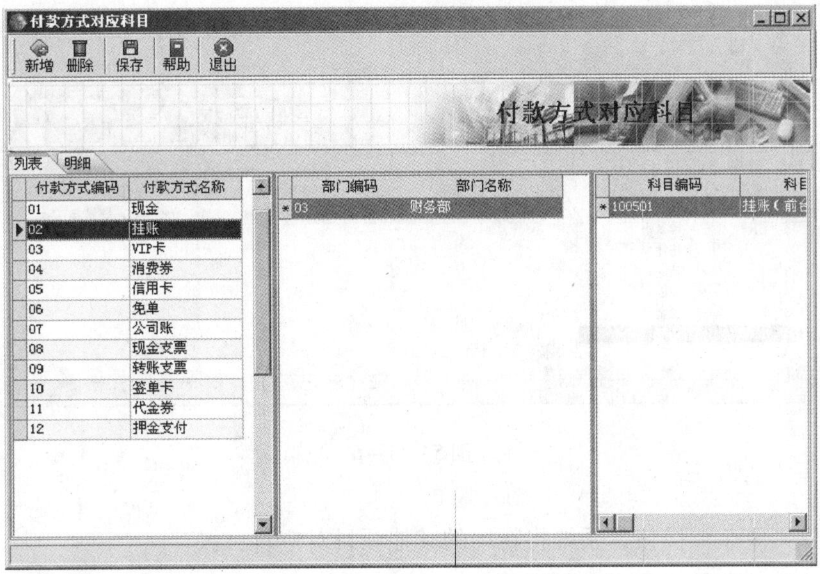

图 5－11－4

点击“保存”按钮，系统将新增对应科目保存。

3. **删除付款方式对应科目**

在付款方式对应科目列表中，点击需要删除科目对应的付款方式。

点击“删除”按钮，系统将指定的付款方式对应科目删除。

（三）学生操作“其他项目对应科目”功能

1. 点击“基础数据”／“账户接口设置”／“其他项目对应科目”，系统出现如下界面，如图 5－11－5 所示

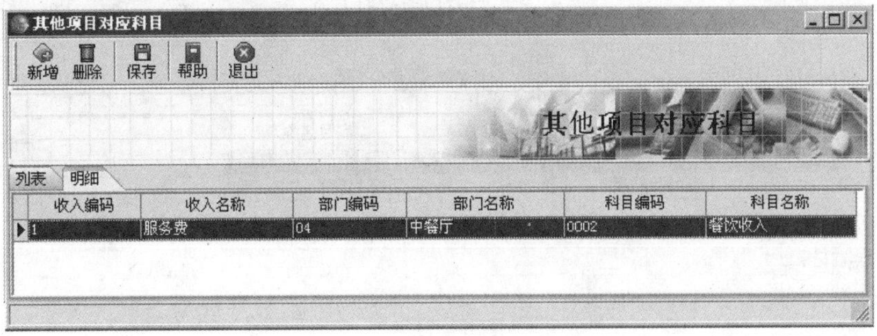

图 5－11－5

2. **新增其他收入对应科目**

在其他收入对应科目列表中，点击需新增对应科目的其他收入。

点击“新增”按钮，系统出现部门档案参照界面，选择付款方式对应部门，系统出现会计科目选择界面，点击其他收入对应的会计科目，界面如图 5－11－6 所示。

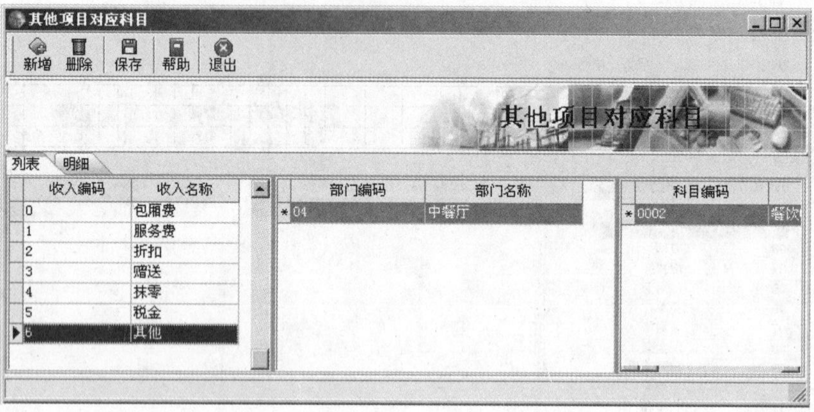

图 5－11－6

点击“保存”按钮，系统将新增的其他项目对应科目保存。

3. **删除其他收入对应科目**

在其他收入对应科目列表中，点击需删除的收入记录。

点击“删除”按钮，系统将指定记录删除。

（四）学生操作“项目所属科目”功能

1. 点击“基础数据”／“账户接口设置”／“项目所属科目”，系统出现如下界面，如图 5－11－7 所示

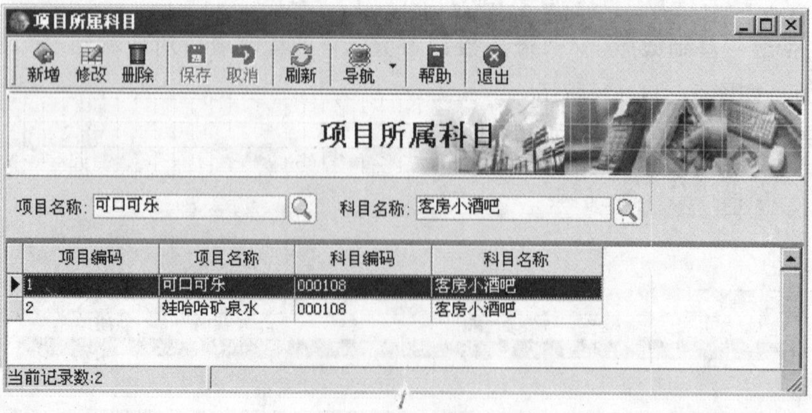

图 5－11－7

2. **新增项目所属科目**

点击“新增”按钮，选择“项目名称”和对应的“科目名称”，界面如图5－11－8所示。

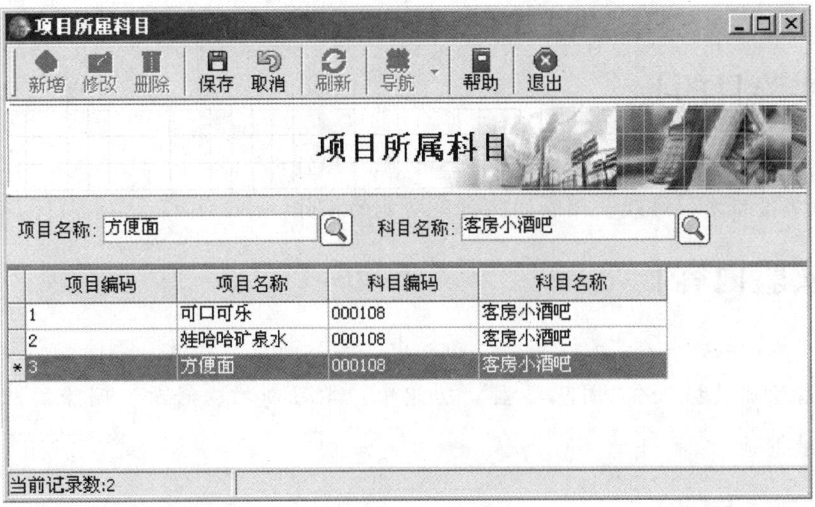

图5－11－8

点击“保存”按钮，将新增的项目所属科目保存，如需撤销新增，点击“取消”按钮即可。

3. **修改项目所属科目**

在项目所属科目列表中，点击需要修改的记录。

点击“修改”按钮，修改指定记录内容。

点击“保存”按钮，系统将修改内容保存，如需撤销修改，点击“取消”按钮即可。

4. **删除项目所属科目**

在项目所属科目列表中，点击需要删除的记录。

点击“删除”按钮，系统将指定记录删除。

实验十二　预订类型、团队类型

【实验目的】

1. 掌握新增、修改、删除预订类型功能的操作；
2. 掌握新增、修改、删除团队类型功能的操作。

【实验内容】

在“基础数据”/“预订类型”功能中，学习新增、修改、删除预订类型的操作；在“基础数据”/“团队类型”功能中，学习新增、修改、删除团队类型的操作。

【实验步骤】

一、教师演示介绍“预订类型、团队类型”功能的基本内容

（一）讲解“预订类型、团队类型”的主要功能

预订类型：主要用于预订类型的设置，用户可根据需要进行新增、修改、删除。预订类型的建立主要用于在业务处理中，需要设置预订类型时，通过参照选择即可。

团队类型：主要用于团队类型的设置，用户可根据需要进行新增、修改、删除。团队类型的建立主要用于在业务处理中，需要团队类型时，通过参照选择即可。

（二）说明操作预订类型、团队类型功能的注意事项

高级查询：选择查询项目和比较方式，输入内容，点击“增加”按钮然后确定即可查询。

二、学生操作“预订类型、团队类型”的功能

（一）学生操作“预订类型”功能

1. 点击“基础数据”/“预订类型”，界面显示如图 5－12－1 所示

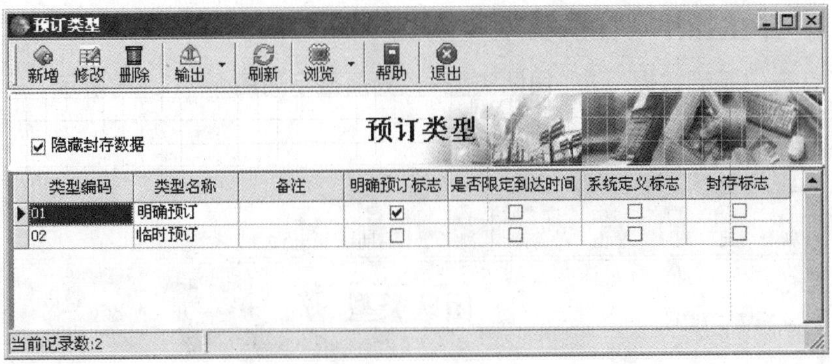

图 5－12－1

2. **新增预订类型**

点击“新增”按钮，系统出现预订类型的新增界面，如图 5－12－2 所示。

图 5－12－2

录入“类型编码”、“类型名称”等信息。点击“保存”按钮，系统将新增预订类型保存，如需撤销新增，点击“退出”按钮即可。

注意：明确预订标志。勾选该项标志明确预订，可便于系统统计明确预订房数。

3. **修改预订类型**

在预订类型列表中，点击需修改的预订类型。

点击“修改”按钮，修改指定记录内容。

点击“保存”按钮，系统将修改内容保存，如需撤销修改，点击“退出”按钮即可。

4. **删除预订类型**

在预订类型列表中，点击需要删除的预订类型。

点击“删除”按钮，系统将指定记录删除。

（二）学生操作“团队类型”功能

1. 点击“基础数据”/“团队类型”，界面显示如图5-12-3所示

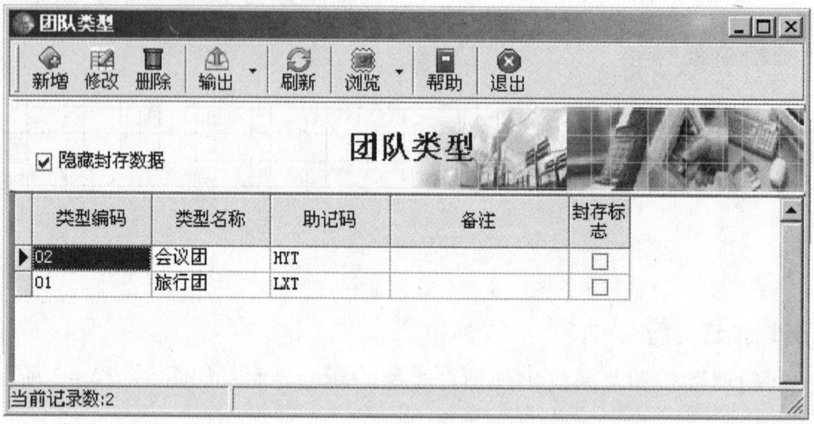

图5-12-3

2. 新增团队类型

点击“新增”按钮，系统出现团队类型的新增界面。

录入“类型编码”、“类型名称”等内容。

点击“保存”按钮，系统将新增团队类型保存，如需撤销新增，点击“退出”按钮即可。

3. 修改团队类型

在团队类型列表中，点击需要修改的团队类型记录。

点击“修改”按钮，修改指定记录。

点击“保存”按钮，系统将修改内容保存，如需撤销修改，点击“退出”按钮即可。

4. 删除团队类型

在团队类型列表中，点击需要删除的团队类型记录。

点击“删除”按钮，系统将指定记录删除。

第六章

酒店营业中心

营业中心分为酒店房态图、团队、房态图、账户、可用房、报表、房间计划和夜审八大部分，每个部分对应一个界面，可进行相关操作。

实验一　酒店房态图业务的处理

【实验目的】

1. 了解酒店房态图界面的结构和酒店房态图界面的基本功能；

2. 掌握操作进入酒店房态图界面的程序和操作酒店房态图界面的注意事项；

3. 熟练操作酒店房态图界面酒店房态图查询、散客开房、散客预订、客人浏览、留言业务、换房、修改来/离期、预订入住、预订取消、重新入住、入住取消、押金处理、消费录入、结账、客史档案等业务。

【实验内容】

操作酒店管理系统中的前厅部的酒店房态图界面的基本业务。

【实验步骤】

一、教师演示介绍“酒店房态图”界面的基本内容

酒店房态图是酒店接待人员对散客和团队成员进行相关操作的主要界面。

（一）演示进入“酒店房态图”界面的程序

在“房务中心”/“营业中心”中，点击“酒店房态图”按钮，系统出现如下界面，如图6－1－1所示。

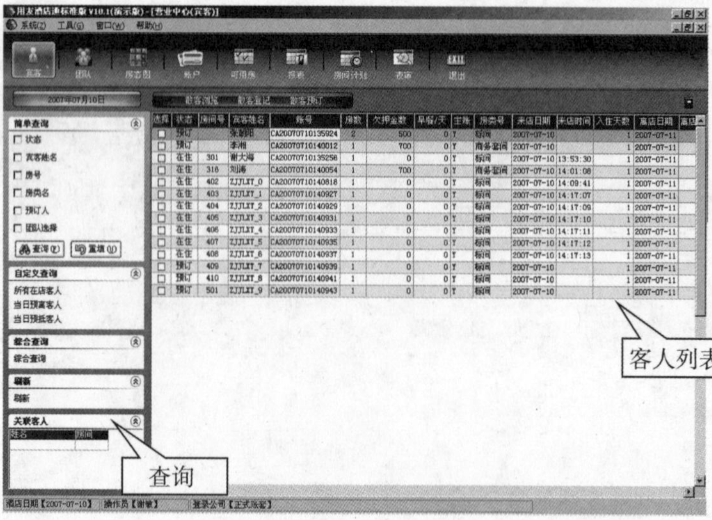

图6－1－1

（二）说明“酒店房态图界面”的结构

该界面主要分为两个板块：客人列表和查询。客人列表以列表的形式显示酒店预订、预订取消、在住、入住取消、离店且未过夜审的散客和团队成员记录；查询界面包括简单查询、自定义查询和综合查询，查询结果可在客人列表中显示。

（三）说明操作“酒店房态图”界面的注意事项

1. 客人列表中不显示团队总账记录。

2. 不同状态的客人用不同颜色的字进行标志：预订客人（黑字）、在住客人（蓝字）、离店客人（绿字）、预订取消客人（粉字）、入住取消客人（红字）。

3. 客人列表中可显示离店后未过夜审的客人记录；夜审后离店客人的记录自动删除。

（四）说明“酒店房态图界面”的基本功能

在酒店房态图界面可实现的功能，包括酒店房态图查询功能和散客开房、散客预订、酒店房态图制卡、客人浏览、留言、换房、修改来/离期、预订入住、预订取消、预订恢复、重新入住、入住取消、押金、消费录入、结账等酒店房态图常用功能。酒店房态图的常用功能可通过在客人列表中点击鼠标右键实现，用户的常用操作以按钮的形式设置在酒店房态图界面，如图 6－1－2 所示。

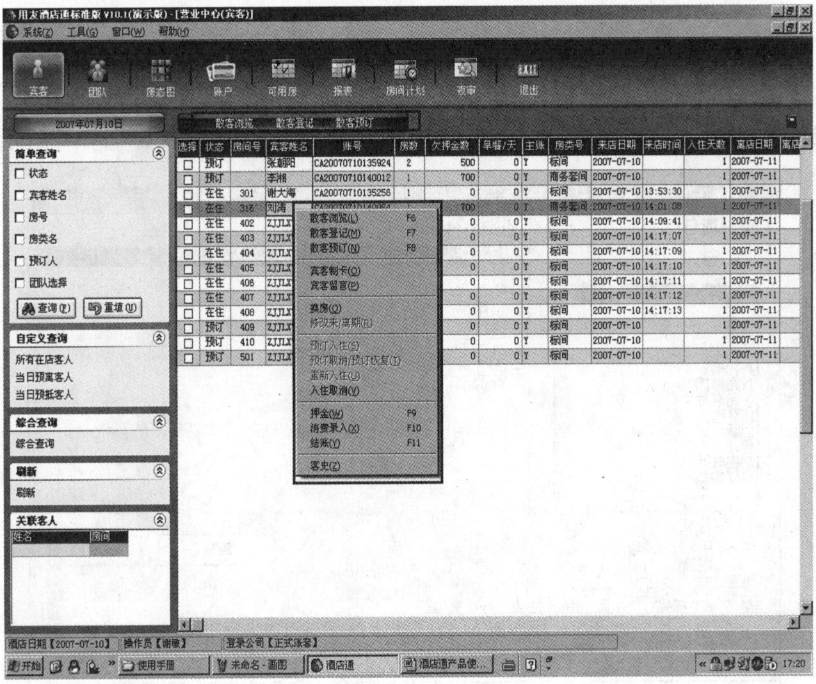

图 6－1－2

二、学生操作“酒店房态图界面”的业务

（一）学生操作酒店房态图界面酒店房态图查询的业务

1. 选择查询类型，以综合查询为例，系统出现如下界面，如图 6－1－3 所示

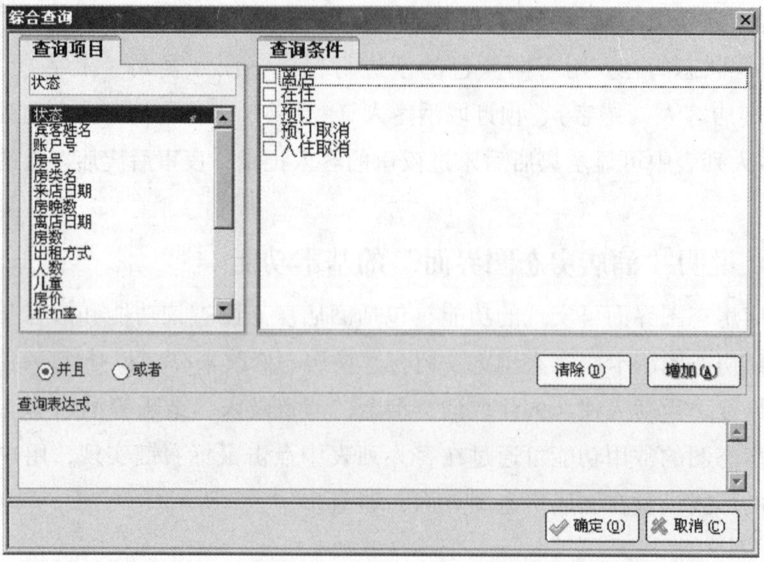

图 6－1－3

2. 录入查询条件，点击“增加”按钮，如有多个查询条件，选择逻辑关系（并且/或者）后，录入查询条件点击“增加”按钮，界面如图 6－1－4 所示

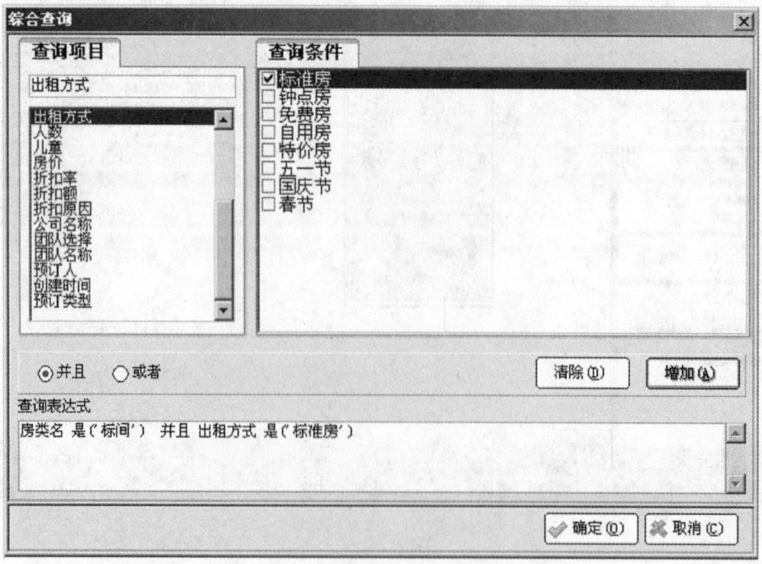

图 6－1－4

3. 点击“确定”按钮，综合查询完毕，在客人列表中显示符合查询条件的客人记录，如图6－1－5所示

散客浏览　散客登记　散客预订

选择	状态	房间号	宾客姓名	账号	房数	欠押金数	早餐/天	主账	房类号	来店日期	来店时间	入住天数	离店日期	离店
□	预订		张朝阳	CA20070710135924	2	500	0	Y	标间	2007-07-10		1	2007-07-11	
□	在住	301	谢大海	CA20070710135256	1	0	0	Y	标间	2007-07-10	13:53:30	1	2007-07-11	
□	在住	402	ZJJLXT_0	CA20070710140818	1	0	0	Y	标间	2007-07-10	14:09:41	1	2007-07-11	
□	在住	403	ZJJLXT_1	CA20070710140927	1	0	0	Y	标间	2007-07-10	14:17:07	1	2007-07-11	
□	在住	404	ZJJLXT_2	CA20070710140929	1	0	0	Y	标间	2007-07-10	14:17:09	1	2007-07-11	
□	在住	405	ZJJLXT_3	CA20070710140931	1	0	0	Y	标间	2007-07-10	14:17:10	1	2007-07-11	
□	在住	406	ZJJLXT_4	CA20070710140933	1	0	0	Y	标间	2007-07-10	14:17:11	1	2007-07-11	
□	在住	407	ZJJLXT_5	CA20070710140935	1	0	0	Y	标间	2007-07-10	14:17:12	1	2007-07-11	
□	在住	408	ZJJLXT_6	CA20070710140937	1	0	0	Y	标间	2007-07-10	14:17:13	1	2007-07-11	

图6－1－5

4. 刷新显示所有客人记录：点击“重填”按钮。

（二）学生操作“散客开房”业务

1. 点击“散客开房”按钮或点击鼠标右键选择散客开房，系统出现散客接待编辑界面，如图6－1－6所示

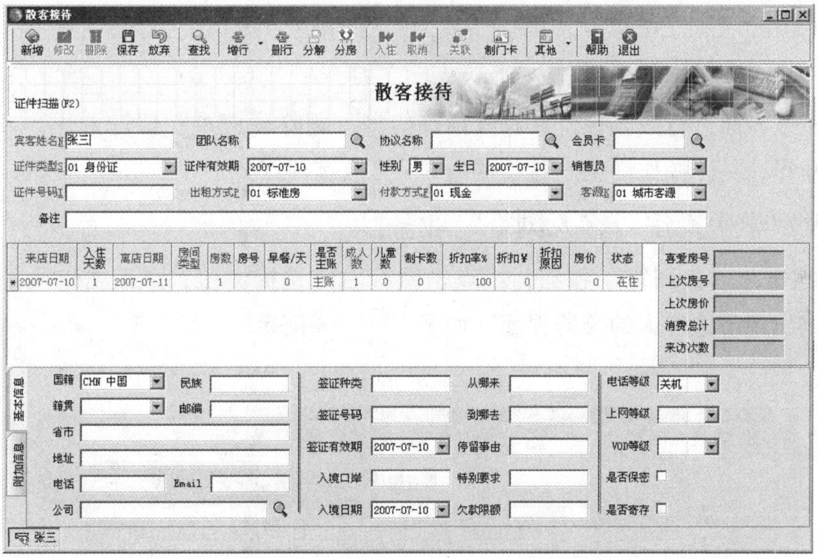

图6－1－6

2. 选择操作界面

在散客接待界面进行散客接待、客人信息修改、预订入住、关联客人、制门卡等相关操作，具体操作详见“接待中心”/“散客接待”。

（三）学生操作“散客预订”业务

1. 点击“散客预订”按钮，或点击鼠标右键选择散客预订，系统出现散客预订编辑界面，如图6－1－7所示

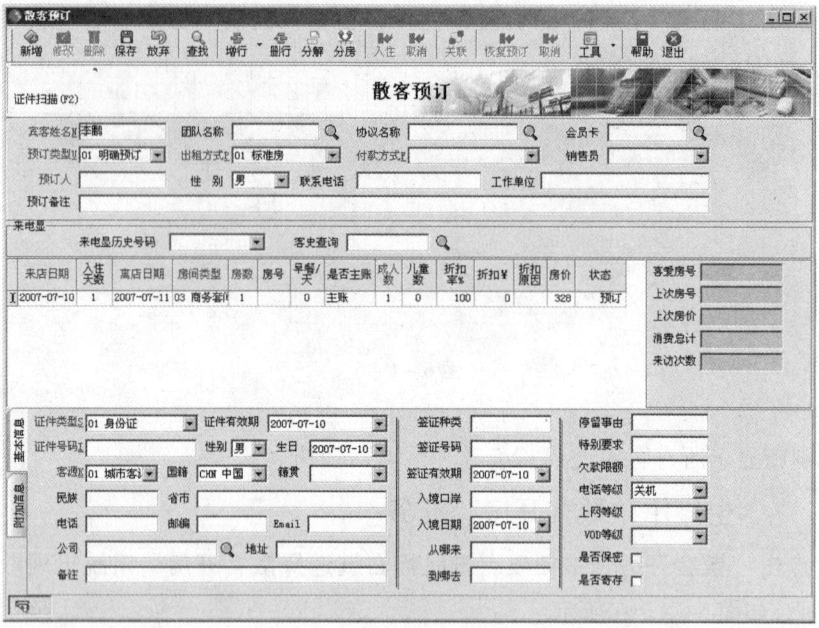

图 6－1－7

2. 选择操作界面

可在该界面进行散客预订、修改预订信息、删除预订单、预订入住、入住取消等相关操作，具体操作详见“接待中心”／“散客预订”。

（四）学生操作“客人浏览”业务

1. 点击“客人浏览”按钮，或点击鼠标右键选择浏览，或双击选中的客人记录，系统出现所选客人的接待界面，如图 6－1－8 所示

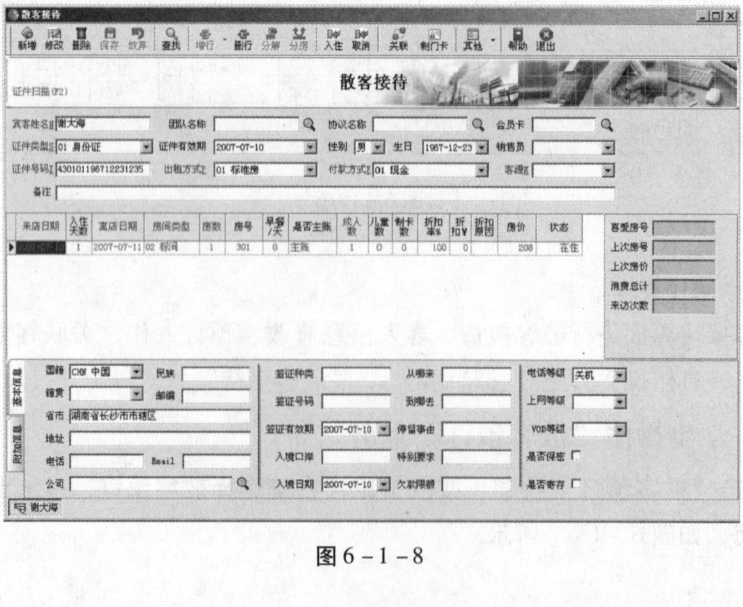

图 6－1－8

2. **选择操作界面**

用户可在散客接待界面对指定客人进行信息修改、删除、入住、取消入住、制门卡等相关操作，具体的操作方法参见“接待中心”/“散客接待”。

（五）学生“操作留言”业务

1. **在客人列表中，点击需留言的客人记录**

点击鼠标右键选择留言，系统出现留言处理界面，如图6－1－9所示。

图6－1－9

2. **选择操作界面**

用户可在该界面对指定客人进行留言、修改留言信息、删除留言记录、处理留言，具体操作详见“接待中心”/“接待处理”/“留言”。

（六）学生“操作换房”业务

1. **在客人列表中，点击需进行换房处理的客人记录**

点击鼠标右键选择换房，系统出现换房界面，如图6－1－10所示。

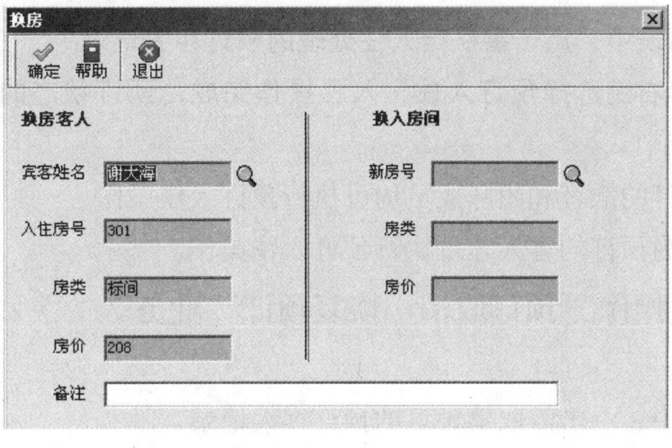

图6－1－10

2. 选择操作界面

进行换房处理，详细的换房操作可参见“接待中心”/“接待处理”/“换房”。

注意：只有状态未在住的客人才能执行换房操作，其他状态的客人的房号修改在对应的接待单或预订单中实现。

（七）学生“操作修改来/离期”业务

1. 在客人列表中，点击需修改来/离期的预订客人记录

点击鼠标右键选择修改来/离期，系统出现如下界面，如图 6 – 1 – 11 所示。

图 6 – 1 – 11

2. 选择操作界面

根据需要修改“预计来店日”、“预计离店日”后点击“确定”按钮，指定客人的来/离期修改完成。

注意：①只有状态为预订客人才能执行该操作，在住客人的离期可在“散客接待”或“房间计划”中实现。

②“预计来店日”不能早于当前系统日期；“预计离店日”不能早于“预计来店日”。

（八）学生操作“预订入住”业务

1. 在客人列表中，点击需执行入住处理的预订客人记录

2. 点击鼠标右键选择预订入住，入住操作完成，预订状态的客人更改为在住状态

注意：①预订的散客和团队成员均可执行预订入住操作。

②只有状态为预订的客人才可执行预订入住操作。

（九）学生操作“预订取消、恢复预订”业务

1. 预订取消

在客人列表中，点击需取消预订的预订客人记录。

点击鼠标右键选择预订取消/预订恢复，预订取消操作完成，预订状态的客人更

改为预订取消状态。

注意：①预订的散客和团队成员均可执行预订取消操作。

②只有状态为预订的客人才能执行预订取消操作。

2. 恢复预订

在客人列表中，点击需恢复预订的预订取消客人记录。

点击鼠标右键选择预订取消/预订恢复，恢复预订操作完成，预订取消状态的客人更改为预订状态。

注意：①预订取消的散客和团队成员均可执行恢复预订操作。

②只有状态为预订取消的客人才能执行恢复预订操作。

（十）学生操作“重新入住”业务

1. 在客人列表中，点击需重新入住的离店客人或入住取消的客人记录

2. 点击鼠标右键选择重新入住，重新入住操作完成，入住取消和离店状态的客人更改为在住状态

注意：①离店的散客或团队成员均可执行重新入住操作。

②只有状态为离店或入住取消的客人才能执行该操作。

（十一）学生操作“入住取消”业务

1. 在客人列表中，点击需取消入住的在住客人记录

2. 点击鼠标右键选择入住取消，入住取消操作完成，在住状态的客人更改为入住取消或预订状态

注意：①在住的散客或团队成员均可执行入住取消操作。

②散客接待中登记入住的散客执行该操作后，状态更改为入住取消；预订后入住的散客或团队成员执行该操作后，状态更改为预订。

（十二）学生操作“押金处理”业务

1. 在客人列表中，点击需缴纳押金的在住客人或预订客人记录

2. 点击鼠标右键选择押金，系统出现押金界面，如图 6－1－12 所示

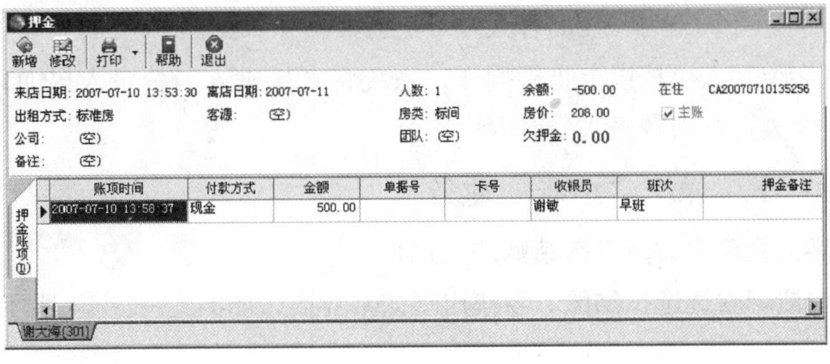

图 6－1－12

3. **选择操作界面**

用户可进行押金的新增、修改、打印等操作，详细操作见“收银中心”/“押金”。

注意：①散客和团队成员均可进行押金收取操作。

②只有状态为预订和在住的客人才能执行押金操作。

③勾选多位客人再按以上步骤操作，可同时对勾选的多位客人进行押金收银。

（十三）学生操作“消费录入”业务

1. **在客人列表中，点击需录入消费的在店客人记录**

2. **选择操作界面**

点击鼠标右键，选择消费录入，根据需要录入项目后点击“确定”，或点击“取消”按钮，系统进入消费项目录入界面，如图6－1－13所示。

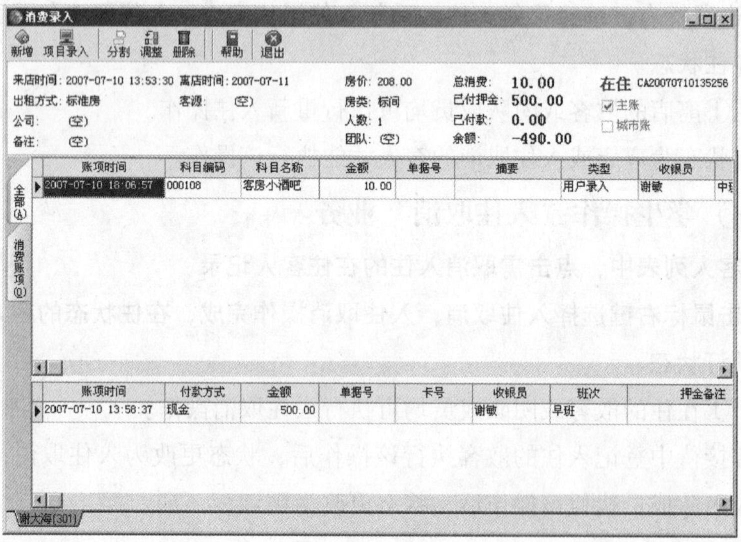

图6－1－13

用户可进行消费项目的新增、修改、删除等操作，详细操作参见“收银中心”/“消费录入”。

注意：①只有状态为在住的客人才可进行消费录入操作。

②勾选多位客人再按以上步骤操作，系统将直接进入消费录入界面，可同时对勾选的多位客人进行消费录入。

（十四）学生操作“结账”业务

1. **在客人列表中，点击需结账的在住客人**

2. **点击鼠标右键选择结账，系统出现如下界面，如图6－1－14所示**

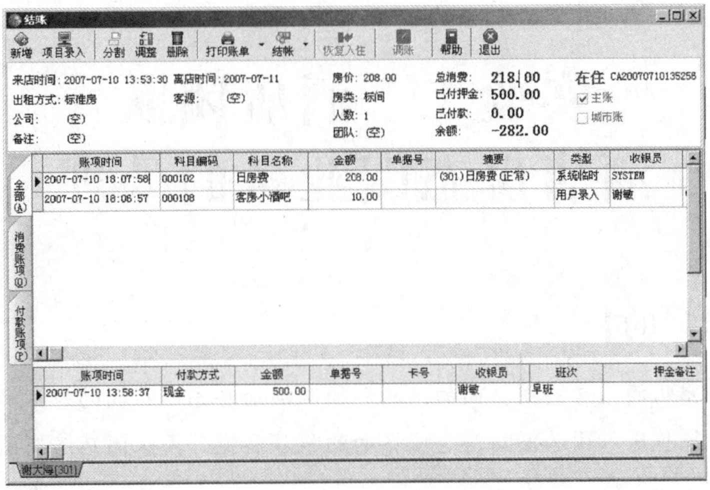

图 6－1－14

3. 选择操作界面

在该界面对选中的客人进行消费录入、结账、打印账单等操作，详细操作参见“收银中心”／“结账”。

注意：①只有状态为在住的客人才可进行结账操作。

②勾选多位客人再按以上步骤操作，可同时对勾选的多位客人进行结账。

（十五）学生操作“客史”业务

1. 在客人列表中，点击需查询客史信息的客人记录

点击鼠标右键选择客史，系统出现如下界面，如图 6－1－15 所示。

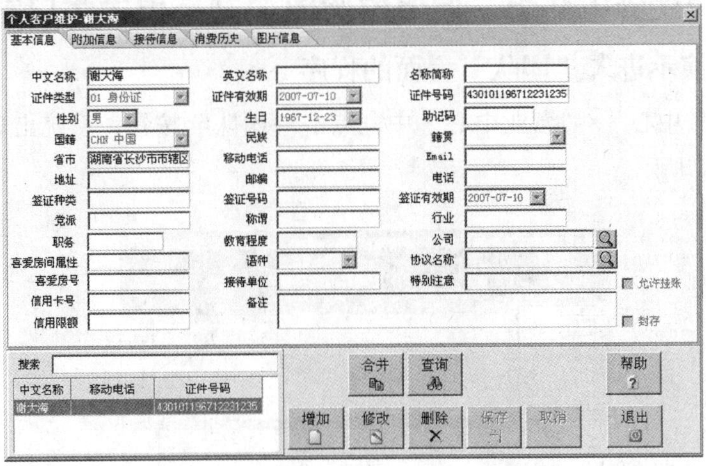

图 6－1－15

2. 选择操作界面

修改、删除、合并等相关操作，具体操作详见“接待中心”／“客史维护”。

实验二　酒店团队酒店房态图业务的处理

【实验目的】

1．了解团队酒店房态图界面的结构和团队酒店房态图界面的基本功能；

2．掌握操作进入团队酒店房态图界面的程序和操作团队酒店房态图界面的注意事项；

3．熟练操作团队酒店房态图界面查询、开房、浏览、删除、押金、消费录入、结账、客史等业务。

【实验内容】

操作酒店管理系统中的前厅部的“团队酒店房态图”（以下简称团队）界面的查询、开房、浏览、删除、押金、消费录入、结账、客史等业务。

【实验步骤】

一、教师演示介绍“酒店房态图”界面的基本内容

（一）演示进入“团队”界面的程序

在“房务中心”/“营业中心”中，点击“团队”按钮，系统出现如下界面，如图6－2－1所示。

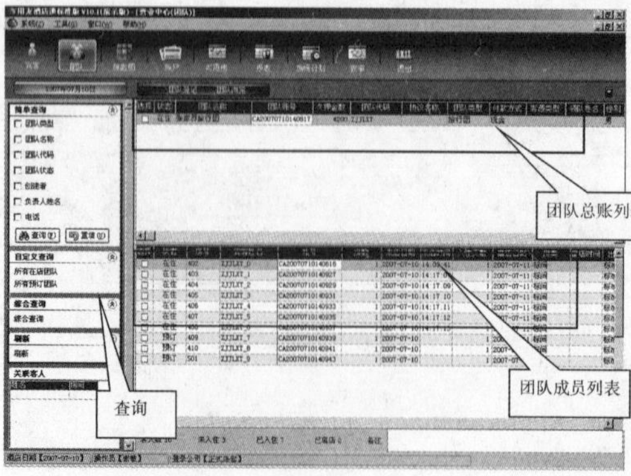

图6－2－1

（二）说明“团队”界面的结构

团队界面分为三大板块：团队总账列表、团队成员列表和查询。

团队总账列表：显示酒店所有在住、预订、离店且未过夜审的团队成员记录；

团队成员列表：显示团队总账对应的团队成员，包括在住、预订、预订取消、离店未过夜审的团队成员；

查询界面：包括简单查询、自定义查询和综合查询，查询结果将在团队总账列表和成员列表中显示。

在团队界面的下方，统计了团队的客人数、未入住数、已入住数和已离店数。

（三）说明操作“团队”界面的注意事项

1. 不同状态的客人用不同颜色的字进行标志：预订客人（黑字）、在住客人（蓝字）、离店客人（绿字）、预订取消客人（粉字）。

2. 客人列表中可显示离店后未过夜审的客人记录；夜审后离店客人的记录自动删除。

3. 团队总账具有预订、在店和离店三种状态，不具有预订取消状态。

4. 团队中所有成员均为预订状态，则团队总账为预订状态；团队中有一位成员入住，则团队总账为在住状态；团队中所有成员均为预订取消状态，则团队总账仍为预订状态；团队中所有成员均为离店状态，团队总账未结账，则团队总账仍为在住状态。

（四）说明团队界面的基本功能

在团队界面可实现的功能，包括酒店房态图查询功能、团队开房、团队浏览、删除团队、押金、消费录入、结账等常用功能。团队的常用功能可通过在团队总账/成员列表中点击鼠标右键实现。团队常用操作以按钮的形式设置在团队界面，如图 6－2－2 所示。

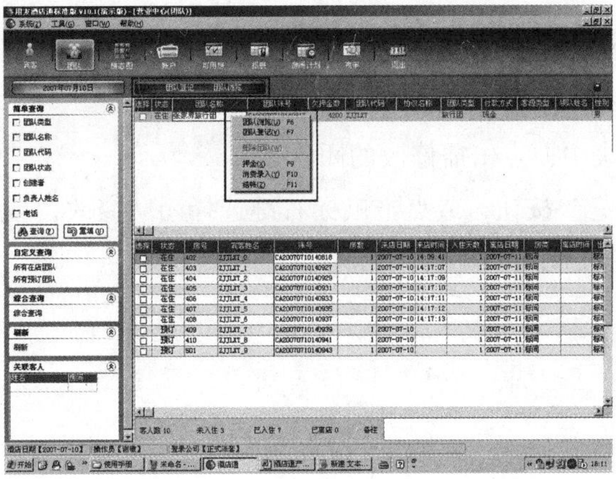

图 6－2－2

注意：团队界面提供的功能操作，均是针对团队总账而言，团队成员的相关操作可在团队接待界面或散客接待界面进行。

二、学生操作“团队”界面的业务

（一）学生操作“团队界面酒店房态图查询”的业务

团队的查询方法与酒店房态图类似，具体操作可参见“酒店房态图”。

注意：点击“重填”按钮，可刷新显示所有团队客人记录。

（二）学生操作“团队界面开房”的业务

点击“团队开房”或点击鼠标右键选择新建团队，系统出现团队接待的编辑界面，如图6－2－3所示。

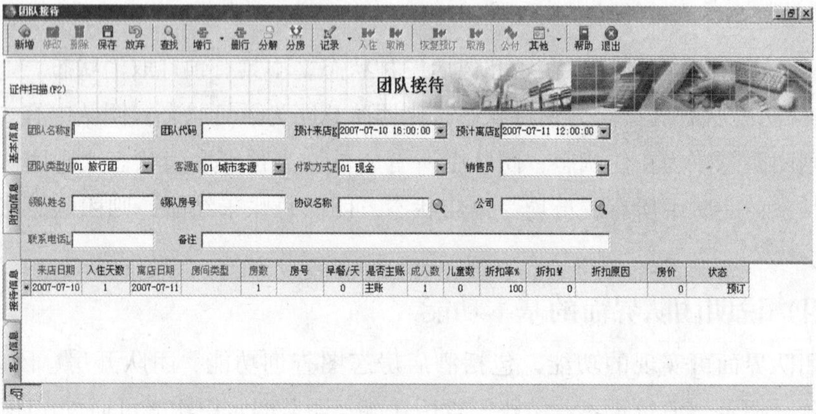

图6－2－3

用户可在该界面进行团队新增、修改、删除、预订入住、预订取消、入住取消、制作门卡等相关操作，具体操作详见“接待中心”／“团队接待”。

（三）学生操作“团队界面浏览”的业务

在团队总账列表中，点击需修改的团队。

点击“团队浏览”按钮，或点击鼠标右键选择团队修改，或双击选中的团队总账记录，系统出现指定团队的团队接待界面，如图6－2－4所示。

图 6－2－4

用户可在团队接待界面进行修改、删除、预订取消、入住、取消入住等相关操作，具体操作详见“接待中心”／“团队接待”。

（四）学生操作“团队界面删除”的业务

在团队总账列表中，点击需删除的团队总账。

点击鼠标右键选中删除团队，团队删除操作完成。

注意：在住状态的团队、离店状态的团队均不允许删除。

（五）学生操作“团队界面押金”的业务

在团队总账列表中，点击需缴纳押金的团队总账。

点击鼠标右键选择押金，系统出现押金界面，如图 6－2－5 所示。

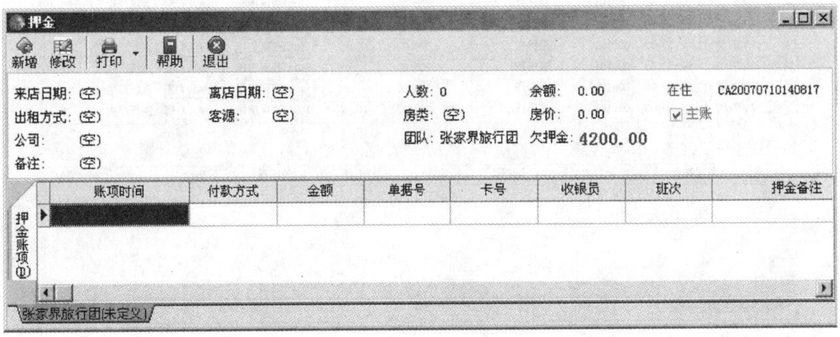

图 6－2－5

用户可在该界面进行押金的新增、修改、打印等相关操作，具体操作详见“收银中心”／“押金”。

注意：①只有状态为预订和在住的客人才能执行押金操作。

②勾选多位客人再按以上步骤操作，可同时对勾选的多位客人进行押金收银。

（六）学生操作“团队界面消费录入”的业务

在团队总账列表中，点击需要录入消费的在住团队总账记录。

点击鼠标右键选择消费录入，系统出现项目录入界面。如图6－2－6所示。

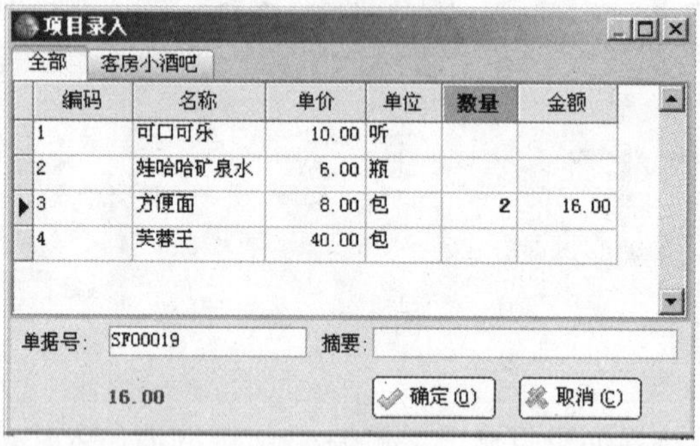

图6－2－6

录入项目数量后，点击“确定”按钮，或点击“取消”按钮不作项目录入操作，系统进入消费项目录入界面，如图6－2－7所示。

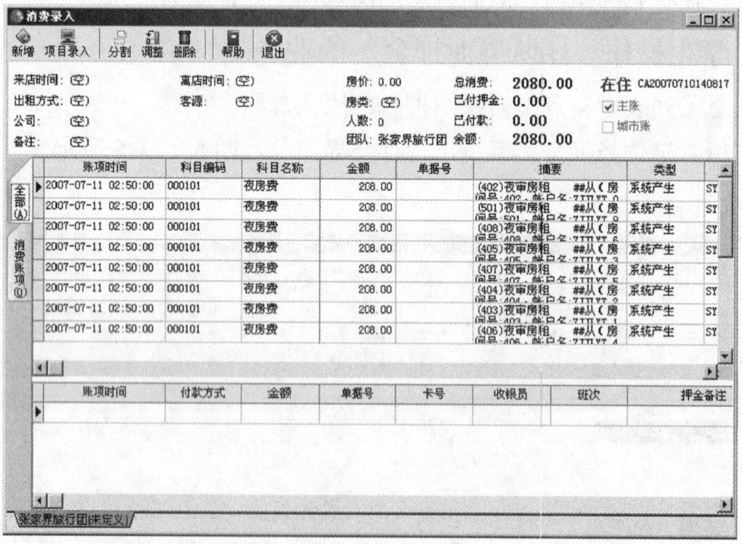

图6－2－7

用户可进行消费项目的新增、修改、删除等操作，详细操作参见“收银中心”／“消费录入”。

注意：①只有状态为在住的客人才可进行消费录入操作。

②勾选多位客人再按以上步骤操作，系统将直接进入消费录入界面，可同时对勾选的多位客人进行消费录入。

（七）学生操作“团队界面结账”的业务

在团队总账列表中，点击需作结账处理的在住团队总账。

点击鼠标右键选择结账，系统出现如下界面，如图 6－2－8 所示。

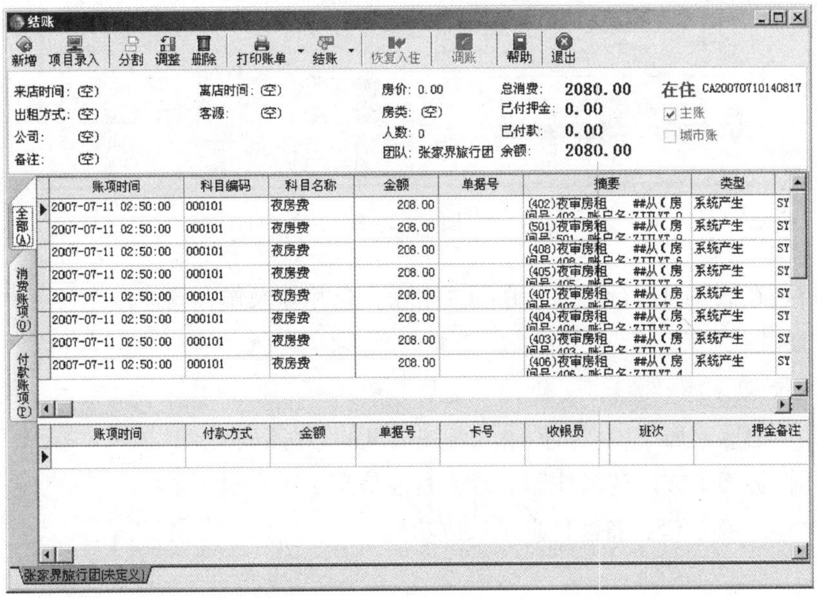

图 6－2－8

用户可在该界面对选中的客人进行消费录入、结账、打印账单等操作，详细操作参见“收银中心”／“结账”。

注意：①只有状态为在住的客人才可进行结账操作。

②勾选多位客人再按以上步骤操作，可同时对勾选的多位客人进行结账。

（八）学生操作“团队界面客史”的业务

在团队总账列表中，选择需查询客史客人所在的团队，在团队成员列表中，点击相应的成员。

点击鼠标右键选择客史，系统出现客史界面，如图 6－2－9 所示。

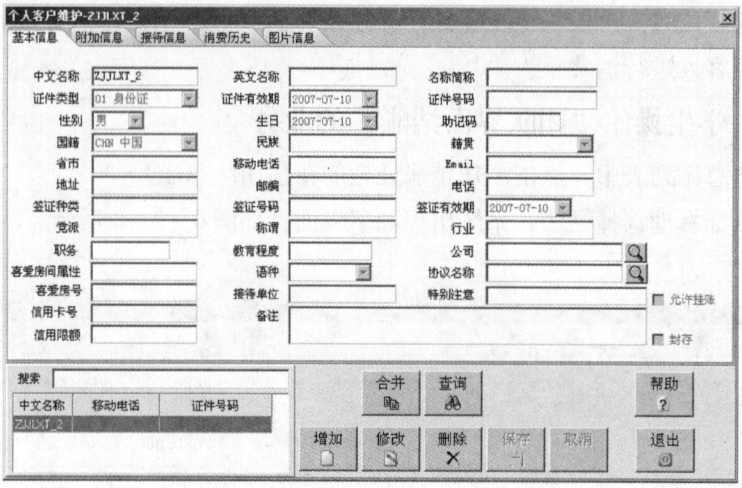

图 6－2－9

用户可在该界面进行增加、修改、删除、合并等操作，具体操作详见“接待中心”／“客史维护”。

备注录入

在团队总账列表中，点击需录入备注信息的总账记录。

在团队界面下方的“备注”栏录入备注信息。

按“Ctrl＋S”键，备注信息录入成功。

实验三　酒店房态图业务

【实验目的】

1. 了解酒店房态图界面的结构和酒店房态图界面的基本功能；

2. 掌握操作进入酒店房态图界面的程序和操作酒店房态图界面的注意事项；

3. 熟练操作酒店房态图界面宾客查询、房态配置、客人浏览、散客开房、散客预订、新建团队、设置清洁状态、设置封房状态、设置使用状态、快速清洁房间、快速设置封房、押金、消费录入、结账等业务。

【实验内容】

操作酒店管理系统中的前厅部的酒店房态图界面的宾客查询、房态配置、客人浏览、散客开房、散客预订、新建团队、设置清洁状态、设置封房状态、设置使用状态、快速清洁房间、快速设置封房、押金、消费录入、结账基本业务。

【实验步骤】

一、教师演示介绍“酒店房态图”界面的基本内容

房态图是房间的模拟图，用户可对酒店的所有客房进行更加直接的管理。用户也可以根据自己的需要或喜好设置个性化的客房显示风格。

（一）演示进入“宾客”界面的程序

在“房务中心”/“营业中心”中，点击“房态图”，系统出现如下界面，如图6－3－1所示。

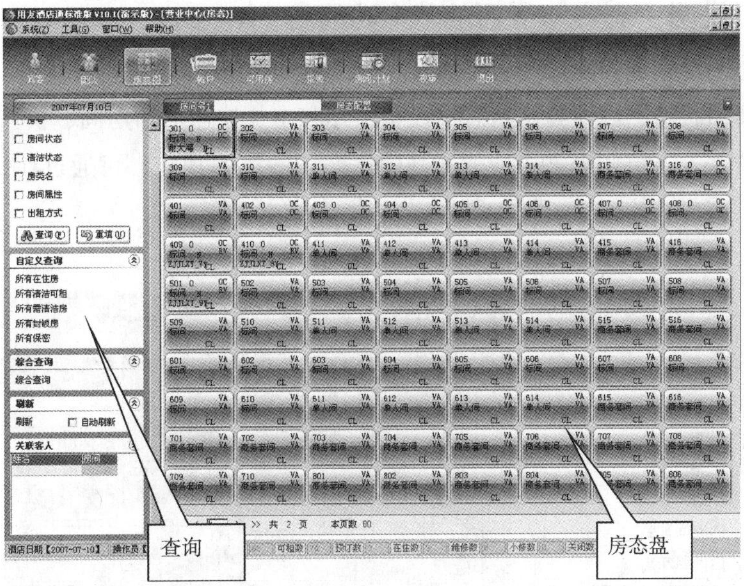

图6－3－1

（二）说明“宾客”界面的结构

房态图界面分为两个板块：房态盘和查询。

1. 房态盘

房态盘中以图片按钮的方式显示了酒店的所有客房，并在客房按钮上以图片或文字的形式显示该客房的状态，包括使用状态、清洁状态、房间信息、入住客房的客人信息等，且图片按钮大小、显示的信息等都可由用户手动设置，用户可通过操作这些图片按钮，完成接待登记、封房等相关操作。

2. 查询板块

包括简单查询、自定义查询和综合查询，用户可根据需要选择不同类型的查询，

查询结果将在房态盘中显示。除此之外，在房态图界面的状态栏，统计显示了酒店客房目前的总数、可租数、预订数、在住数、维修数、小修数、关闭数和锁房数。

注意：在房态盘，本系统以不同的颜色区分不同的使用状态，如图 6－3－2 所示。

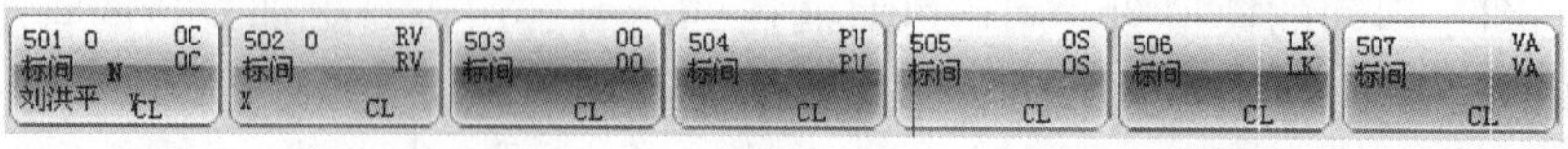

图 6－3－2

其中“501”为在住状态；“502”为预订状态；“503”为维修状态；“504”为小修状态；“505”为关闭状态；“506”为锁房状态；“507”为可租状态。

（三）说明“宾客”界面的基本功能

在房态图可实现的功能，包括查询、房态配置和散客开房、散客预订、新建团队、设置清洁状态、设置封房状态、设置使用状态、快速清洁房间、快速设置封房、押金、消费录入、结账等常用功能。其中房态图的常用功能，可通过在房态盘中点击鼠标右键实现，如图 6－3－3 所示。

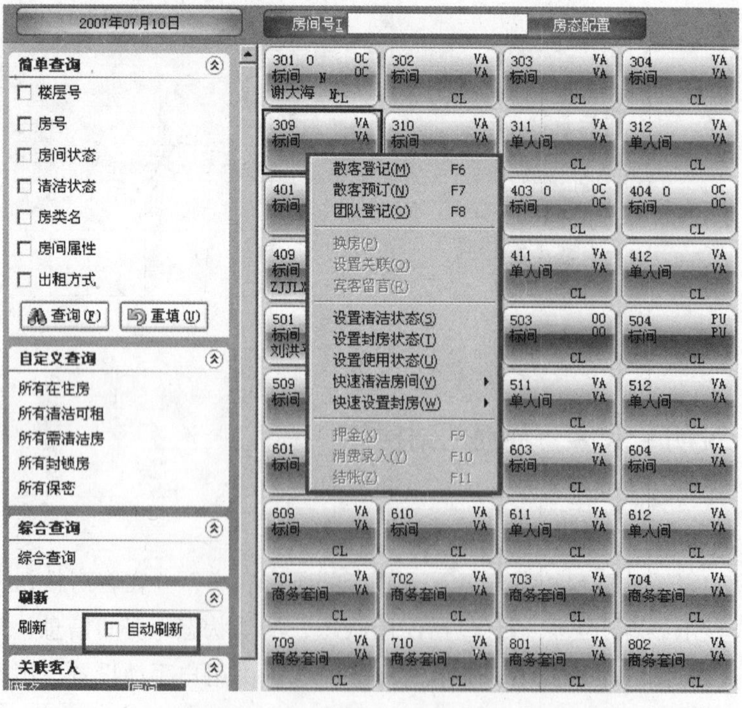

图 6－3－3

注意：在图6－3－3左下角方框标志处，有一个自动刷新的复选框，勾选该复选框，系统将按“房态配置”的“刷新时间”自动刷新房态盘。

二、学生操作“房态图”界面的业务

（一）学生操作“房态图界面宾客查询”的业务

房态图的查询方法与“酒店房态图”的查询方法类似，用户可参见酒店房态图中的查询，对房态盘进行查询。

1. 在房态盘的左上方设置一个“房间号”的文本框，用户可手动录入房号后，按“Enter”键，系统自动定位至该房间的散客接待界面。如用户录入房间不存在，或已被封房，系统将无任何响应。

2. 点击“重填”按钮，可刷新显示所有客房记录。

（二）学生操作“房态配置”业务

1. 点击“房态配置”按钮，系统出现如下界面，如图6－3－4所示

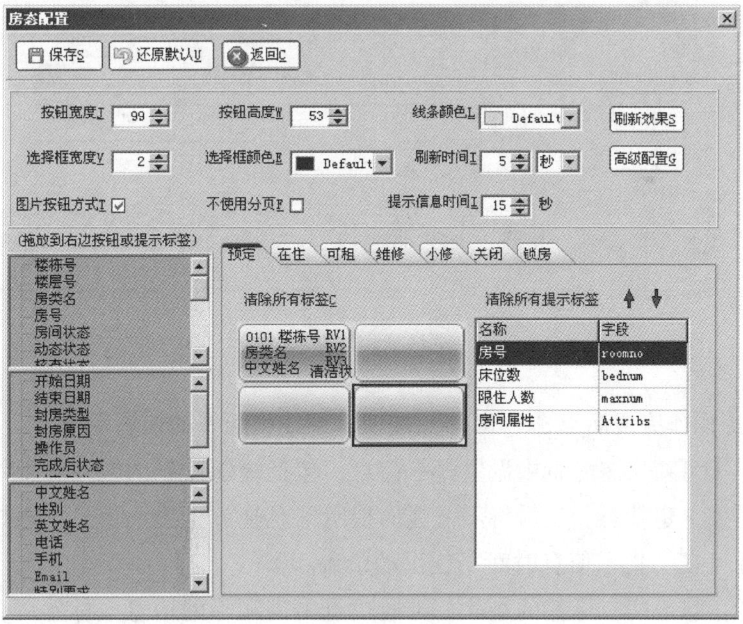

图6－3－4

2. 根据用户需求修改房态配置，如需进行高级配置可参照以下步骤

（1）先把需要增加的房态标签拖放到选定状态的按钮上，点击“保存”按钮。

（2）点击“高级配置”，弹出房态高级配置窗体，如图6－3－5所示。

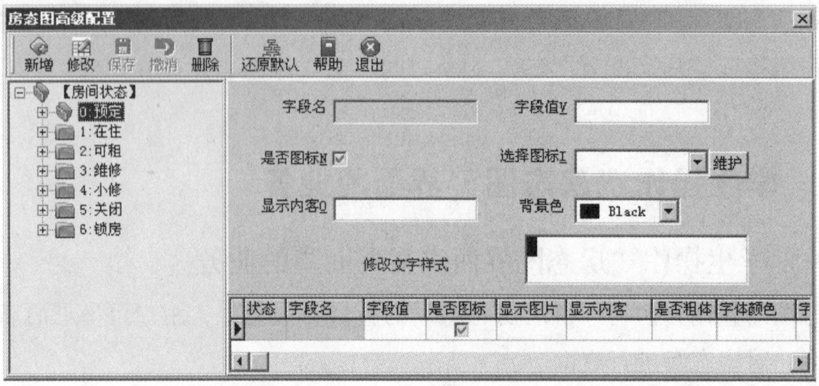

图 6－3－5

（3）在该窗体中，对新增加的房态标签进行高级配置（为新增的房态标签选择图片，在房态盘中可以图片的形式显示），如图 6－3－6 所示。

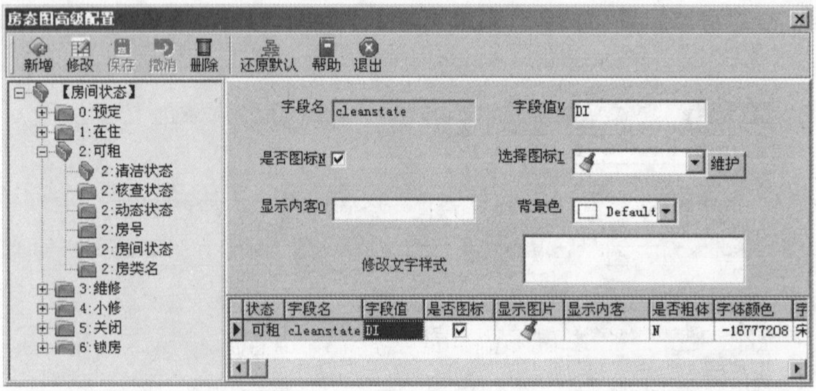

图 6－3－6

3. 以上操作完成后点击“保存”按钮，系统将配置的信息保存

注意：①可在房态配置中设置提示信息，包括提示信息的时间和提示信息的内容。用户需先选定状态，然后将需增减的提示信息拖放至提示信息列表即可，提示信息的时间可在“提示信息时间”栏手动录入。

②提示信息或房态标签的删除，可通过点击需删除的信息或标签后，点击鼠标右键选择删除即可；也可通过点击“清除所有标签”和“清除所有提示标签”按钮，清除所有的标签信息。

③房态配置完成后，需注销系统重新登录后才可更新。

④高级配置中的图片信息，用户可手动维护。在高级配置界面点击“选择图标”旁的“维护”按钮，系统出现如图 6－3－7 窗体，用户可录入“编号”、选择“图标”后点击“增加”按钮实现增加，也可选择“现有图标”后点击“删除”按

钮实现删除操作。

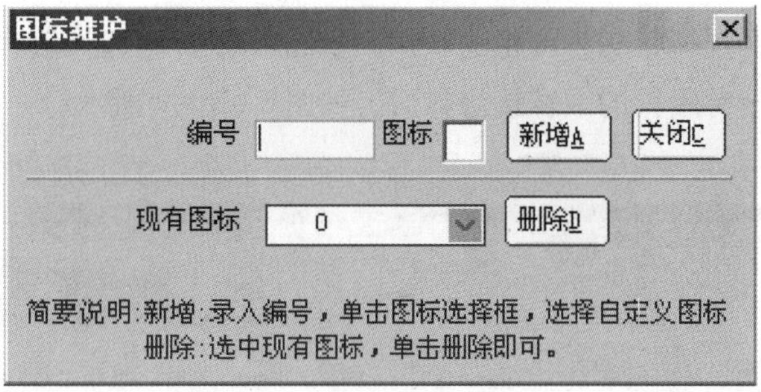

图 6－3－7

（三）学生操作“客人浏览”业务

在房态盘中，双击在住或预订（当前状态）的客房，系统出现指定客人的散客接待界面，如图 6－3－8 所示。

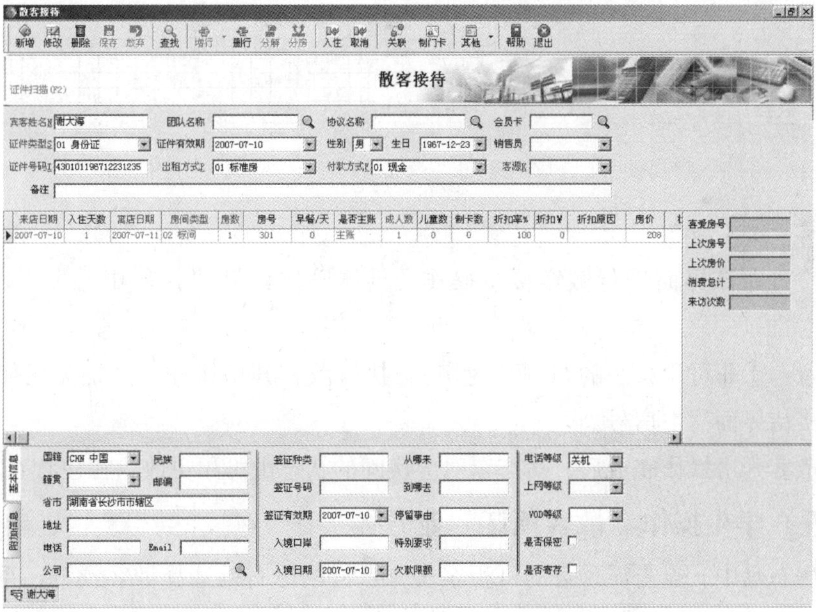

图 6－3－8

用户可进行客人信息修改、删除、入住、取消入住、制门卡等相关功能，详细操作用户可参见“接待中心”／“散客接待”。

注意：①客房状态为在住或预订的客房才可执行客人浏览操作。

②在住或预订的散客或团队成员均可执行客人浏览操作。

③预订来店日期晚于当前系统日期的预订客房不能执行该操作。

（四）学生操作“散客开房”业务

在房态盘中，选择状态为可租的客房，点击鼠标右键选择散客开房，或双击指定客房，系统出现可编辑的散客接待界面，如图6-3-9所示。

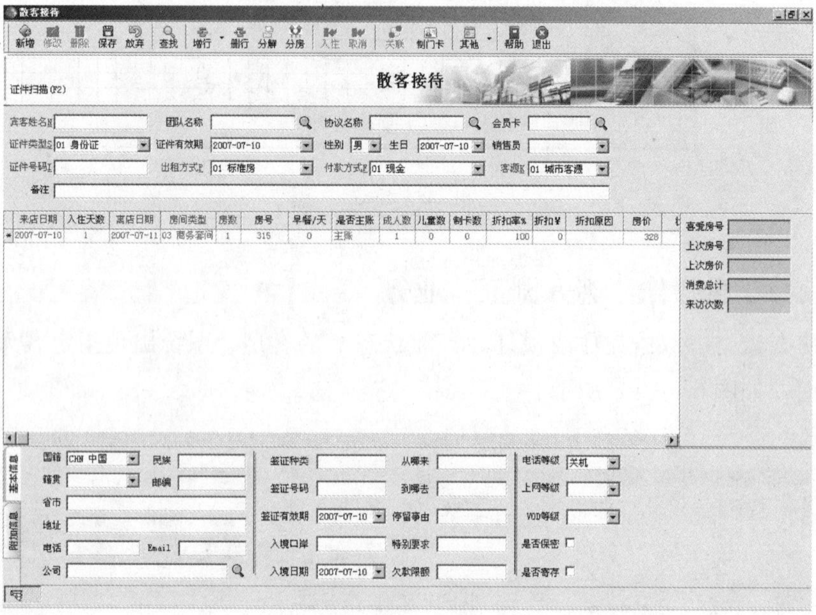

图6-3-9

用户可在该界面进行散客接待操作，具体操作详见“接待中心”/“散客接待”。

注意：①非可租状态的客房（封房），执行散客开房操作，系统无任何响应或在散客接待界面清空房号。

②散客开房操作完成后，房态盘对应房间的状态由可租更改为在住状态。

（五）学生操作“散客预订”业务

在房态盘中，点击需预订的可租客房，点击鼠标右键选择散客预订，系统出现散客预订的编辑界面，如图6-3-10所示。

用户可在该界面执行散客预订新增的操作，详细操作参见“接待中心”/“散客预订”。

注意：①非可租状态的客房（预订、在住、封房），执行散客预订时，系统出现客房不可租的提示信息后，在散客预订界面清空房间号，用户可手动选择其他客房进行散客预订操作。

②预订来店日期等于系统日期，预订保存后在房态盘中对应房间的状态由可租

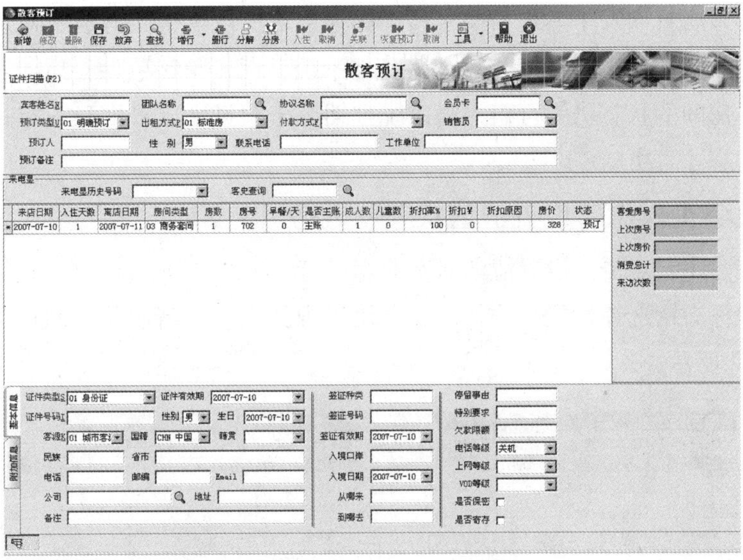

图 6－3－10

更改为在住；当预订开店日期晚于系统日期，预订单保存后，房态盘中对应房间的状态仍为可租，当系统日期等于预订来店日期且夜审过后对应房态才可更新。

（六）学生操作“新建团队”业务

点击鼠标右键后选择新建团队，系统出现团队接待的编辑界面，如图 6－3－11 所示。

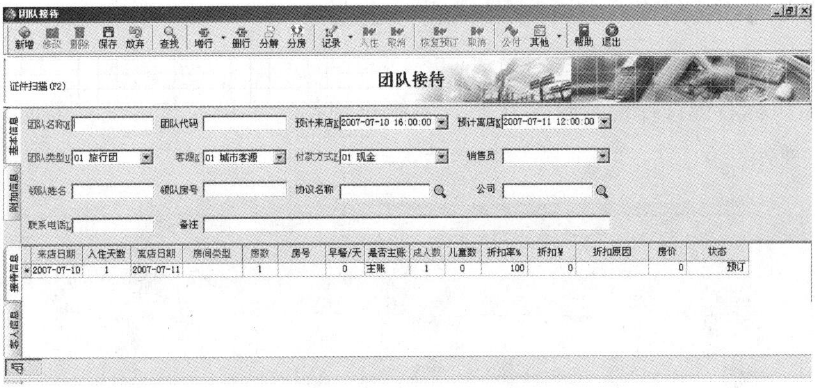

图 6－3－11

可在团队接待界面新增团队进行预订、预订入住等相关操作，具体操作详见“接待中心”／“团队接待”。

注意：①新建团队功能不能直接定位至房间，故打开的团队接待编辑界面其房号为空，需用户手动选择。

②预订来店日期等于系统日期，预订保存后在房态盘中团队成员对应房间的状态由可租更改为在住；当预订开店日期晚于系统日期，预订单保存后，房态盘中对应团队成员房间的状态仍为可租，当系统日期等于预订来店日期且夜审过后对应团队成员的房态才可更新。

（七）学生操作“设置清洁状态”业务

在房态盘中，点击需设置清洁状态的客房。

点击鼠标右键选择设置清洁状态，系统出现指定客房清洁状态的设置界面，如图6－3－12所示。

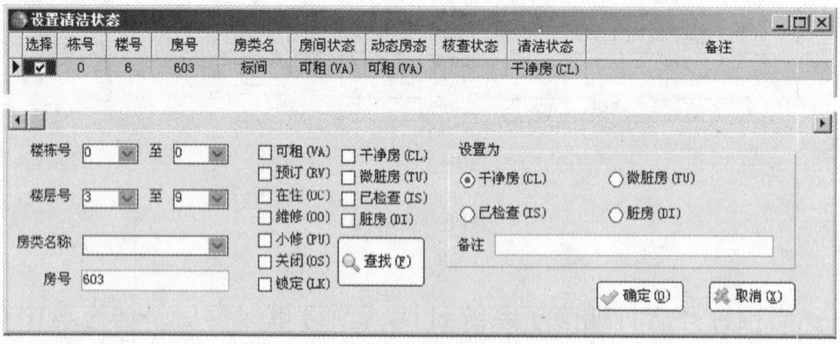

图6－3－12

可进行清洁状态的设置操作，具体操作详见“房务中心”/“设置清洁状态”。

注意：①只可对单间客房执行设置清洁状态操作。

②任何房间状态的客房（预订、在住、封房）均可执行设置清洁状态操作。

（八）学生操作“设置封房状态”业务

在房态盘中，点击需封房的可租客房。

点击鼠标右键选择设置封房状态，系统出现指定客房的封房设置界面，如图6－3－13所示。

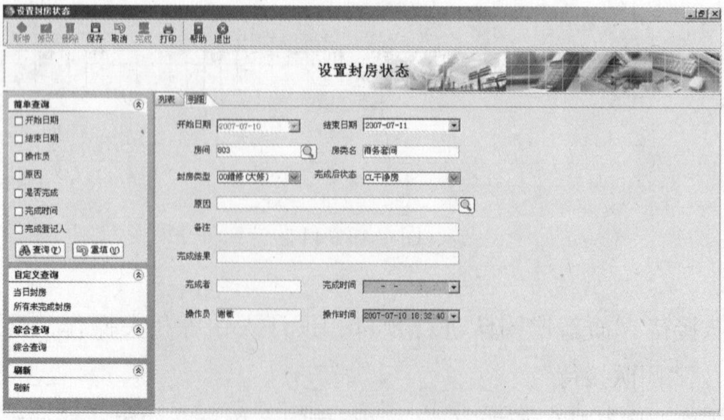

图6－3－13

用户可在该界面进行封房操作，具体操作详见“房务中心”／“设置封房状态”。

注意：①只有房间状态为可租的客房才可进行封房操作。

②已做封房操作客房执行该操作，系统出现该封房记录的编辑界面。

③封房操作完成后，在房态盘中的房间状态更改为封房状态（维修、修改、关闭、锁房）。

（九）学生操作“设置使用状态”业务

在房态盘中，点击需设置使用状态的客房。

点击鼠标右键，选择设置使用状态，系统出现如下界面，如图6－3－14所示。

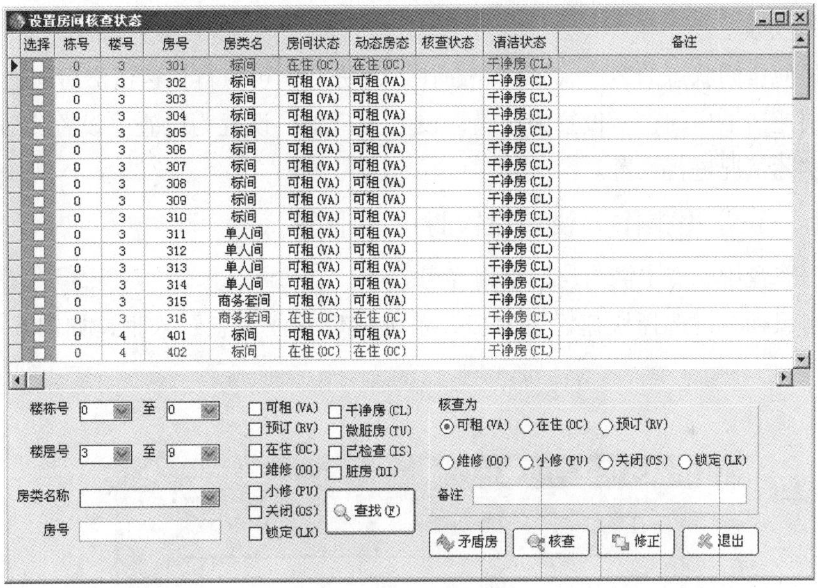

图6－3－14

用户可执行核查等相关操作，具体操作详见“房务中心”／“设置使用状态”。

注意：任何房间状态的客房（预订、在住、封房）均可执行设置使用状态操作。

（十）学生操作“快速清洁房间”业务

在房态盘中，选择单间或多间需设置清洁状态的客房。

点击鼠标右键选择快速清洁房间，系统出现如下窗体，如图6－3－15所示。

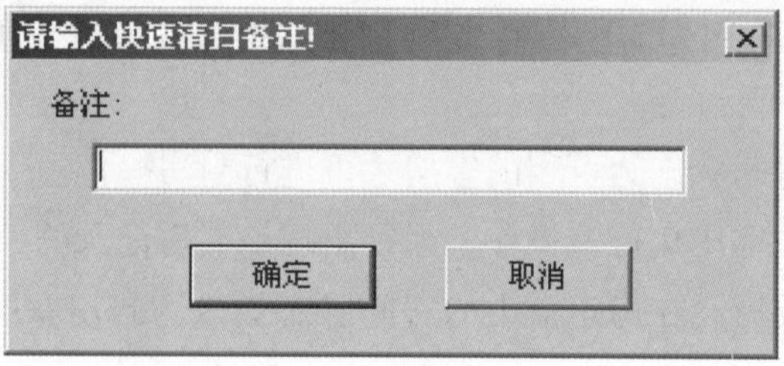

图 6－3－15

根据实际情况录入“备注”信息，点击“确定”按钮，快速清洁房间操作完成。

注意：①可同时对多间客房执行快速清洁房间操作，多间客房的选择可通过“Ctrl”键实现。

②任何房间状态的客房（预订、在住、封房）均可执行快速清洁房间操作。

③快速清洁房间包括设置为干净、设置为微脏、设置为已查、设置为脏房，用户根据实际情况进行设置。

（十一）学生操作“快速设置封房”业务

在房态盘中，点击需封房的可租客房。

点击鼠标右键选择快速设置封房，系统出现备注信息录入框，如图 6－3－16 所示。

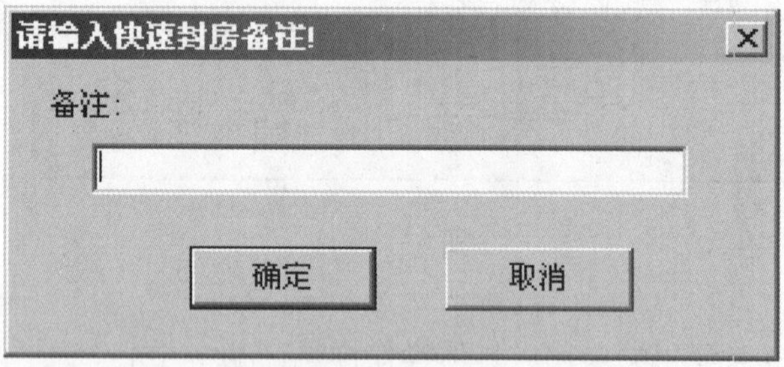

图 6－3－16

录入“备注”信息后，点击“确定”按钮，封房操作完成。

注意：①只有房间状态为可租的客房才可进行封房操作。

②封房操作完成后，在房态盘中的房间状态更改为封房状态（维修、修改、关闭、锁房）。

③快速设置封房，其封房的开始日期和结束日期均默认为系统日期。

（十二）学生操作“押金”业务

在房态盘中，点击需进行押金录入的预订客人或在住客人。

点击鼠标右键选择押金，系统出现如下界面，如图 6－3－17 所示。

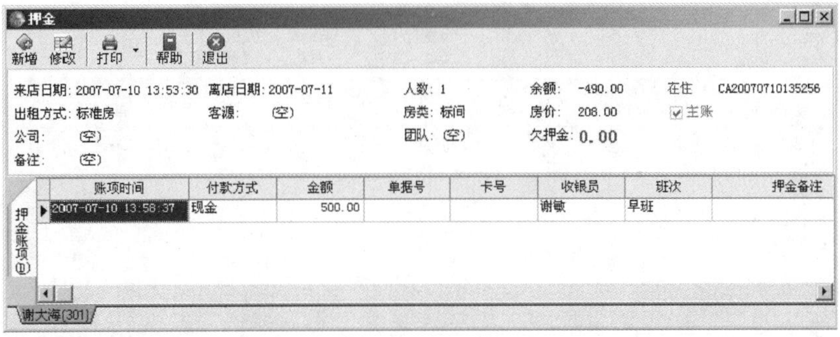

图 6－3－17

用户可进行押金的新增、修改、打印等操作，详细操作见“收银中心”／“押金”。

注意：①散客和团队成员均可进行押金收取操作。

②只有状态为预订和在住的客人才能执行押金操作。

③用“Ctrl”键同时选择多位客人再按以上步骤操作，可同时对勾选的多位客人进行押金收银。

（十三）操作“消费录入”业务

1. 在房态盘中，点击需要录入消费的在住客人。

2. 点击鼠标右键选择消费录入，系统出现项目录入界面，录入项目数量后点击“确定”，或点击“取消”按钮取消项目录入，系统进入项目录入界面，如图 6－3－18 所示。

注意：①只有状态为在住的客人才可进行消费录入操作。

②用 Ctrl 键同时选择多位客人再按以上步骤操作，系统将直接进入消费录入界面，可同时对勾选的多位客人进行消费录入。

（十四）学生操作“结账”业务

在房态盘中，点击需要结账处理的在住客人。

点击鼠标右键选择结账，系统出现如下界面，如图 6－3－19 所示。

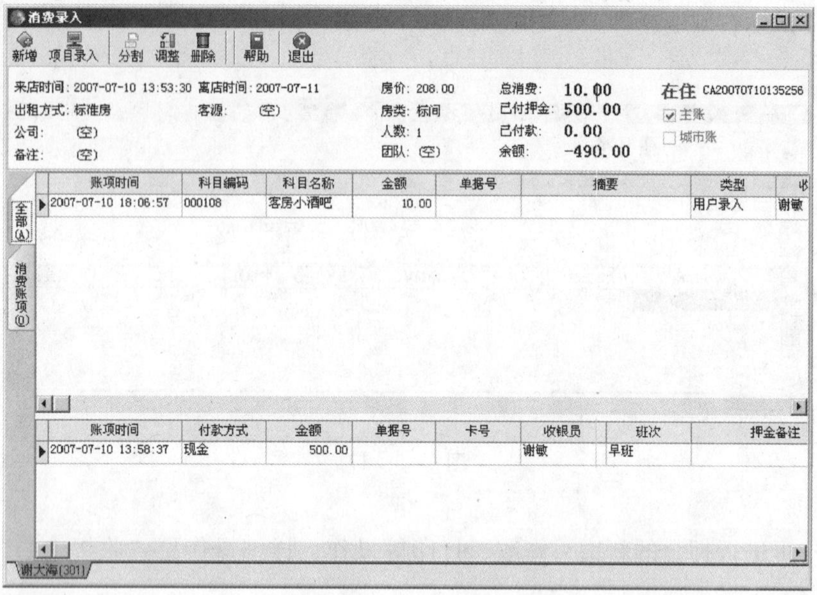

图 6－3－18

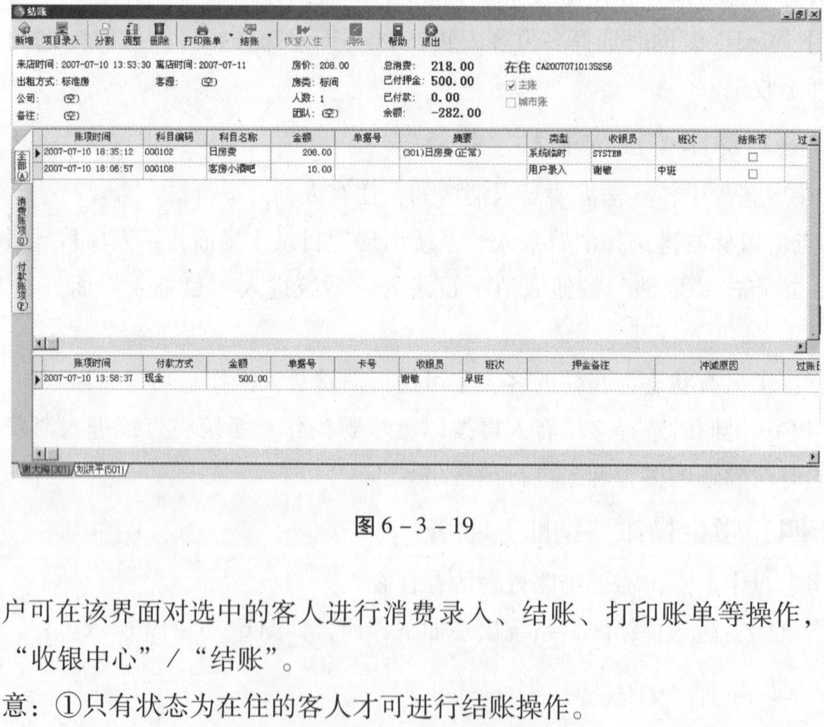

图 6－3－19

用户可在该界面对选中的客人进行消费录入、结账、打印账单等操作，详细操作参见“收银中心”／“结账”。

注意：①只有状态为在住的客人才可进行结账操作。

②用“Ctrl”键同时选择多位客人再按以上步骤操作，可同时对勾选的多位客人进行结账。

实验四 酒店账户业务

【实验目的】

1. 了解账户界面的结构和账户界面的基本功能；

2. 掌握操作进入账户界面的程序和操作账户界面的注意事项；

3. 熟练操作账户界面账户查询、结账、押金、消费录入、转账、路由费用、发票管理、收银交班等业务。

【实验内容】

操作酒店管理系统中的前厅部的账户界面的账户查询、结账、押金、消费录入、转账、路由费用、发票管理、收银交班基本业务。

【实验步骤】

一、教师演示介绍“宾客”界面的基本内容

（一）演示进入“宾客”界面的程序

在“房务中心”/“营业中心”中，点击“账户”，系统出现如下界面，如图6－4－1所示。

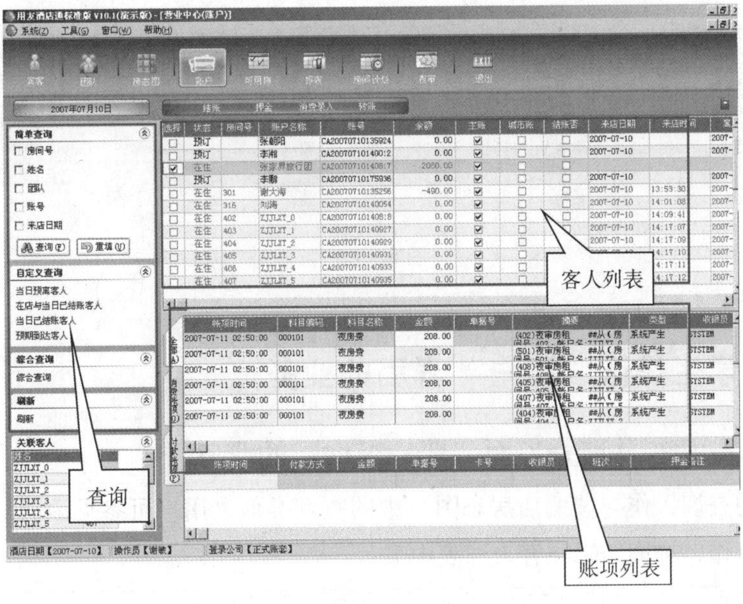

图6－4－1

（二）说明“宾客”界面的结构

账户界面分为散客版块和团体接待版块，散客版块包括客人列表、账项列表和查询。

1. 客人列表：显示在住、预订、当日离店未过夜审的散客、团队总账和团队成员记录。

2. 账项列表：显示客人列表中光标指定客人的账项记录。

查询板块包括简单查询、自定义查询和综合查询。

注意：客人产生的临时账项记录（如日房费）在账项列表中不显示，只当夜审或结账后临时记录更改为正常记录后，才可在账项列表中显示。

（三）说明“宾客”界面的基本功能

在账户界面可实现的功能，包括查询和结账、押金、消费录入、转账、路由费用、发票管理、收银交班等常用功能。其中账户的常用功能通过在客人列表中点击鼠标右键，或在账户界面左上角点击“操作”按钮实现，如图6－4－2红色方框标志处。账户中常用的操作以按钮的形式设置在账户界面。

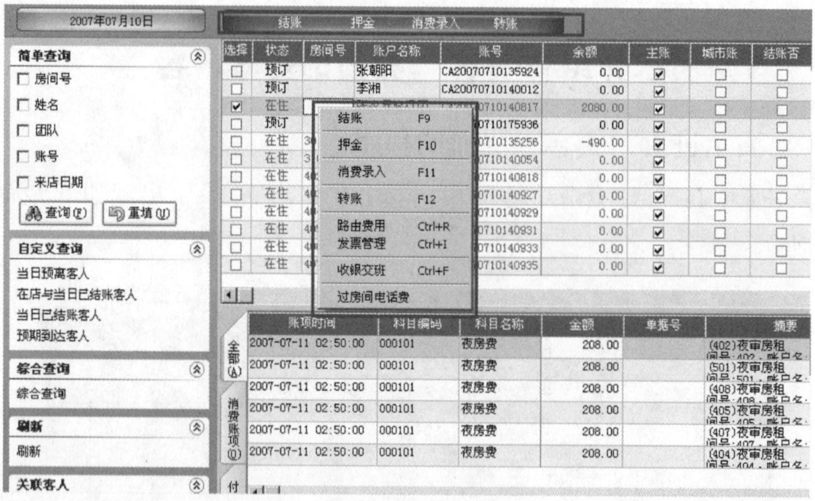

图6－4－2

二、学生操作“账户”界面的业务

（一）学生操作账户界面“账户查询”的业务

账户的查询操作与“酒店房态图”中的查询类似，用户可参见酒店房态图中的查询进行操作，查询结果在客人列表中显示。

注意：点击“重填”按钮，可刷新显示所有客房记录。

（二）学生操作“结账”业务

在客人列表中，勾选需结账的在住或离店客人记录。

点击“结账”按钮，或点击鼠标右键选择结账，系统出现指定客人的结账界面，如图6－4－3所示。

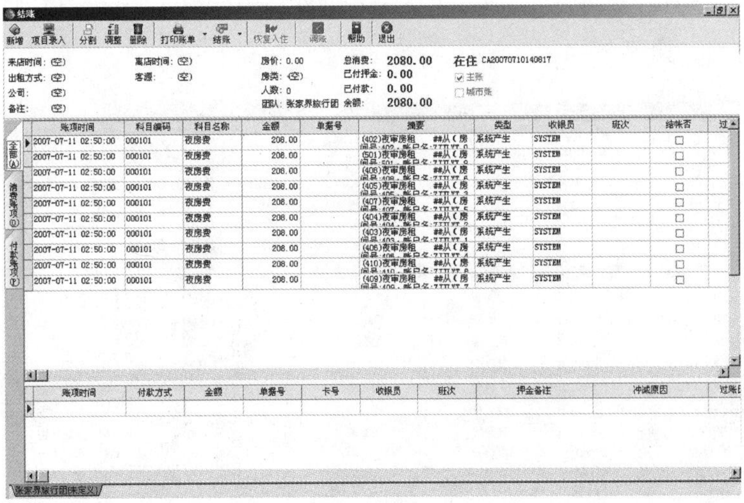

图6－4－3

用户可在该界面进行结账相关的操作，具体操作详见“收银中心”／“结账”。

注意：①在住客人和离店客人可执行结账操作，预订客人不能执行结账操作。

②可在客人列表中勾选多位在住或离店客人记录后，执行结账操作。

③结账操作完成后，客人状态同步更改。

（三）学生操作“押金”业务

在客人列表中，勾选需缴纳押金的在店或预订的客人记录。

点击“押金”按钮，或点击鼠标右键选择押金，系统出现指定客人的押金界面，如图6－4－4所示。

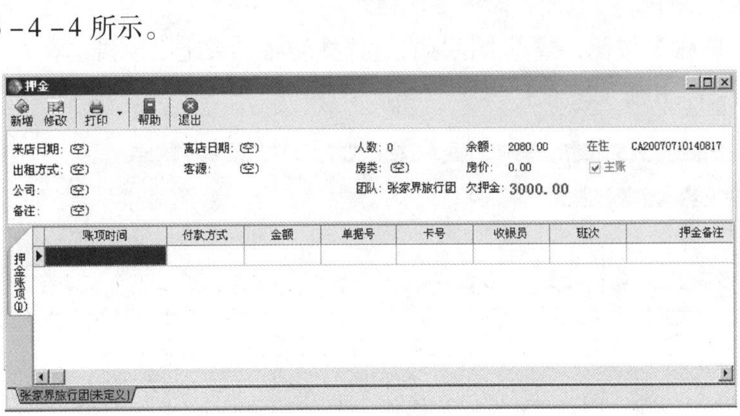

图6－4－4

用户可进行押金相关的操作，详细操作详见“收银中心”/“押金”。

注意：离店客人不需缴纳押金。

（四）学生操作“消费录入”业务

在客人列表中，勾选需录入消费的在住客人记录。

点击“消费录入”按钮，或点击鼠标右键选择消费录入，系统出现指定客人的消费录入界面，如图6-4-5所示。

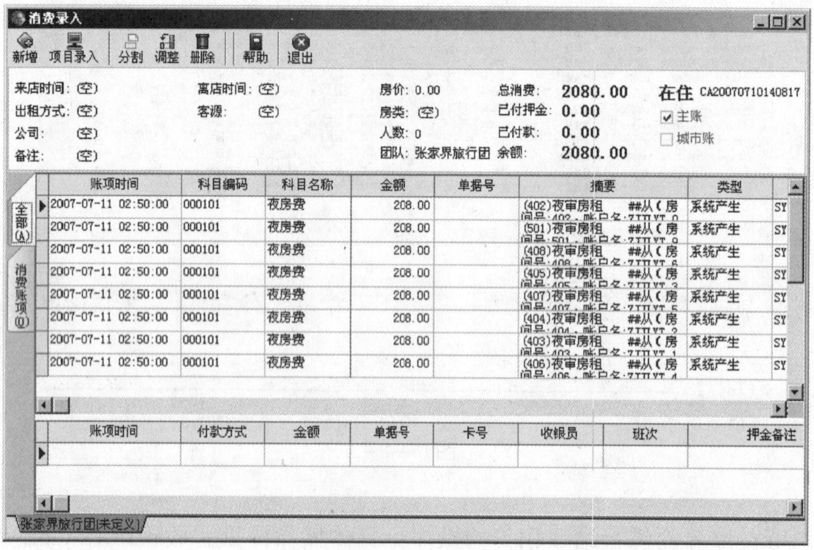

图6-4-5

用户可在该界面进行消费录入等相关操作，具体操作详见“收银中心”/“消费录入”。

注意：预订、离店状态的客人均不能执行消费录入操作。

（五）学生操作“转账”业务

在客人列表中，勾选需转账的客人记录。

点击“转账”按钮，或点击鼠标右键选择转账，系统出现指定客人可转消费界面，如图6-4-6所示。

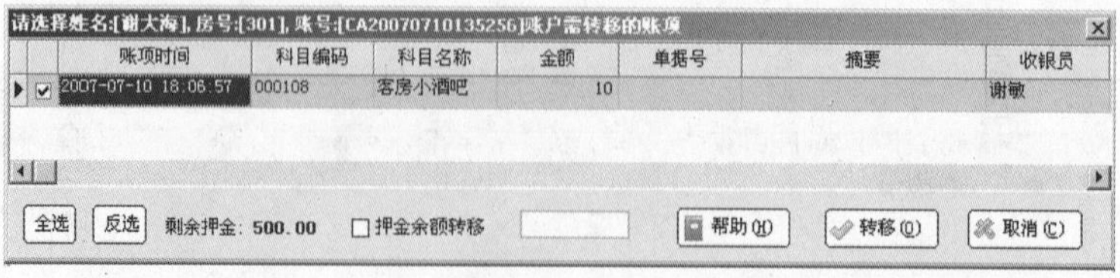

图6-4-6

用户可在该界面进行转账的相关操作，具体操作详见“收银中心”/“转账”。

注意：在住客人和离店客人可进行转账操作，其他状态客人不能执行转账操作。

（六）学生操作“路由费用”业务

点击鼠标右键，选择路由费用，系统出现路由费用界面，如图 6－4－7 所示。

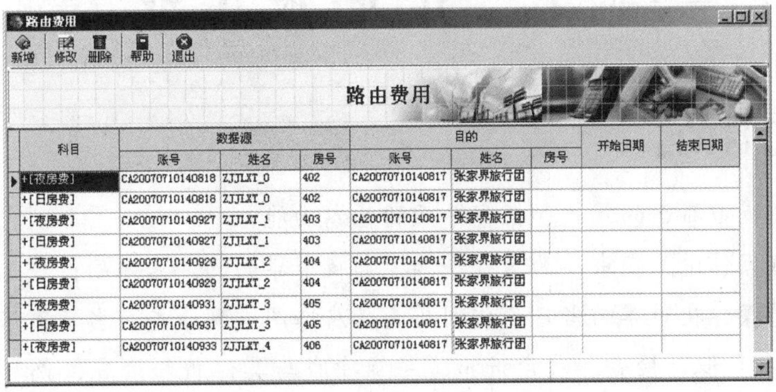

图 6－4－7

用户可在该界面进行路由的相关操作，具体操作详见“收银中心”／“路由费用”。

（七）学生操作“发票管理”业务

点击鼠标右键选择发票管理，系统出现如下界面，如图 6－4－8 所示。

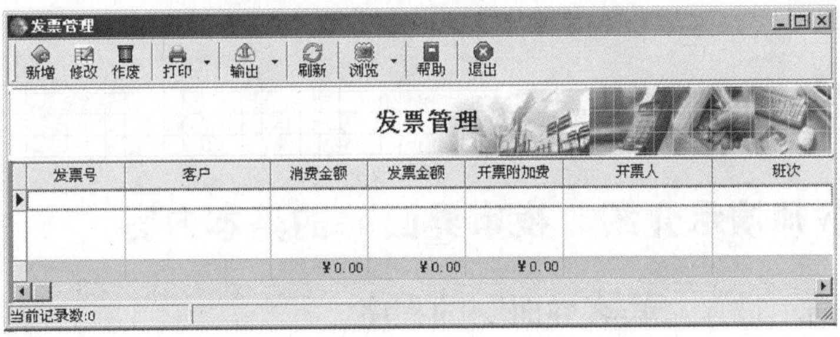

图 6－4－8

（八）学生操作“收银交班”业务

点击鼠标右键选择收银交班，系统出现界面，如图 6－4－9 所示。

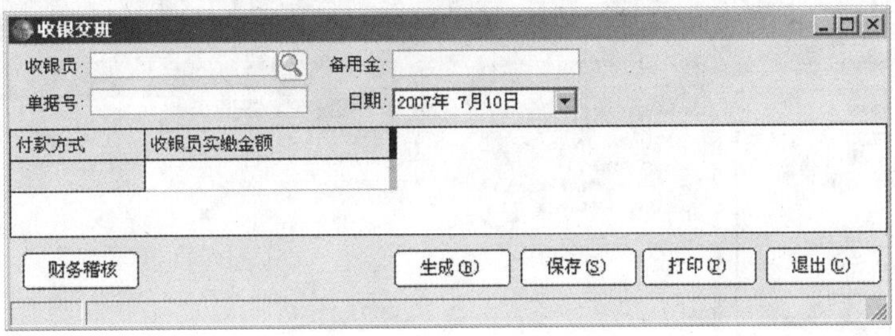

图 6－4－9

可在该界面执行收银交班的相关操作，具体操作详见“收银中心”／“收银交班”。

实验五　酒店夜审业务

【实验目的】

1. 了解夜审界面的结构和夜审界面的基本功能；

2. 掌握操作进入夜审界面的程序和操作夜审界面的注意事项；

3. 熟练操作夜审界面当日预订到店酒店房态图未到检查、当日离店酒店房态图未离检查、预订取消检查、房费折扣、房费冲减与其他折扣检查、免费结账、逃账名单检查基本业务。

【实验内容】

操作酒店管理系统中的前厅部的夜审界面的当日预订到店酒店房态图未到检查、当日离店酒店房态图未离检查、预订取消检查、房费折扣、房费冲减与其他折扣检查、免费结账、逃账名单检查基本业务。

【实验步骤】

一、教师演示介绍“夜审界面”的基本内容

（一）演示进入“宾客界面”的程序

夜审是酒店夜审人员进行夜审的主要界面。

在“房务中心”/“营业中心”中，点击“夜审”，系统出现如下界面，如图6－5－1所示。

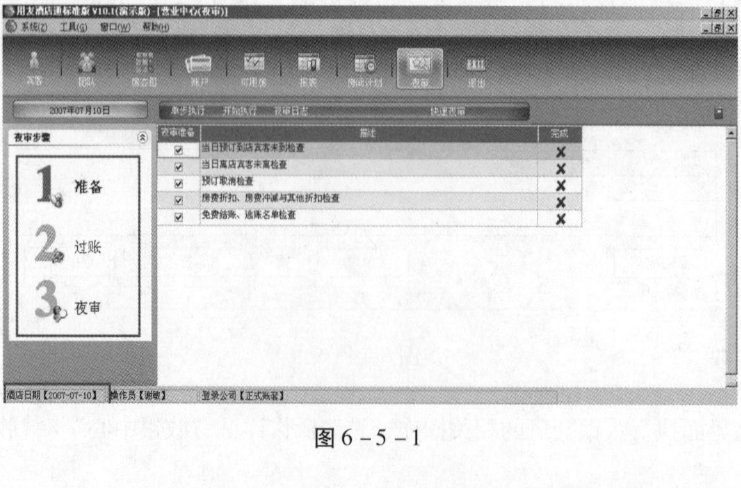

图6－5－1

注意：当前过账日期显示在界面左下角，如图6－5－1红色方框标志处。

（二）说明夜审界面的操作步骤

夜审分为五个步骤：夜审准备、过房费、夜审开始、交易审核和夜审结束。点击图6－5－1红色方框标志的图标按钮，可在界面右方显示每个步骤需执行的操作。其中夜审准备是夜审前需执行的操作，交易审核和夜审结束是夜审后系统自动执行的操作（主要是一些统计报表的生成操作）。

（三）教师演示常用操作项目

1. 开始执行

如需对夜审准备、过房费、夜审开始一键到位，可点击“开始执行”，系统将自动按步骤执行，在夜审准备时，存在需检查记录时，系统出现相应对话框，用户执行相关操作后，点击“夜审继续”即可。

2. 单步执行

用户也可手动单步执行。

注意：夜审准备每项检查需单步执行。

3. 夜审日志

点击“夜审日志”，系统出现夜审日志的文本文件，如图6－5－2所示，可方便用户核对。

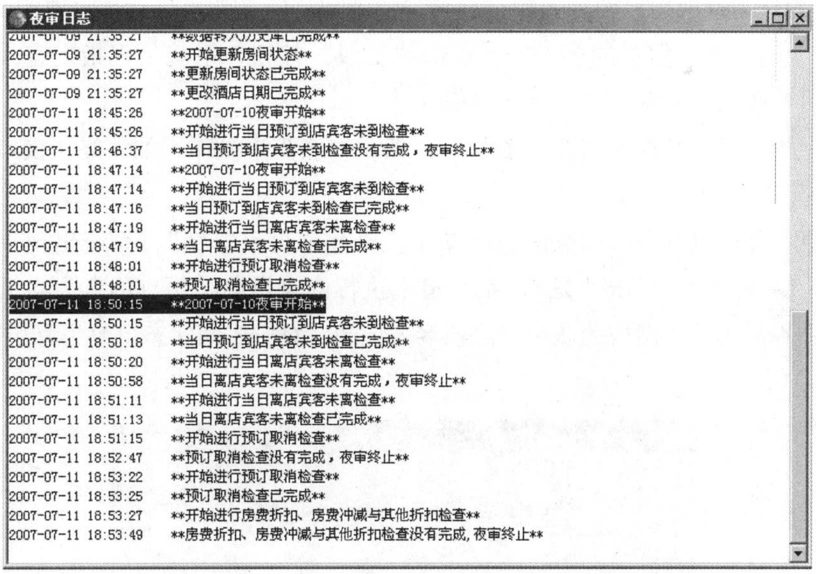
夜审日志

2007-07-09 21:35:27	**数据转入历史库已完成**
2007-07-09 21:35:27	**开始更新房间状态**
2007-07-09 21:35:27	**更新房间状态已完成**
2007-07-09 21:35:27	**更改酒店日期已完成**
2007-07-11 18:45:26	**2007-07-10夜审开始**
2007-07-11 18:45:26	**开始进行当日预订到店宾客未到检查**
2007-07-11 18:46:37	**当日预订到店宾客未到检查没有完成，夜审终止**
2007-07-11 18:47:14	**2007-07-10夜审开始**
2007-07-11 18:47:14	**开始进行当日预订到店宾客未到检查**
2007-07-11 18:47:16	**当日预订到店宾客未到检查已完成**
2007-07-11 18:47:19	**开始进行当日离店宾客未离检查**
2007-07-11 18:47:19	**当日离店宾客未离检查已完成**
2007-07-11 18:48:01	**开始进行预订取消检查**
2007-07-11 18:48:01	**预订取消检查已完成**
2007-07-11 18:50:15	**2007-07-10夜审开始**
2007-07-11 18:50:15	**开始进行当日预订到店宾客未到检查**
2007-07-11 18:50:18	**当日预订到店宾客未到检查已完成**
2007-07-11 18:50:20	**开始进行当日离店宾客未离检查**
2007-07-11 18:50:58	**当日离店宾客未离检查没有完成，夜审终止**
2007-07-11 18:51:11	**开始进行当日离店宾客未离检查**
2007-07-11 18:51:13	**当日离店宾客未离检查已完成**
2007-07-11 18:51:15	**开始进行预订取消检查**
2007-07-11 18:52:47	**预订取消检查没有完成，夜审终止**
2007-07-11 18:53:22	**开始进行预订取消检查**
2007-07-11 18:53:25	**预订取消检查已完成**
2007-07-11 18:53:27	**开始进行房费折扣、房费冲减与其他折扣检查**
2007-07-11 18:53:49	**房费折扣、房费冲减与其他折扣检查没有完成，夜审终止**

图6－5－2

4. 快速夜审

点击“快速夜审”，系统自动删除当日预订来店未到、当日预订取消的客人记录，当日应离未离客人系统将自动进行以“续住天数”为“1”的续住处理。

二、学生操作“宾客”界面的业务

（一）学生操作“当日预订到店酒店房态图未到检查”

即检查预订当日到店但未到的酒店房态图记录，执行该步时，如果系统存在此类型的客人，系统会出现6－5－3所示界面。

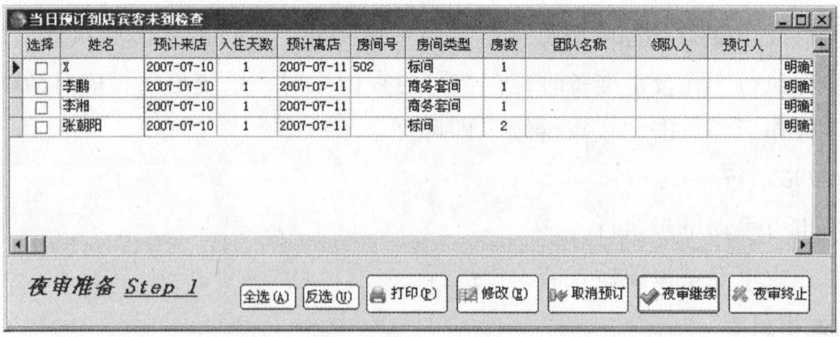

图6－5－3

1. 勾选需取消预订的客人后，点击“取消预订”按钮，进行预订取消操作。

2. 勾选需修改信息的客人后，点击“修改”按钮，系统出现指定客人的接待界面，可修改客人的预订来店日期等信息。

以上操作完成后点击“夜审继续”按钮，继续夜审操作，如需终止夜审，点击“终止夜审”即可。

注意：如未进行修改或取消预订操作，执行“夜审继续”，系统出现提示信息如图6－5－4所示，点击“是”，系统将未执行修改或取消预订的客人自动转入历史库，即在酒店房态图或团队中删除该客人记录，对应房间状态更改为可租。

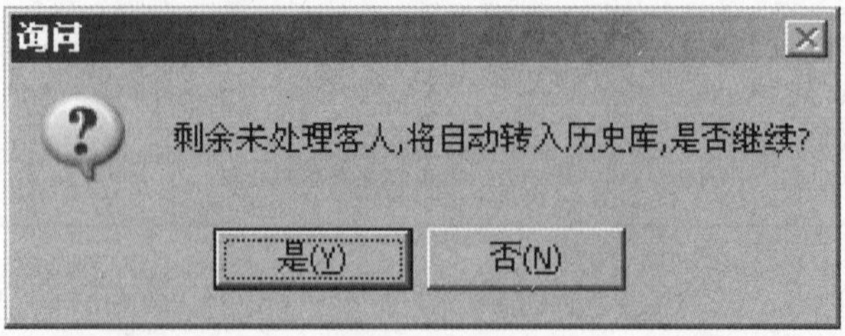

图6－5－4

（二）学生操作“当日离店酒店房态图未离检查”

即检查当日需离店但未结账离店的酒店房态图，执行该步时，系统出现如下界面，如图 6－5－5 所示。

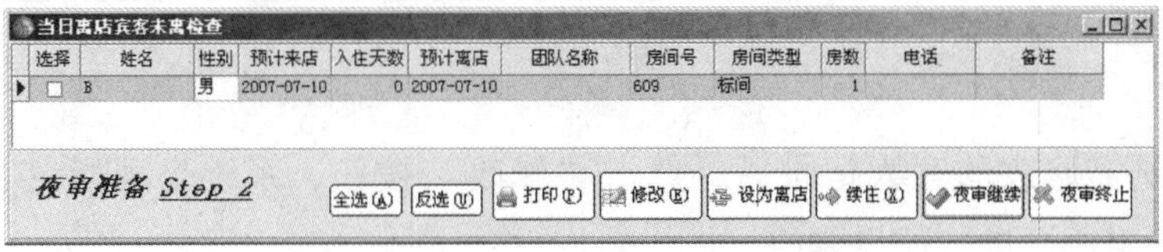

图 6－5－5

1. 勾选需修改的客人记录后，点击“修改”按钮，系统出现指定客人的散客接待界面，可修改在住客人的相关信息。

2. 勾选需设置未离店的客人记录后，点击“设为离店”按钮，系统将该客人置为入住取消状态。

3. 勾选需续住的客人记录后，点击“续住”按钮，系统出现如下界面，如图 6－5－6 所示，录入“续住天数”即可。

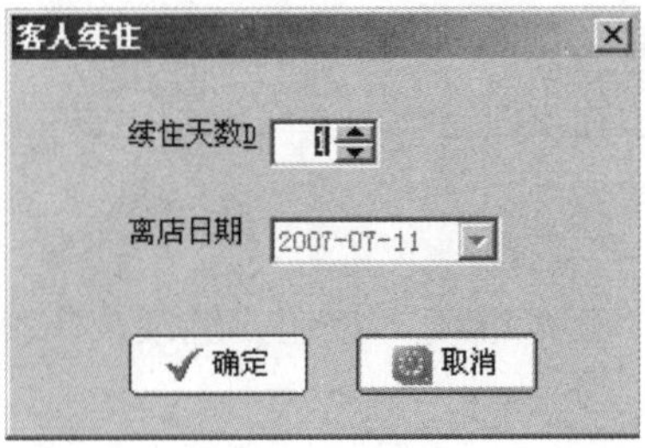

图 6－5－6

以上操作完成后点击“夜审继续”按钮，继续夜审操作，如需终止夜审，点击“终止夜审”即可。

注意：①如未进行修改、续住或设为离店操作，直接执行“夜审继续”，系统将自动对当日离店未离客人进行以“续住天数”为“1”的续住处理。

②在住客人执行设为离店操作后，被置为入住取消状态，用户可在结账界面对此类客人进行结账操作，但需注意：此类客人的账项记录中未统计夜审前的日房费记录，结账时需手工录入客人的日房费。

（三）学生操作“预订取消检查”

即检查当日预订取消的客人记录，执行该操作时，系统出现如下界面，如图 6－5－7 所示。

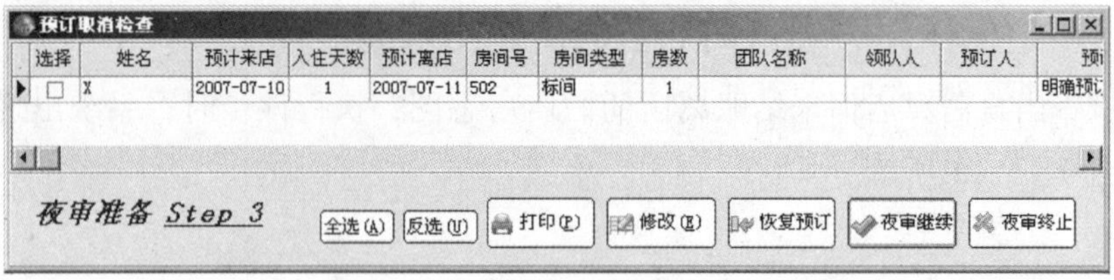

图 6－5－7

1. 勾选需修改的客人记录后，点击“修改”按钮，系统出现指定客人的散客接待界面，用户可进行信息修改。

2. 勾选需恢复预订的客人记录后，点击“恢复预订”按钮，系统出现如图 6－5－8界面，确定“预计来店日”、“预计离店日”后，点击“确定”按钮即可。

注意：如未进行修改或恢复操作，执行“夜审继续”，系统出现提示信息如图 6－5－9所示，点击“是”，系统将未执行修改或恢复预订的客人自动转入历史库，即在酒店房态图或团队中删除该客人记录。

图 6－5－8

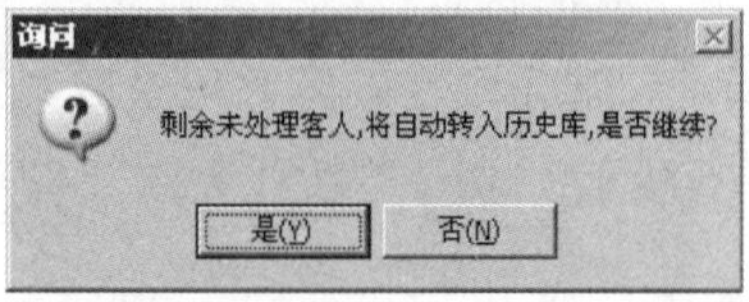

图 6－5－9

以上操作完成后点击“夜审继续”按钮，继续夜审操作，如需终止夜审，点击“终止夜审”即可。

（四）学生操作“房费折扣、房费冲减与其他折扣检查”

即房费折扣、房费冲减、其他折扣账项检查，执行该步，系统出现如下界面，如图 6－5－10 所示。

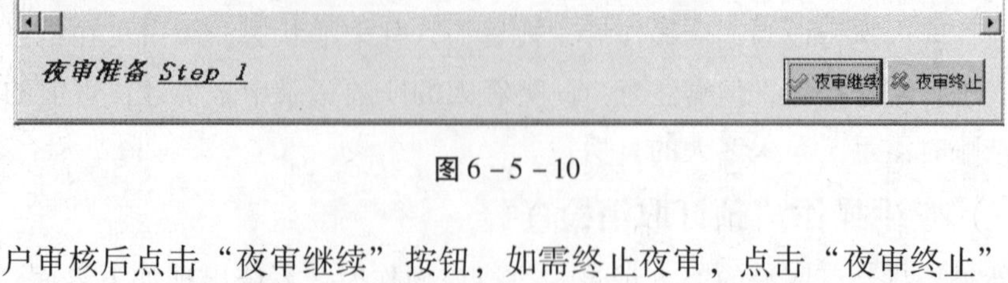

图 6－5－10

用户审核后点击“夜审继续”按钮，如需终止夜审，点击“夜审终止”即可。

实验六 设置封房状态业务

【实验目的】

1. 了解设置封房状态界面的结构和设置封房状态界面的基本功能；

2. 掌握操作进入设置封房状态界面的程序和操作设置封房状态界面的注意事项；

3. 熟练操作设置封房状态界面新增封房信息、修改封房信息、删除封房信息完成封房基本业务等业务。

【实验内容】

操作酒店管理系统中的前厅部的设置封房状态界面的新增封房信息、修改封房信息、删除封房信息完成封房基本业务。

【实验步骤】

一、教师演示介绍“设置封房状态”界面的基本内容

介绍设置封房状态的基本结构：酒店相关人员进行封房处理的主界面，封房包括维修（大修）、暂停使用（小修）、退出服务（关闭）、临时暂用（锁房）。用户可进行封房、完成或修改封房信息、删除封房记录等功能。

二、学生操作“设置封房状态”界面的业务

点击“房务中心”/“设置封房状态”，系统出现如下界面，如图 6－6－1 所示。

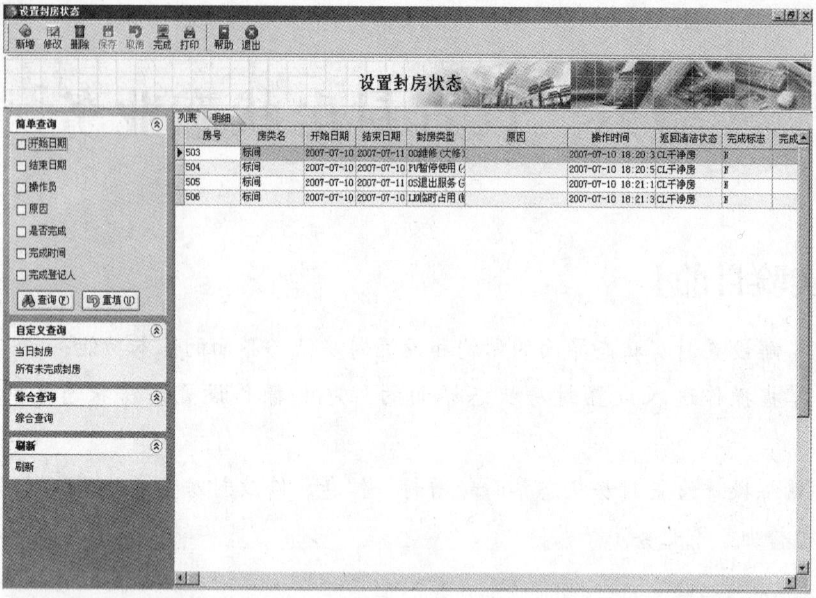

图6－6－1

（一）学生操作“新增封房”信息

1. 点击“新增”按钮，列表处于编辑状态。

2. 确定“结束日期”、“房间”、“封房类型”和“完成后状态”等信息，界面显示如图6－6－2所示。

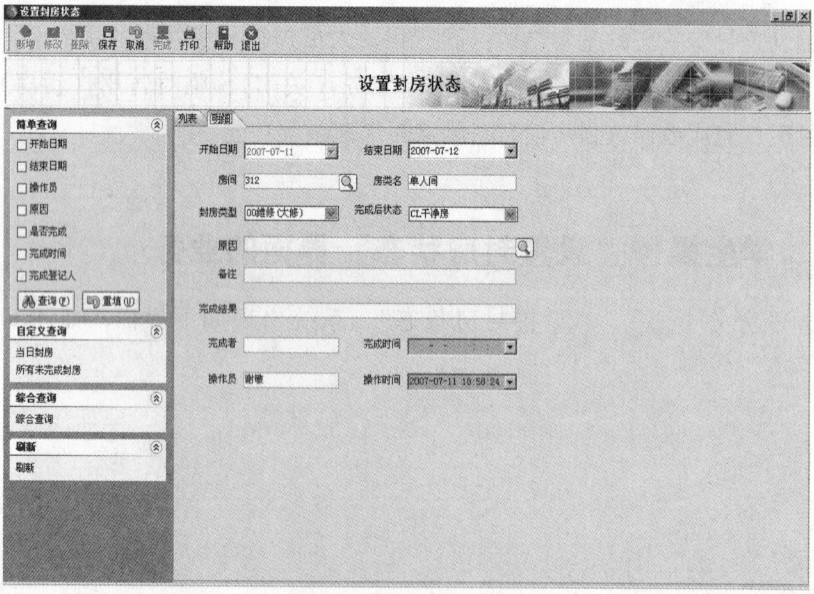

图6－6－2

3．点击“保存”按钮，封房操作完成，如需撤销新增，点击“取消”按钮即可。

注意：封房的“开始日期”自动确定为当前系统日期，用户不可手动修改。

（二）学生操作“修改封房”信息

1．在封房状态列表栏中，点击需要修改的封房记录。

2．点击“修改”按钮，修改指定封房记录。

3．点击“保存”按钮，系统将修改内容保存，如需撤销修改，点击“取消”按钮即可。

注意：“开始日期”、“结束日期”、“房间”均不能修改。

（三）学生操作“删除封房”信息

1．在封房状态列表栏中，点击需要删除的封房记录。

2．点击“删除”按钮，指定的封房记录删除。

（四）学生操作“完成封房”

1．在封房状态列表中，点击需要完成的封房记录。

2．点击“完成”按钮，封房操作完成。

注意：①已完成的封房记录用红字显示。

②已完成的封房不能重复执行完成操作。

③当系统日期等于结束日期，在夜审时系统自动取消夜审。

第七章

接待中心

实验一　酒店散客接待业务

【实验目的】

1. 了解酒店散客接待界面的结构和酒店散客接待界面的基本功能；

2. 掌握操作进入酒店散客接待界面的程序和操作酒店散客接待界面的注意事项；

3. 熟练操作酒店散客接待界面散客登记、新增从账客人、开合住房、修改散客信息、删除散客记录、散客转团队/团队成员转散客、入住处理、取消入住、关联客人、折扣处理、分房等业务。

【实验内容】

操作酒店管理系统中的前厅部的酒店散客接待界面的散客登记、新增从账客人、开合住房、修改散客信息、删除散客记录、散客转团队/团队成员转散客、入住处理、取消入住、关联客人、折扣处理、分房等基本业务。

【实验步骤】

二、教师演示介绍酒店“散客接待”界面的基本内容

（一）说明酒店“散客接待”界面的结构

散客接待是酒店接待人员接待散客、进行入住登记的主界面，可方便用户新增散客记录、修改散客信息、删除散客记录、执行预订入住、取消入住、关联客人、制门卡、读门卡、注销卡、留言等功能。

注意：团队成员和散客预订单中的散客，均可在接待中进行相关操作。

（二）介绍酒店“接待”的操作流程

酒店接待的操作流程如图 7－1－1 所示。

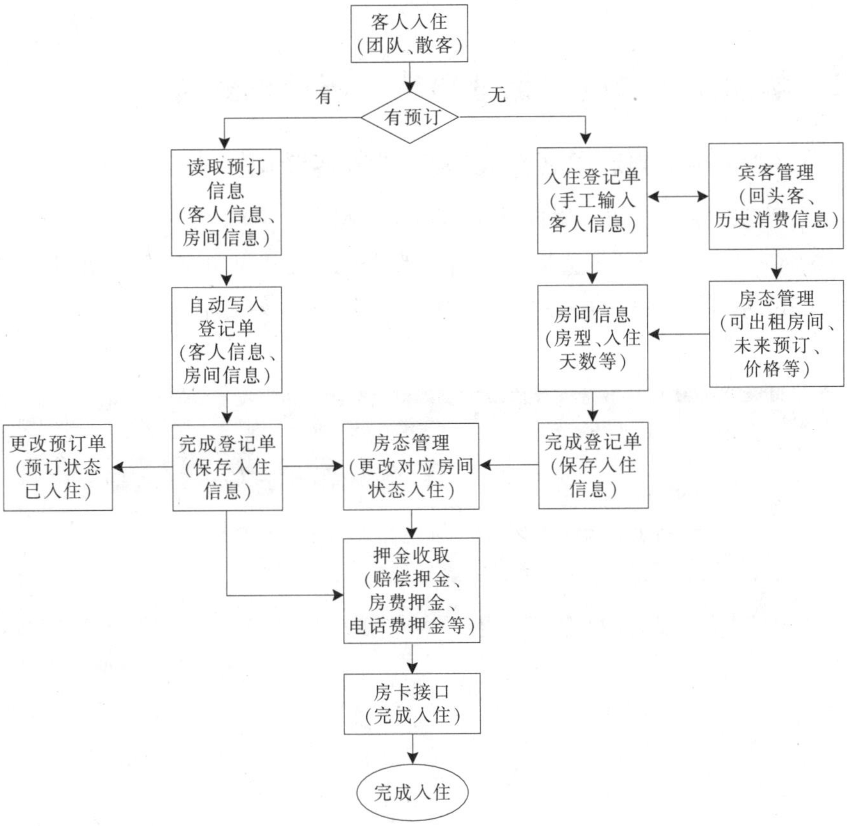

图 7－1－1

(三) 演示进入“酒店房态图”界面的程序

点击“接待中心”/“散客接待”，界面显示如图 7－1－2 所示。

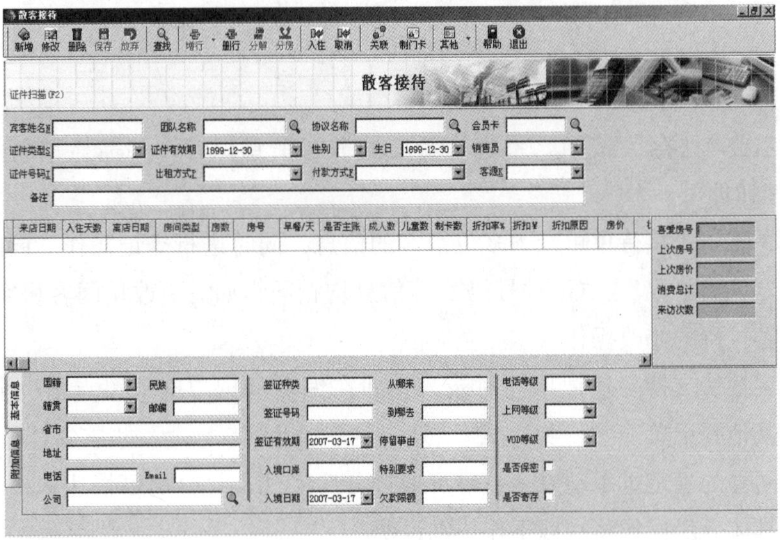

图 7－1－2

二、学生操作酒店“散客接待”界面的业务

（一）学生操作酒店散客接待界面“散客登记”业务

1. 点击“新增”按钮，界面处于新增编辑状态。

2. 录入“宾客姓名”，选择“证件类型”，录入“证件号码”，确定“离店日期”、“出租方式”，选择“房号”等信息，界面如图 7－1－3 所示。

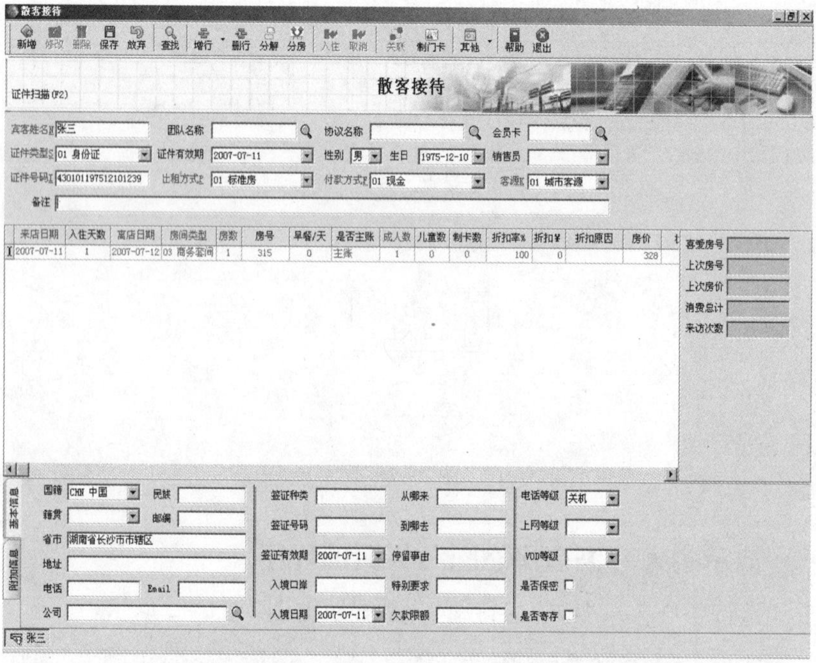

图 7－1－3

3. 点击“保存”按钮，系统将新增的散客信息保存，如需撤销新增，点击“放弃”按钮即可。

注意：①一张接待单可录入多位散客的信息，同时进行登记操作。同时登记的多间客房“宾客姓名”、“证件号码”等信息均相同，如需更改单间客房客人信息，可参见散客接待的修改操作。

②散客接待支持多登记单同时录入，即在编辑登记单时，可点击“新增”按钮，新增其他登记单。

③房间号的确定可手动录入，也可通过分房实现，且分房可快速选择单间或多间客房，具体分房操作将在以下作详细说明。

④针对第二代身份证，系统提供了证件扫描的功能，可自动录入客人“证件号

码”等相关信息。证件扫描需提供相关的硬件设施，用户可在实施人员的指导下完成相关设置。

⑤系统可自动根据客人的证件号带出客人的“省市”、“性别”和“生日”。

⑥“离店日期”可根据“来店日期”和“入住天数”自动确定；“入住天数”也可由“来店日期”、“离店日期”自动确定。

⑦新增登记客人为回头客，可根据“证件号码”，自动调出该客人的其他基本信息，包括“上次房号”、“上次房价”、“消费总计”、“来访次数”等。

⑧用户可根据业务需要录入客人的基本信息和附加信息。

⑨用户可根据实际情况确定客人的出租方式和付款方式。

⑩如散客与酒店签订了协议，可选择“协议名称”，系统自动根据协议确定散客房价，具体的协议可在“营销中心”/“协议管理”/“协议档案”中录入。

⑪散客的增减可通过“增行”和“删行”按钮实现，也可通过一次录入散客所需房数后，点击“分解”按钮，分解为数条散客记录，记录条数与房数相同。

⑫用户在散客接待时，对房价可进行打折处理，具体的折扣处理方式在以下将作详细说明。

⑬从账客人需所属主账客人入住后才可进行登记。

⑭“出租方式”。

a. 散客接待界面只能显示钟点房的房间基价，加钟价在该界面不显示。

b. 系统时间不在所选出租方式的起始时刻和终止时刻之间，启用该出租方式，系统将给予提示，不允许修改。

⑮会员卡。

（二）学生操作“新增从账客人”业务

1. 点击“查找”按钮，查找需增加从账客人的在住客人记录。

2. 点击“修改”按钮，散客接待处于编辑状态。

3. 点击“增行”/“从账”按钮，系统增加一条指定主账的从账记录。

4. 点击“保存”按钮，系统将新增的从账客人信息保存。

注意：①预订客人和非主账客人不能新增从账。

②从账客人的“房数”、“折扣率%”、“折扣￥”、“房价”均为“0”，且不允许修改。

③从账客人的“来店日期”、“离店日期”均与主账相同，且不允许修改。

（三）学生操作“开合住房”业务

1. 点击“查找”按钮，查找需新增合住客人、“出租方式”为合住房的在店客人。

2. 点击“修改”按钮，散客接待处于编辑状态。

3. 点击“增行”/“合住”按钮，系统增加一条指定客房的合住记录。

4. 点击“保存”按钮，系统将新增的合住客人信息保存。

注意：①在进行此操作前，需登记“出租方式”为合住房的散客记录，具体操作参见“散客登记”操作。

②在进行合住房开房操作前，需在“基础数据”/“房价设置”中，设置合住房对应房价，并在“基础数据”/“房价设置”/“房价启用设置”中进行合住房的启用设置。

③合住人数等于所选房类的“床位数”，系统将给予提示，不允许再新增此房间的合住客人。

④只有入住客人才能添加合住客人。

（四）学生操作“修改散客信息”业务

1. 点击“查找”按钮，查找需修改的散客或团队成员记录。

2. 点击“修改”按钮，修改指定客人信息。

3. 点击“保存”按钮，系统将修改内容保存，如需撤销修改，点击“放弃”按钮即可。

注意：①“删行”、“增行”按钮可新增删除单位散客；已入住的散客不能执行删行操作，需取消入住后才可执行；预订单或团队中只有一位客人时，点击“删行”按钮，关联的预订单或团队将一并删除。

②“来店时间”和“离店时间”的修改。

a. 在店客人的来店时间不能修改，修改离店时间时，系统自动判断在修改后的时间段内，该客人的房间是否已被预订、入住或者封房，如存在该情况，系统将给予提示，并不允许修改。

b. 预订客人的来店时间和离店时间均可修改，系统自动判断在修改后的时间段内，该客人的房间是否被预订、入住或者封房，如存在该情况，系统将给予提示，不允许修改。

c. 修改主账客人的来店日期、离店日期或入住天数，从账客人的来店日期、离店日期、入住天数同步更改；从账客人的来店时间、离店时间、入住天数均不允许单独修改。

③具体的房价打折方案，将在以下详细介绍，从账客人不能进行房价打折处理。

④“房间号”的修改。

a. 预订状态的客人：该类型客人的房间号可以直接修改。

b. 在住状态的客人：该类型客人的房间号不可修改，如需更改可通过“换房”实现。

c. 入住取消/预订取消：该类型客人的房号不允许修改。

⑤“出租方式”的修改。

合住客人大于“1”的客房，出租方式不允许修改。

⑥同一张登记单登记多间客房，每一间客房的“宾客姓名”、“证件号码”均相同，修改其中一间客房的客人信息，该登记单登记的其他客房客人信息同步更改；如需单独修改其中一间客房客人信息（其他客人信息不同步修改），可在录入“宾客姓名”后，按“Ctrl + Enter”键，系统自动将“证件号码”清空（证件号码不为空的情况），录入相关客人信息后保存即可。

（五）学生操作“删除散客记录”业务

1. 点击“查找”按钮，查找需删除的客人记录。

2. 点击“删除”按钮，系统将指定客人记录删除。

注意：①接待单存在多条记录，不能直接删除，需进行删行操作。

②已入住客人不能执行删除操作，需取消预订后才可执行。

③预订单或团队中只有一位客人时，对该客人执行删除操作，关联的预订单或团队将一并删除。

（六）学生操作“散客转团队/团队成员转散客”业务

1. 点击“查找”按钮，查找需要转为团队的散客。

2. 点击“修改”按钮，选择需转入的“团队名称”。

3. 点击“保存”按钮，散客转入团队操作完成。

注意：①如需取消散客转团队，只需清空“团队名称”后点击“保存”按钮即可。

②散客转团队操作完成后，系统自动将该散客需缴纳的押金金额算入团队。

③在住散客，执行散客转团队操作，需在散客所选团队的公付中，点击“更新所有成员”完成转入团队的散客公付科目的更新，如预订散客执行了散客转团队操作，操作完成后再执行入住，则不需要更新所有成员。

④“出租方式”为非标准房和合住房的客房，进行散客转团队操作，“出租方式”更改为标准房，且不能修改；“出租方式”为合住房的客房，不能进行散客转团队操作。

⑤散客转团队或团队成员转散客操作完成后，房间价格可能有误（与出租方式、协议未对应），用户需仔细核对。

⑥散客转团队操作，需在团队已入住的情况下进行。

⑦主从账客人转账。

（七）学生操作“入住处理”业务

1. 点击“查找”按钮，查找需进行入住处理的客人记录。

2. 点击“入住”按钮，客人入住操作完成。

注意：①预订的散客和团队成员才需执行入住处理。

②入住操作完成后，散客和团队成员的来店日期立即更改为系统日期。如当前系统日期，该房间不可租（封房、预订或在住），系统将给出锁房的提示信息，不可执行入住操作。

③对房类、房间数的预订（只选择“房间类型”，未选择“房间号”），用户需确定房间类型对应的房间号后才可执行客人入住操作；或者由用户手动更改预订的房类和房号或再执行客人入住操作。

④具有主从账客人的房间，需先对主账客人执行客人入住操作后，才可对从账客人执行客人入住操作。

（八）学生操作“取消入住”业务

1. 点击“查找”按钮，查找需取消入住的在住客人记录。

2. 点击“取消”按钮，取消入住操作完成。

注意：①只能对在住客人执行入住取消操作，且在住的团队成员和散客均可在此界面执行取消入住操作。

②非预订后入住的散客（即散客接待中登记的散客），取消入住操作完成后，客人被置为入住取消状态（用蓝字标志）；预订后入住的散客或团队成员，取消入住操作完成后，客人被置为预订状态。

③已产生消费账项和付款账项的客人不能执行取消入住操作，需作结账处理。

④具有主从账客人的房间，需先对从账客人执行入住后，才可对从账客人执行取消入住操作。

（九）学生操作“关联客人”业务

勾选需关联客人后，勾选目的客人。

1. 接待单中同时录入多位客人时，点击“关联客人”，系统出现关联客人界面，如图 7－1－4 所示。

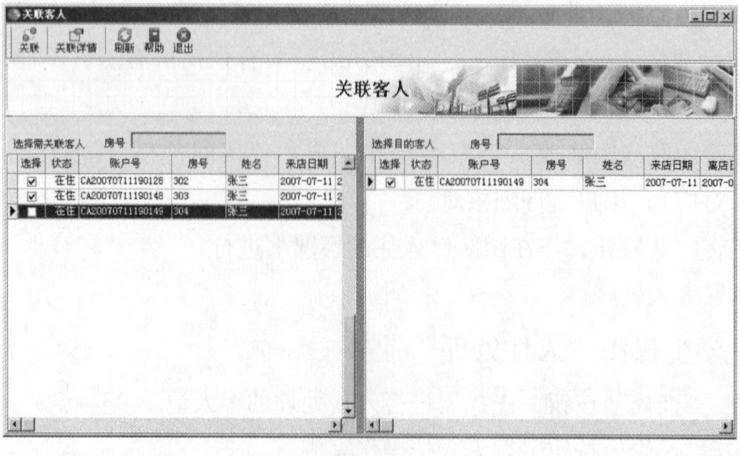

图 7－1－4

2. 点击“关联”按钮，关联操作完成。

注意：通过此步骤出现的关联客人界面，系统自动将非接待单在住的客人记录过滤，用户可点击“刷新”按钮，显示酒店可进行关联的所有客人记录。

（十）学生操作“折扣处理”业务

1. 点击“查找”按钮，查找需进行打折处理的客人记录。

2. 点击“修改”按钮，接待单处于编辑状态，选择需进行打折处理的客人记录，点击该客人记录“折扣率%”、“折扣￥”或“房价”旁的按钮，系统出现如下界面，如图7－1－5所示。

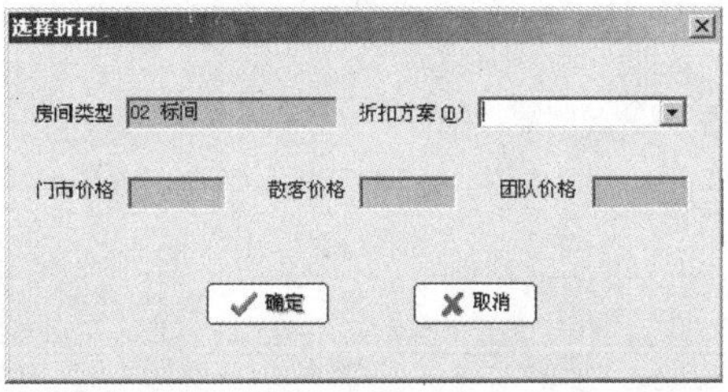

图7－1－5

3. 选择“折扣方案”，系统自动带出该房间类型折扣方案对应的“门市价格”、“散客价格”、“团队价格”。

4. 点击“确定”按钮，如当前操作员不具有该折扣方案的权限，系统出现操作审核界面，即授权人界面，如图7－1－6所示。

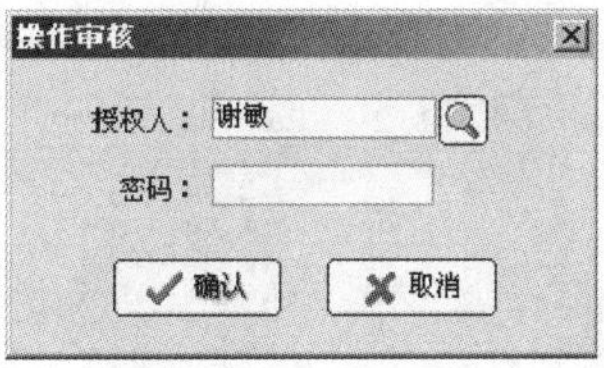

图7－1－6

5. 选择具有该折扣方案权限的“授权人”，输入该“授权人”的“密码”。

6. 点击“确定”按钮，折扣处理完成。

注意：①如当前操作员不具有折扣授权权限，也没有授权人密码，则不能进行打折处理。折扣授权可在“基础数据”/“折扣方案设置”和“员工关联折扣设置”中进行设置。

②用户也可手动更改“折扣率%”、“折扣￥”或“房价”，系统自动判断该操作员具有的优惠金额或手动最低折扣，如超出则弹出操作审核界面，进行授权人处理。操作员的优惠金额和手动最低折扣可在“客户化”/“公司”/“权限设置”/

"关联设置"中进行设置。

（十一）学生操作"分房"业务

新增接待记录时，在"房数"中录入所需的房间数，如图7－1－7所示。

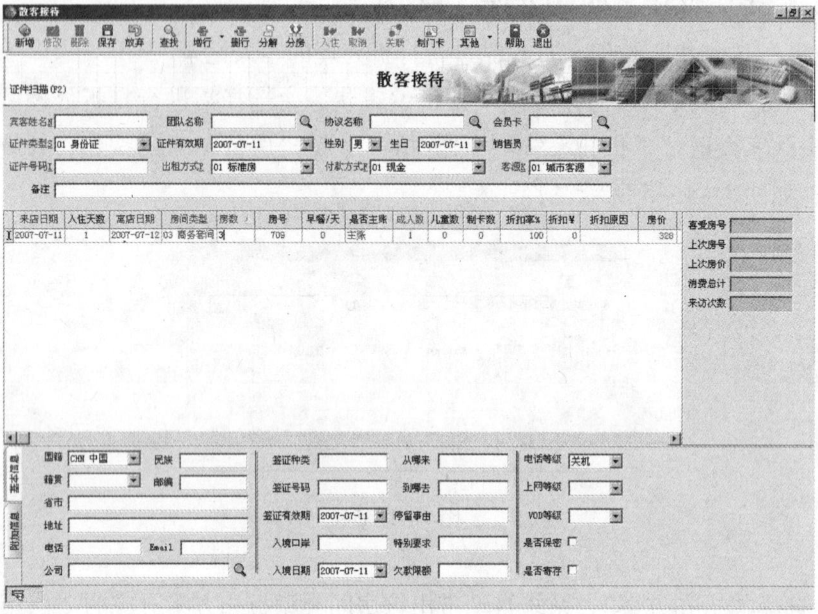

图7－1－7

1．点击"分房"按钮，系统出现分房主界面，如图7－1－8所示。

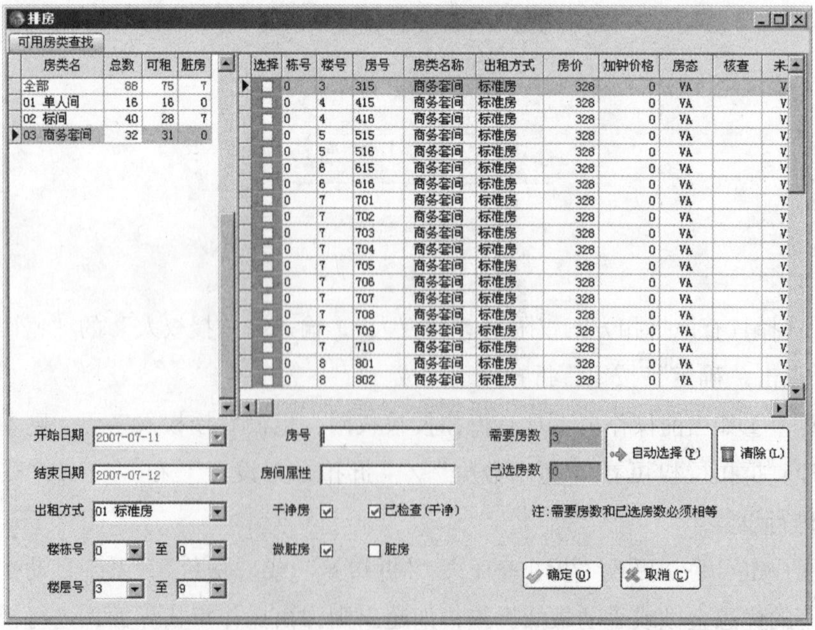

图7－1－8

2. 点击所需的房类名称，根据需要录入查询条件，如“楼栋号”、“楼层号”、“房号”等，确定所需房间的清洁状态。

3. 在可用房查找列表中，手动选择需要的客房，或点击“自动选择”按钮，使“已选房数”等于“需要房数”后，点击“确定”按钮，分房成功后界面显示如图7-1-9所示。

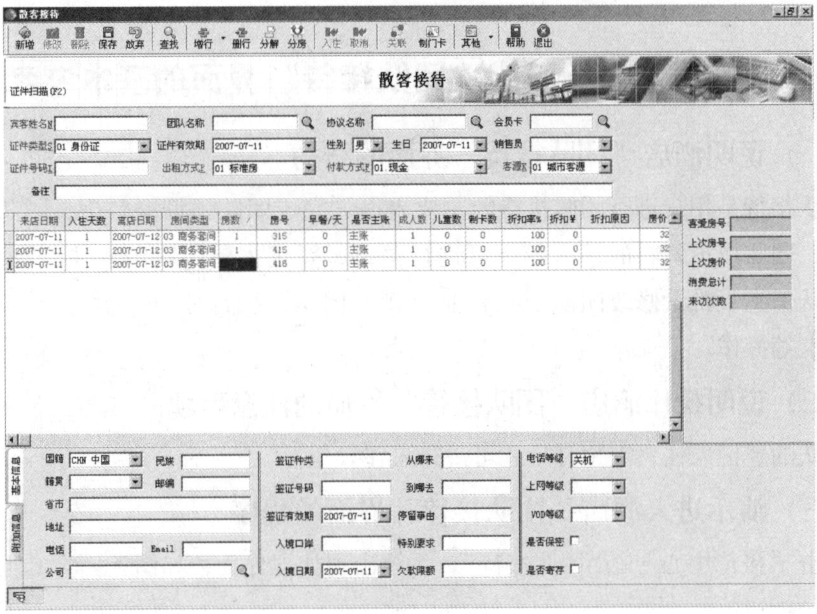

图7-1-9

注意：“需要房数”为用户确定的“房数”，用户手动选择的房间数等于“已选房数”后，分房操作才能完成。

实验二　酒店团队接待业务

【实验目的】

1. 了解酒店团队接待界面的结构和酒店团队接待界面的基本功能；

2. 掌握操作进入酒店团队接待界面的程序和操作酒店团队接待界面的注意事项；

3. 熟练操作酒店团队接待界面酒店团队预订、登记入住、取消入住、取消预订、修改团队信息、批量修改团队成员信息、删除团队等业务。

【实验内容】

操作酒店管理系统中的前厅部的酒店团队接待界面的预订、登记入住、取消入住、取消预订、修改团队信息、批量修改团队成员信息、删除团队等基本业务。

【实验步骤】

一、教师演示介绍酒店“团队接待”界面的基本内容

（一）说明酒店“团队接待”界面的结构

团队接待是用户进行团队接待的主要界面，完成团队预订的登记，团队入住时的分房，团队成员资料的录入等。可进行预订、登记入住、取消入住、取消预订、修改团队信息、批量修改团队成员信息、删除团队，执行公付、读门卡、制门卡、注销门卡等操作。

（二）说明操作酒店“团队接待”界面的注意事项

团队的登记入住，需预订后才可进行入住操作。

（三）演示进入酒店“团队接待”界面的程序

点击“接待中心”/“团队接待”，系统出现如下界面，如图7-2-1所示。

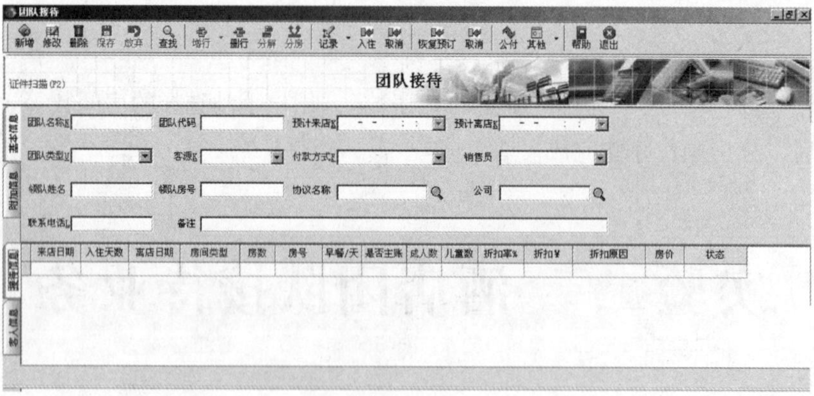

图7-2-1

二、学生操作酒店“团队接待”界面的业务

（一）学生操作酒店团队接待界面的“团队预订”业务

1. 点击“新增”按钮，团队接待界面处于编辑状态。

2. 录入“团队名称”、选择“团队类型”，确定“预计来店”、“预计离店”，选择团队成员房间等信息，团队接待新增界面如图 7－2－2 所示。

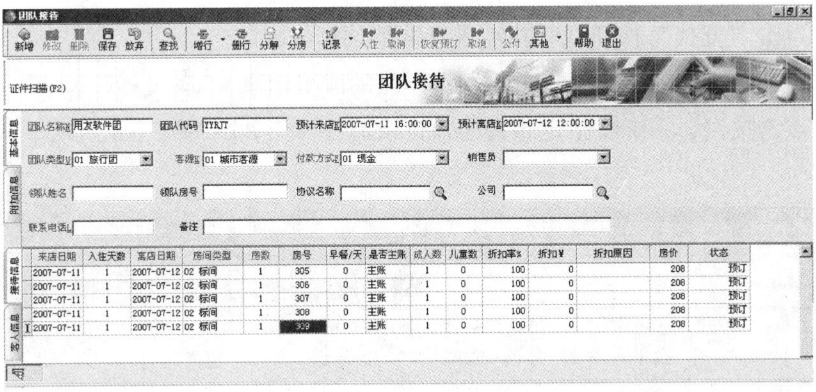

图 7－2－2

3. 点击“保存”按钮，系统将新增团队信息保存，如需撤销新增，点击“放弃”按钮即可。

注意：①本系统支持房类预订，即只选房类不选房号的预订，在团队入住时，确定房号后执行入住即可。

②从账客人的登记，需所属主账客人入住后才可登记。

③团队成员房间的选择可手动录入，也可通过分房实现，具体的分房操作在以下将作详细说明。

④如团队与酒店签订了协议，可选择“协议名称”，系统自动根据协议确定成员房价，具体的协议可在“营销中心”／“协议管理”／“协议档案”中确定。

⑤用户可根据业务需要录入团队的附加信息和团队成员的客人信息。

⑥团队成员的增减可通过“增行”和“删行”按钮实现，也可通过一次录入团队所需房数后，点击“分解”按钮，分解为数条团队成员记录，条数与房数相同。

⑦用户在团队预订时，对房价可进行打折处理，具体的折扣处理方式在以下将作详细说明。

⑧团队接待处于编辑状态时，仍可进行新增接待操作，用户可同时编辑多张接待单。

（二）学生操作“新增从账客人”业务

1. 点击“查找”按钮，查找需增加从账客人的在住客人记录。

2. 点击“修改”按钮，团队接待处于编辑状态。

3. 点击“增行”／“从账”按钮，新增从账客人完成。

注意：①预订客人和非主账客人不能新增从账。

②从账客人的“房数”、“折扣率%”、“折扣￥”、“房价”均为“0”，且不允许修改。

（三）学生操作“预订取消”业务

1. 点击“查找”按钮，查找需进行取消预订的团队。

2. 在团队成员列表中，点击需取消预订的成员记录。

3. 点击按钮，系统将指定客人的预订取消，界面如图7－2－3所示。

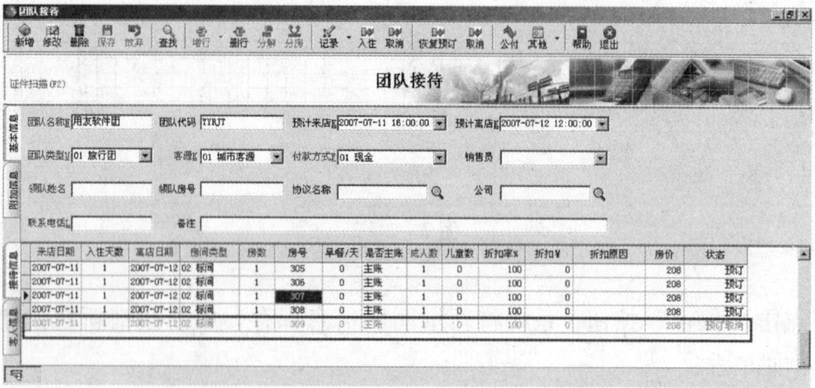

图7－2－3

注意：①只能对预订的团队成员执行取消预订操作；在住团队客人需取消入住后，才可取消预订。

②具有主从账客人的房间。

a. 主账客人取消预订、从账客人仍为预订状态，在从账的预订时间段内，该房间更改为可租状态。但是在此时间段内不能对该房间执行预订、登记入住和封房的操作。

b. 从账客人取消预订、主账客人仍为预订状态，在主账的预订时间段内，该房间仍为预订状态。

（四）学生操作“恢复预订”业务

1. 点击“查找”按钮，查找需恢复预订的团队记录。

2. 在团队成员列表中，点击需恢复预订的预订取消成员记录。

3. 点击“恢复预订”按钮，系统将指定的预订取消成员恢复预订。

注意：①只能对预订取消的客人执行恢复预订操作。

②具有主从账客人的房间。

a. 主账客人恢复预订、从账客人仍为预订取消状态，在主账客人的预订时间段内，该房间被置为预订状态。

b. 从账客人恢复预订、主账客人仍为预订取消状态，在从账客人的预订时间段内，该客房仍为可租状态，但是在此时间段内不能对该房间执行预订、登记入住和封房的操作。

③已取消预订客人的房间，在取消预订时间段内，如该房间被预订、入住或者封房，则不能对该客人执行恢复预订操作，需更换房间后再执行恢复预订操作。

（五）学生操作“团队入住”业务

1. 点击“查找”按钮，查找需执行入住处理的团队记录。

如“房间号”为空，先手动选择“房间号”，若已确定“房间类型”的客房均已被占用，请修改“房间类型”后，再确定“房间号”，操作完成后点击“保存”按钮。

2. 在团队成员列表中，选中需入住的单位或多位预订成员记录。

3. 点击“入住”按钮，预订成员入住完成，操作完成后界面如图 7-2-4 所示。

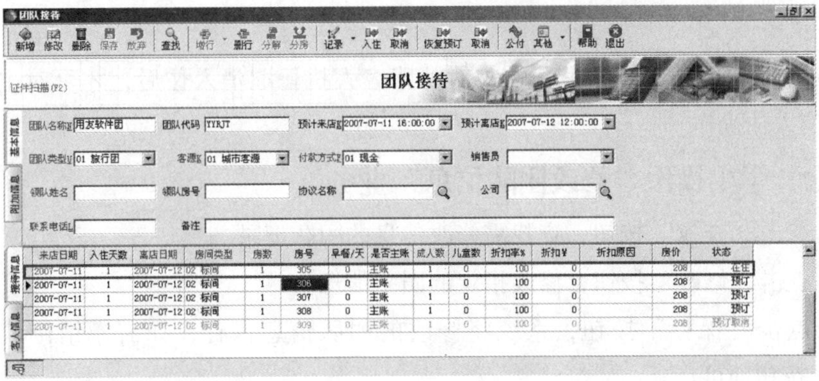

图 7-2-4

注意：①只能对状态为预订的客人执行客人入住操作。

②成员选中状态如图 7-2-5 红色方框所示。

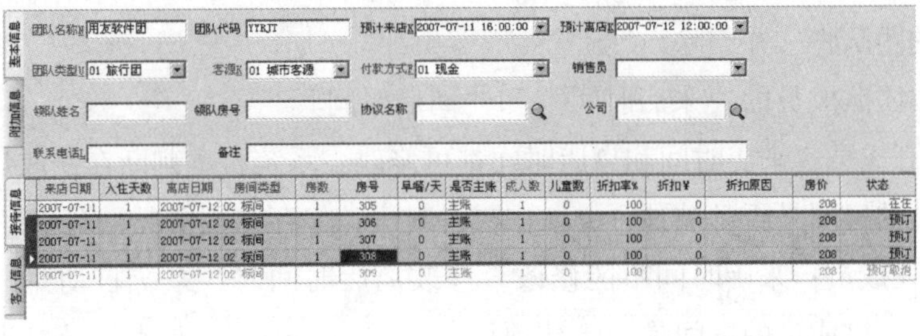

图 7-2-5

③入住操作完成后，团队成员的来店日期立即更改为系统日期。如当前系统日期，该房间不可租（封房、预订或在住），则不可执行入住操作。

④对房类、房间数的预订（只选择“房间类型”，未选择“房间号”），用户需确定房间类型对应的房间号后再执行客人入住操作；或者由用户手动更改预订的房类和房号或再执行客人入住操作。

⑤具有主从账客人的房间，需先对主账客人执行客人入住操作后，才可对从账客人执行客人入住操作。

（六）学生操作“取消入住”业务

1. 点击“查找”按钮，查找需取消入住的在住团队记录。

2. 在团队成员列表中，点击需取消入住的在住成员记录。

3. 点击“取消”按钮，取消入住操作完成。

注意：①取消入住操作完成后，成员由在住状态更改为预订状态。

②已产生消费账项和付款账项的团队成员不能执行取消入住操作，需作结账处理。

③具有主从账客人的房间：需先对从账客人执行取消入住后，才可对主账客人执行取消入住操作。

（七）学生操作“修改团队信息”业务

1. 点击“查找”按钮，查找需修改信息的团队记录。

2. 点击“修改”按钮，修改指定的团队信息。

3. 点击“保存”按钮，系统将修改的团队信息保存，如需撤销修改，点击“放弃”按钮即可。

注意：①可修改预订团队、预订取消团队和在住团队的客人信息。

②新增从账客人，需在修改状态下，选择在住的主账客人后，点击“增行”/“从账”按钮，修改从账客人相关信息后点击“保存”按钮即可。

③“删行”、“增行”按钮可新增删除单位团队成员；已入住的团队成员不能执行删行操作，需取消入住后才可执行；团队只有一位团队成员时，点击“删行”按钮，关联的团队将一并删除。

④修改团队成员的“来店时间”和“离店时间”。

a. 预订成员：来店时间和离店时间都可修改。系统自动判断在修改后的时间段内，该成员的房间是否已被预订、入住或者封房，如存在该情况，系统将给予提示。

b. 在住成员：来店时间不能修改，修改离店时间时，系统自动判断在修改后的时间段内，该成员的房间是否已被预订、入住或者封房，如存在该情况，系统将给予提示。

c. 预订取消的成员：来店时间和离店时间都可修改。

d. 如需修改所有团队成员的来店日期和离店日期，需通过批量修改实现，具体操作以下详细介绍。通过修改“预计来店”、“预计离店”不能实现批量修改的功能。

⑤具体的房价打折方案，将在以下详细介绍，从账客人不能进行房价打折处理。

⑥团队成员“房间号”的修改。

a. 预订状态的团队成员：该类型客人的房间号可以直接修改。

b. 在住状态的团队成员：该类型客人的房间号不可修改，如需更改可通过“换房”实现。

c. 取消预订状态的团队成员。

（八）学生操作“批量修改团队成员信息”业务

1. 点击“查找”按钮，查找需批量修改团队成员信息的团队。

2. 点击“修改”按钮后点击“批量修改”按钮，系统出现如下界面，如图7－2－6所示。

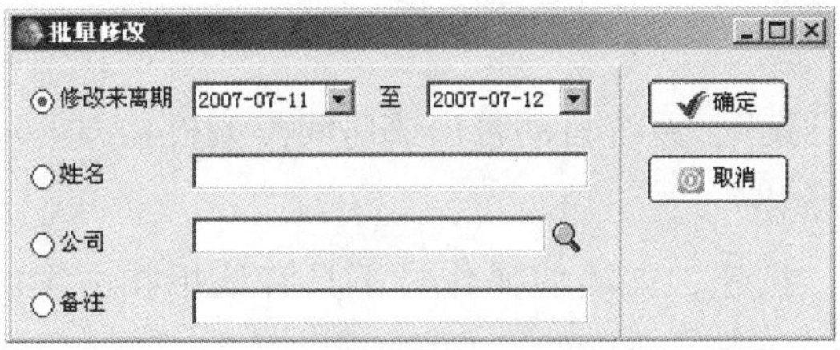

图7－2－6

3. 点击需批量修改信息（来/离期、姓名、公司或备注），录入修改信息。

4. 点击“确定”按钮，批量修改完成，如需取消批量修改，点击“取消”按钮即可。

注意：①团队中有预订成员、在住成员和离店成员。批量修改来店日期只能修改预订客人的来期，批量修改离店日期只能修改在住客人和预订客人的离期。

②修改来/离期后，系统自动判断在修改后的时间段内，是否存在团队成员的房间已被预订、入住或者封房，如存在该情况，系统将给予提示。

③批量修改的信息均为团队成员的信息。

（九）学生操作“删除团队”业务

1. 点击“查找”按钮，查找需删除的团队记录。

2. 点击“删除”按钮，系统将指定的团队删除。

注意：①团队中已有成员入住，则不能直接删除，需取消在住团队成员入住后，才能执行删除操作。

②删除操作删除的是整个团队记录，删行操作删除的仅为单个团队成员记录。

（十）学生操作“折扣处理”业务

1. 点击“查找”按钮，查找需进行打折处理的团队。

2. 点击“修改”按钮，团队单处于编辑状态，选择需进行打折处理的成员记录，点击该成员记录“折扣率%”、“折扣￥”或“房价”旁的按钮，系统出现如下界面，如图7－2－7所示。

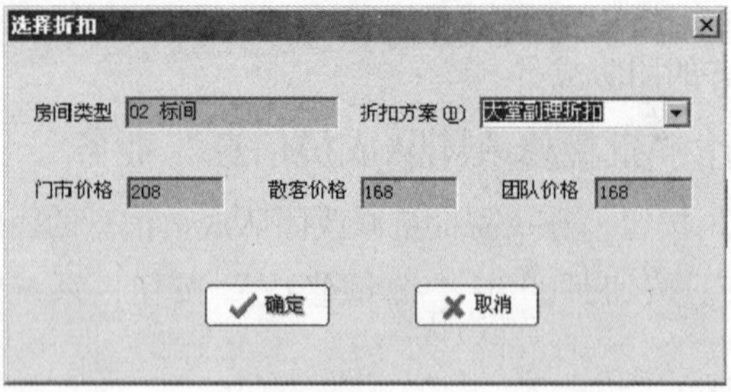

图7－2－7

3. 选择“折扣方案”，系统自动带出该房间类型折扣方案对应的“门市价格”、“散客价格”、“团队价格”。

4. 点击“确定”按钮，如当前操作员不具有该折扣方案的权限，系统出现操作审核界面，即授权人界面，如图7－2－8所示。

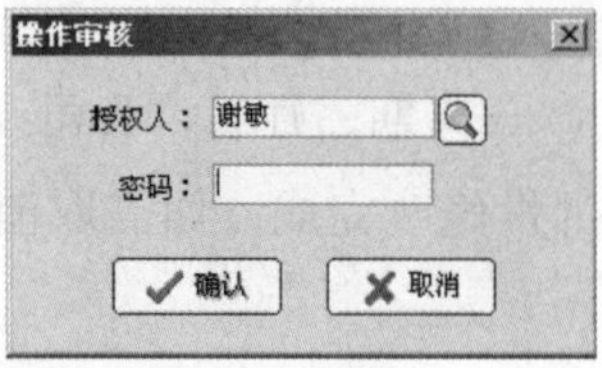

图7－2－8

5. 选择具有该折扣方案权限的“授权人”，输入该“授权人”的“密码”。

6. 点击“确定”按钮，折扣处理完成。

注意：①如当前操作员不具有折扣授权权限，也没有授权人密码，则不能进行打折处理。折扣授权可在“基础数据”／“折扣方案设置”和“员工关联折扣设置”中进行设置。

②用户也可手动更改“折扣率%”、“折扣￥”或“房价”，系统自动判断该操作员具有的优惠金额或手动最低折扣，如超出则弹出操作审核界面，进行授权人处理。操作员的优惠金额和手动最低折扣可在“客户化”／“公司”／“权限设置”／

"关联设置"中进行设置。

（十一）学生操作"团队公付"业务

1. 点击"查找"按钮，查找需进行公付设置的预订团队。

2. 点击"公付"按钮，系统出现公付界面，如图 7－2－9 所示。

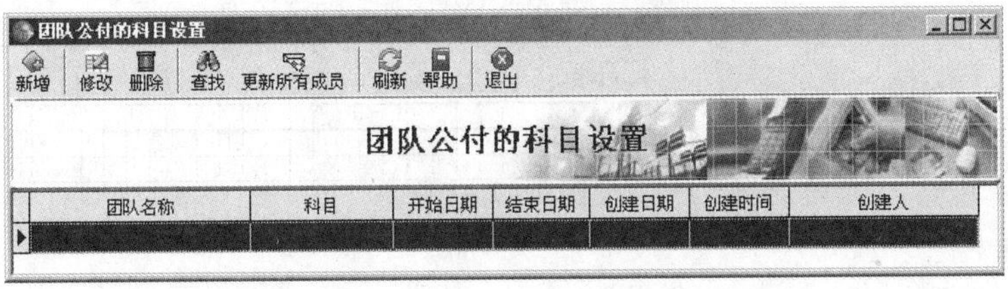

图 7－2－9

3. 点击"新增"按钮，系统出现公付科目的新增界面。

4. 点击"科目"旁的留言按钮，系统出现科目选择界面，如图 7－2－10 所示。

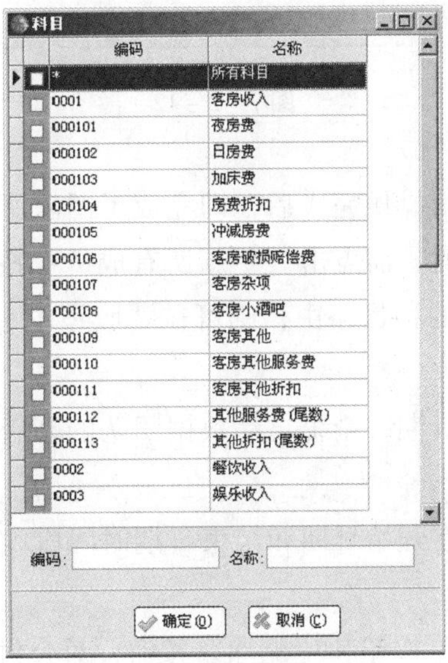

图 7－2－10

5. 选择需公付的科目后点击"确定"按钮，或选择需排除公付科目后，点击"排除"按钮，出现路由费用界面，如图 7－2－11 所示。

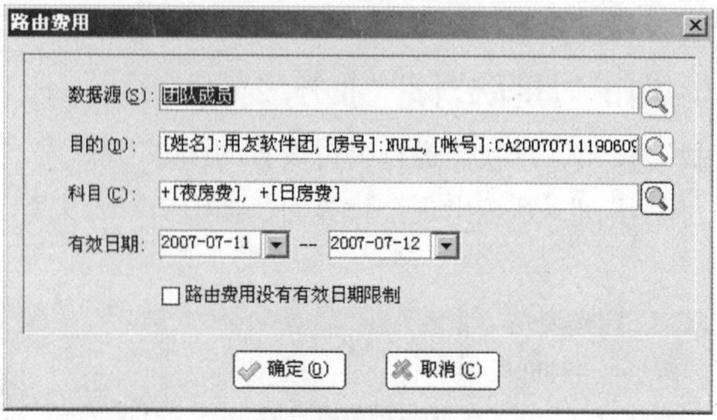

图 7－2－11

6. 点击“确定”按钮，公付设置完成，公付界面如图 7－2－12 所示。

图 7－2－12

注意：①预订客人公付操作完成后，即完成了团队所有成员的公付操作；预订客人入住后执行公付操作时，需点击“更新所有成员”按钮，才可完成所有成员的公付操作；单个团队成员的科目路由，则可在“收银中心”/“路由费用”中单独进行设置。

②公付设置时的有效日期，系统自动根据团队的来店时间和离店时间确定，用户可手动修改。

③以上操作完成后，在开始日期和结束日期时间段内，系统自动将用户设置的科目路由至团队总账。

④用户可点击“修改”按钮和“删除”按钮，对公付科目设置进行修改和删除操作。

（十二）学生操作“分房”业务

新增预订团队记录时，在“房数”中录入团队所需的房间数，如图 7－2－13 所示。

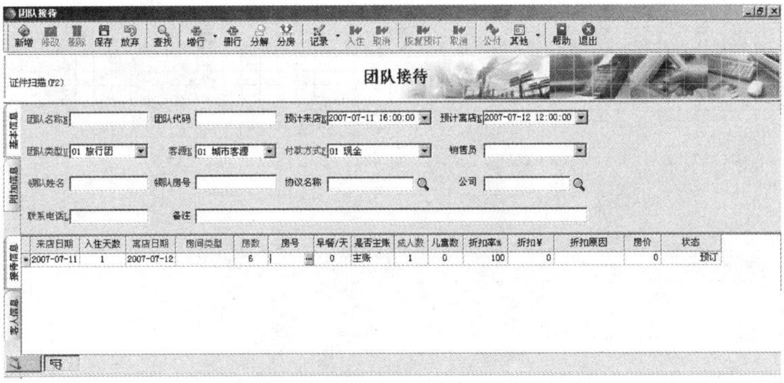

图 7－2－13

1. 点击“分房”按钮，系统出现分房主界面如图 7－2－14 所示。

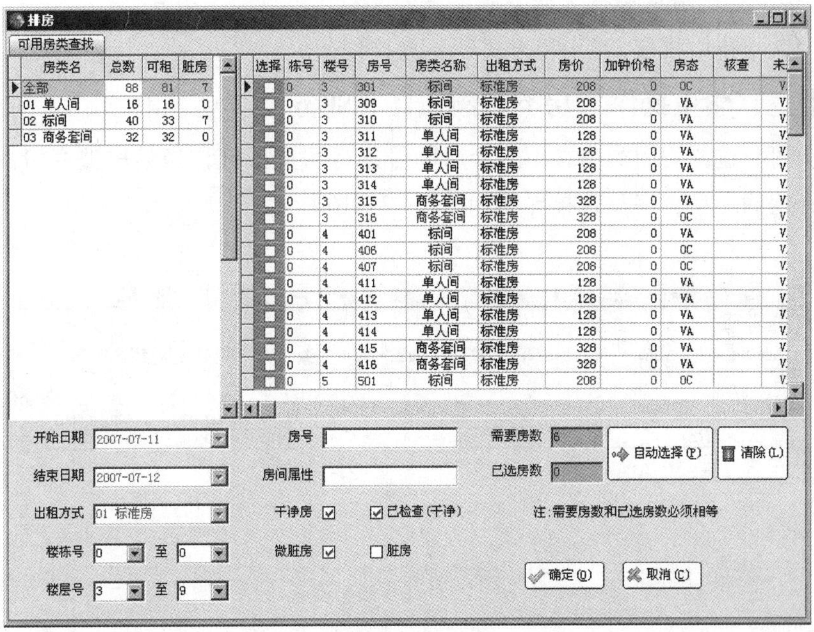

图 7－2－14

2. 在可用房查找列表中，手动选择需要的客房，或点击“自动选择”按钮，使“已选房数”等于“需要房数”后，点击“确定”按钮，分房成功后界面如图 7－2－15所示。

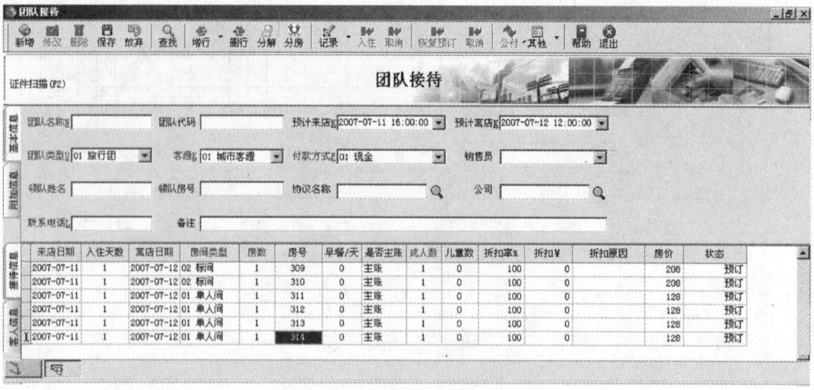

图 7 - 2 - 15

注意：①“需要房数”为用户确定的“房数”，用户手动选择的房间数等于“已选房数”后，分房操作才能完成。

②团队接待中排房，“出租方式”不允许修改。

（十三）学生操作“房类超额预订”业务

用户可只选择房间类型，不选择房间号进行房类预订，当某房类客房都被占用时，选择房间类型，房类选择界面如图 7 - 2 - 16 所示。

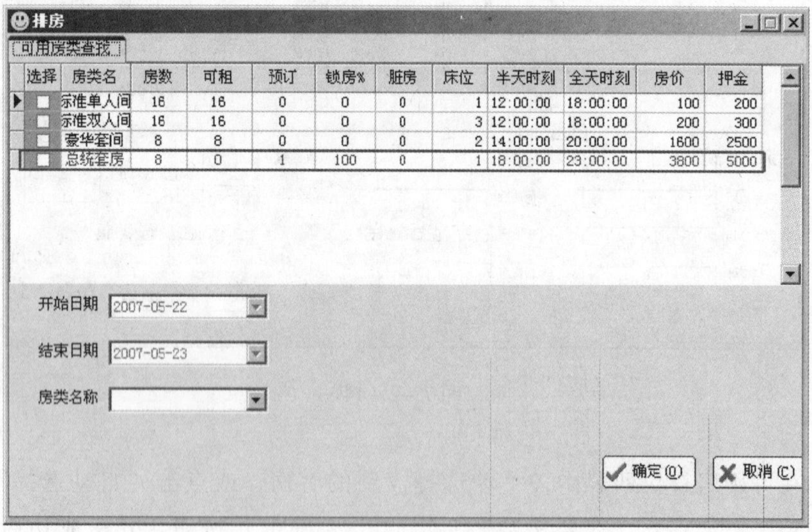

图 7 - 2 - 16

红色方框标志的记录“锁房%”为 100 时，该房类所有房间均被占用。

在“基础数据”/“方案设置”/“房类超额预订设置”中，设置房类的超额预订比率，界面如图 7 - 2 - 17 所示。

图 7－2－17

红色方框所示，总统套房的“超额预订比率（%）”为50，即总统套房在“锁房%”为100的情况下，还可以超额预订50%以上（如上例即超额预订4间以上）。

此后继续此房类预订，系统将给予提示信息，不允许继续此房类预订，如图7－2－18所示。

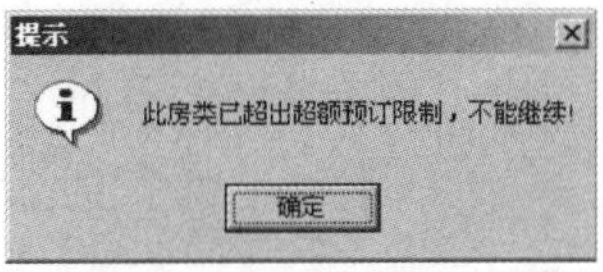

图 7－2－18

实验三　酒店散客预订业务

【实验目的】

1. 了解酒店散客预订界面的结构和酒店散客预订界面的基本功能；

2. 掌握操作进入酒店散客预订界面的程序和操作酒店散客预订界面的注意事项；

3. 熟练操作酒店散客预订界面酒店预订、取消预订、预订入住、入住取消、关联客人、修改散客信息、删除散客记录等业务。

【实验内容】

操作酒店管理系统中的前厅部的酒店散客预订界面的预订、取消预订、预订入住、入住取消、关联客人、修改散客信息、删除散客记录基本业务。

【实验步骤】

一、教师演示介绍酒店“散客预订”界面的基本内容

（一）说明酒店“散客预订”界面的结构

“散客预订”是酒店接待人员进行散客预订的主要界面，可进行一位或多位散客的预订、取消预订、预订入住、入住取消、关联客人、修改散客信息、删除散客记录、制门卡、读门卡、注销门卡等功能。

（二）介绍酒店“散客预订”的流程

散客预订的流程如图7－3－1所示。

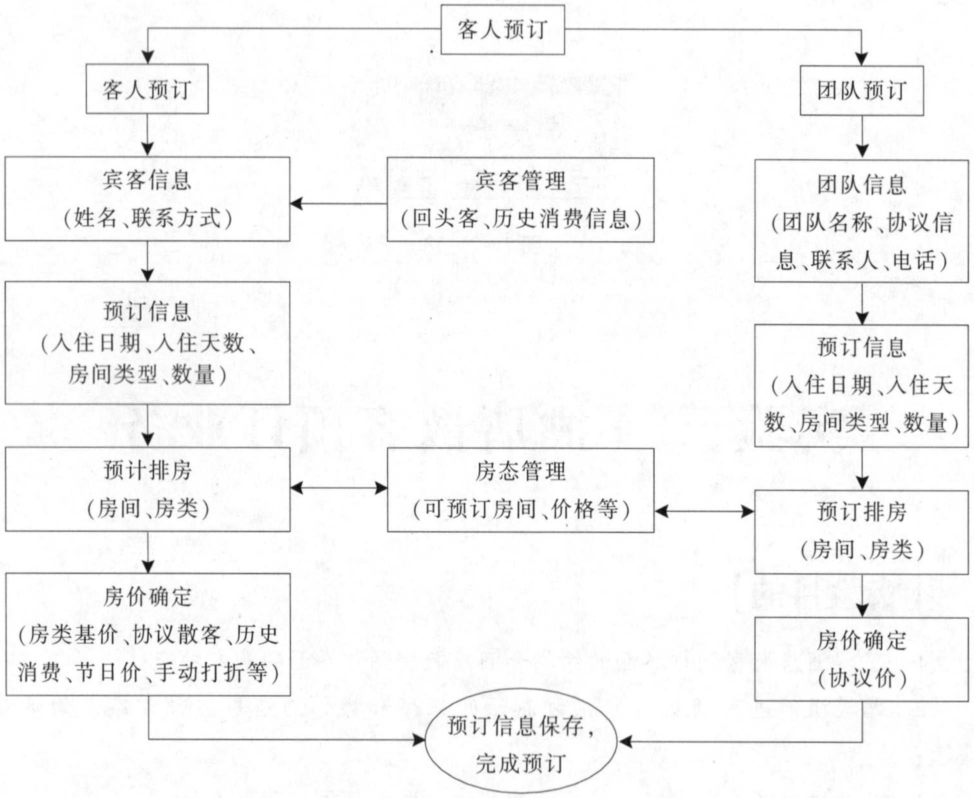

图7－3－1

（三）演示进入酒店“散客预订”界面的程序

点击“接待中心”／“散客预订”，系统出现如下界面，如图7－3－2所示。

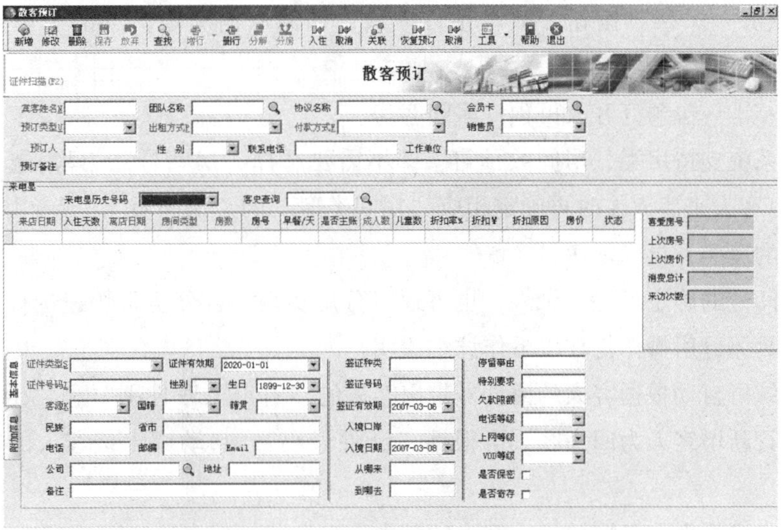

图 7-3-2

二、学生操作酒店“散客预订”界面的业务

（一）学生操作酒店散客预订界面“新增预订”的业务

1. 点击“新增”按钮，散客预订界面处于编辑界面。

2. 录入“宾客姓名”，选择“预订类型”、“出租方式”、“付款方式”等预订单信息。

3. 确定“来店日期”、“离店日期”和“房号”，如预订单预订多位客人可通过“增行”按钮，新增客人记录后，确定来/离期和房号，界面如图 7-3-3 所示。

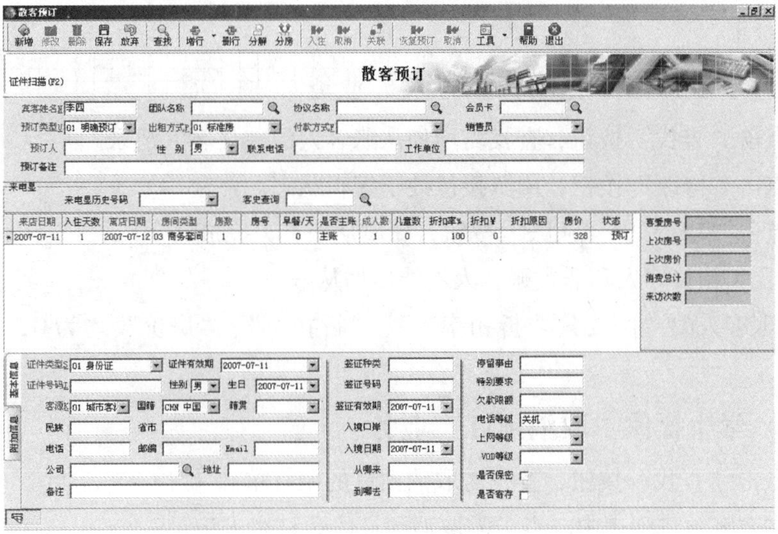

图 7-3-3

4. 点击“保存”按钮，散客预订完成，如需取消新增，点击“放弃”按钮即可。

注意：①一位预订客人可预订多间客房。

②本系统支持房类、房间数预订。即不需要选择“房间号”，只需选“房间类型”。预订客人来店入住时再确定相应“房间类型”的“房间号”，或者由用户手动更改预订的房类，再确定房号。

③房间号的确定可手动录入，也可通过分房实现，且分房可快速选择单间或多间客房，具体分房操作将在以下作详细说明。

④系统可自动根据客人的证件号带出客人的“省市”、“性别”和“生日”。

⑤预订新增客人为回头客，可根据“证件号码”，自动调出该客人的其他基本信息。

⑥用户可根据业务需要录入客人的基本信息和附加信息。

⑦用户可根据实际情况确定客人的出租方式和付款方式。

⑧从账客人的登记，需所属主账客人入住后才可登记。

⑨如散客与酒店签订了协议，可选择“协议名称”，系统自动根据协议确定散客房价，具体的协议可在“营销中心”／“协议管理”／“协议档案”中确定。

⑩散客的增减可通过“增行”和“删行”按钮实现，也可通过一次录入团队所需房数后，点击“分解”按钮，分解为数条团队成员记录，条数与房数相同。

⑪用户在散客预订时，对房价可进行打折处理，具体的折扣处理方式在以下将作详细说明。

⑫散客预订处于编辑状态时，仍可进行新增预订单操作，用户可同时编辑多张预订单。

⑬会员卡。

（二）学生操作“新增从账客人”业务

1. 点击“查找”按钮，查找需增加从账客人的在住客人记录。

2. 点击“修改”按钮，团队接待处于编辑状态。

3. 点击“增行”／“从账”按钮，新增从账客人完成。

注意：①预订客人和非主账客人不能新增从账。

②从账客人的“房数”、“折扣率%”、“折扣￥”、“房价”均为0，且不允许修改。

（三）学生操作“取消预订”业务

1. 点击“查找”按钮，查找需取消预订的预订单。

2. 在散客预订列表中，点击需取消预订的预订客人记录。

3. 点击“取消”按钮，取消预订操作完成，界面显示如图7－3－4所示。

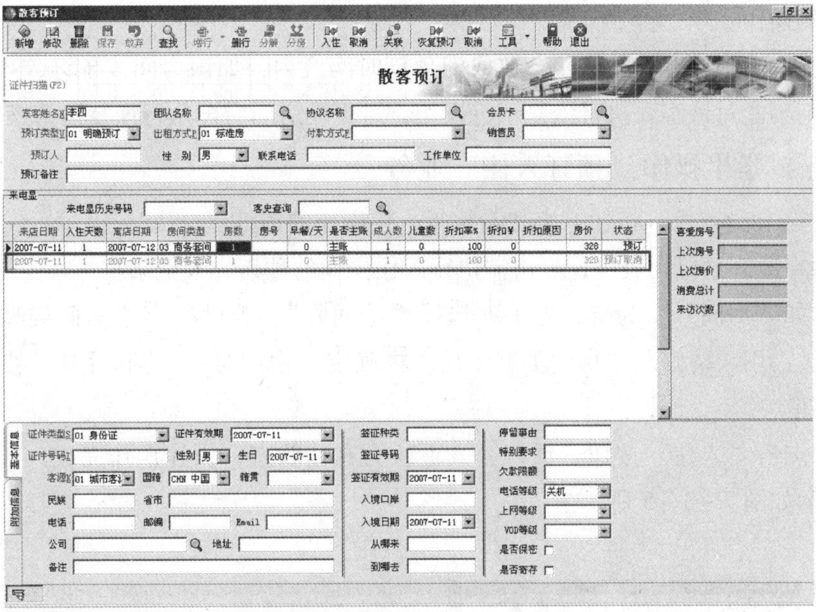

图 7－3－4

注意：①只能对预订的散客执行取消预订操作；在住客人需取消入住后才可取消预订。

②具有主从账客人的房间。

a. 主账客人取消预订、从账客人仍为预订状态，在从账的预订时间段内，该房间更改为可租状态。但是在此时间段内不能对该房间执行预订、登记入住和封房的操作。

b. 从账客人取消预订、主账客人仍为预订状态，在主账的预订时间段内，该房间仍为预订状态。

（四）学生操作“恢复预订”业务

1. 点击“查找”按钮，查找需恢复预订的预订单。

2. 在散客预订列表中，点击需恢复预订的预订取消客人记录。

3. 点击“恢复预订”按钮，预订取消客人恢复为预订状态，恢复预订操作完成。

注意：①只能对预订取消的客人执行恢复预订操作。

②具有主从账客人的房间。

a. 主账客人恢复预订、从账客人仍为预订取消状态，在主账客人的预订时间段内，该房间被置为预订状态。

b. 从账客人恢复预订、主账客人仍为预订取消状态，在从账客人的预订时间段内，该客房仍为可租状态，但是在此时间段内不能对该房间执行预订、登记入住和封房的操作。

③已取消预订客人的房间，在取消预订时间段内，如该房间被预订、入住或者封房，则不能对该客人执行恢复预订操作，需更换房间后再执行恢复预订操作。

（五）学生操作“预订入住”业务

1. 点击“查找”按钮，查找需执行入住操作的预订单。

2. 在散客预订列表中，点击需执行入住操作的预订客人记录。

3. 如“房间号”为空，先手动选择“房间号”，若已确定“房间类型”的客房均已被占用，请修改“房间类型”后，再确定“房间号”，操作完成后点击“保存”按钮。

4. 点击“入住”按钮，预订客人更改为在住状态，入住操作完成，散客预订界面显示如图 7－3－5 所示。

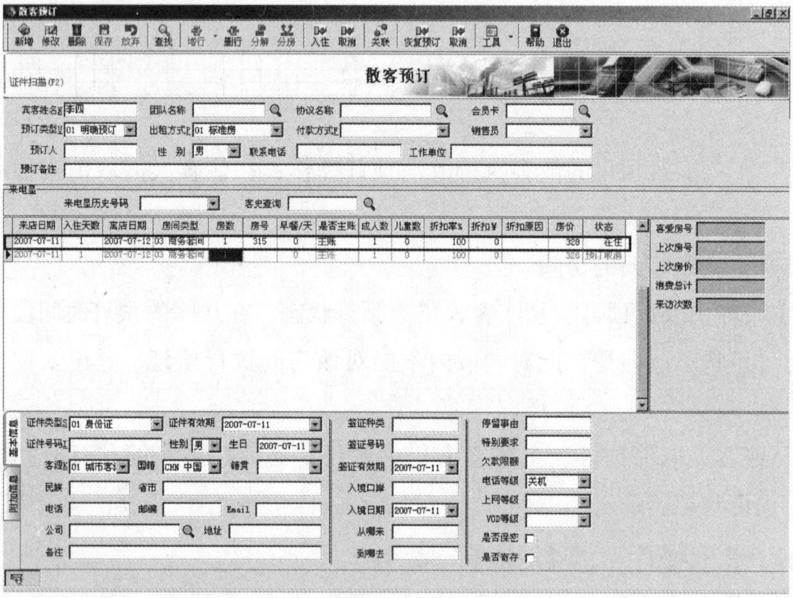

图 7－3－5

注意：①只能对状态为预订的客人执行客人入住操作。

②入住操作完成后，散客的来店日期立即更改为系统日期。如当前系统日期，该房间不可租（封房、预订或在住），则不可执行入住操作。

③对房类、房间数的预订（只选择“房间类型”，未选择“房间号”），用户需确定房间类型对应的房间号后再执行客人入住操作；或者由用户手动更改预订的房类和房号后再执行客人入住操作。

④具有主从账客人的房间，需先对主账客人执行客人入住操作后，才可对从账客人执行客人入住操作。

（六）学生操作“入住取消”业务

点击“查找”按钮，查找需取消入住的预订单。

在散客预订界面，点击需取消入住的在店散客记录。

点击“取消”按钮，在住客人状态更改为预订，入住取消操作完成。

注意：①只能对在住客人执行入住取消操作。

②已产生消费账项和付款账项的散客不能执行取消入住操作，需作结账处理。

③具有主从账客人的房间，需先对主账客人执行取消入住后，才可对从账客人执行取消入住操作。

（七）学生操作“修改预订单”业务

1. 点击“查找”按钮，查找需修改的预订单。

2. 点击“修改”按钮，修改指定预订单信息。

3. 点击“保存”按钮，保存修改信息，如需撤销修改，点击“放弃”按钮即可。

注意：①可修改预订散客、预订取消散客和在住散客的信息，建议在住散客记录的修改在“接待中心”/“散客接待”中进行。

②“删行”、“增行”按钮可新增删除单位散客；已入住的散客不能执行删行操作，需取消入住后才可执行；预订单只有一位散客时，点击“删行”按钮，关联的预订单将一并删除。

③修改散客的“来店时间”和“离店时间”。

a. 预订散客：来店时间和离店时间都可修改。系统自动判断在修改后的时间段内，该散客的房间是否已被预订、入住或者封房，如存在该情况，系统将给予提示。

b. 在住散客：来店时间不能修改，修改离店时间时，系统自动判断在修改后的时间段内，该散客的房间是否已被预订、入住或者封房，如存在该情况，系统将给予提示。

c. 预订取消的散客：来店时间和离店时间都可修改。

④具体的房价打折方案，将在以下详细介绍，从账客人不能进行房价打折处理。

⑤散客“房间号”的修改。

a. 预订状态的散客：该类型客人的房间号可以直接修改。

b. 在住状态的散客：该类型客人的房间号不可修改，如需更改可通过“换房”实现。

c. 取消预订状态的散客。

⑥出租方式的修改。

（八）学生操作“删除预订单”业务

1. 点击“查找”按钮，查找需删除的预订单记录。

2. 点击“删除”按钮，删除操作完成。

注意：①预订单预订多位散客，则不能对该预订单执行删除操作，需执行删行操作。

②已入住散客不能执行删除操作，需取消预订后才可执行。

（九）学生操作“散客转团队”业务

1. 点击“查找”按钮，查找需要转为团队的散客预订单。

2. 在散客预订列表中，点击需要转入团队的散客记录，点击“修改”按钮，选择需转入的“团队名称”。

3. 点击“保存”按钮，散客转入团队操作完成。

注意：①如需取消散客转团队，只需清空“团队名称”后点击“保存”按钮即可。

②散客转团队操作完成后，系统自动将该散客的押金算入团队总账。

③在住散客执行散客转团队操作，需在散客所选团队的公付中，点击“更新所有成员”完成转入团队的散客公付科目的更新，如预订散客执行了散客转团队操作，操作完成后再执行入住，则不需要更新所有成员。

（十）学生操作“关联客人”业务

预订单中的散客入住完成后，点击“关联客人”，系统出现关联客人界面，如图7－3－6所示。

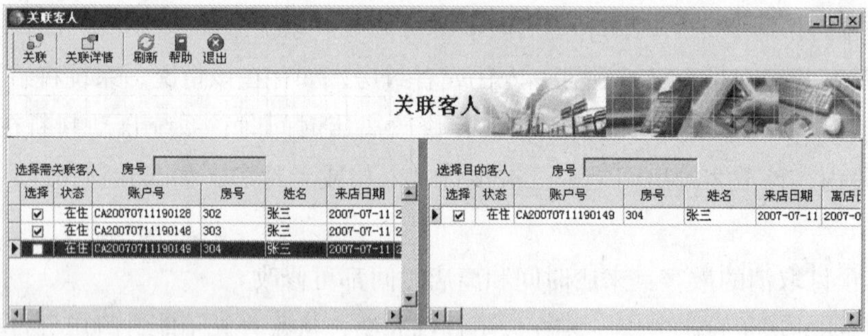

选择	状态	账户号	房号	姓名	来店日期
☑	在住	CA20070711190128	302	张三	2007-07-11
☑	在住	CA20070711190148	303	张三	2007-07-11
☐	在住	CA20070711190149	304	张三	2007-07-11

选择	状态	账户号	房号	姓名	来店日期	离店日期
☑	在住	CA20070711190149	304	张三	2007-07-11	2007-0

图7－3－6

勾选需关联客人后，勾选目的客人。

点击“关联”按钮，关联操作完成。

注意：通过此步骤出现的关联客人界面，系统自动将非该预订单在住的客人记录过滤，用户可点击“刷新”按钮，显示酒店可进行关联的所有客人记录。

（十一）学生操作“折扣处理”业务

1. 点击“查找”按钮，查找需进行打折处理的预订单。

2. 点击“修改”按钮，预订单处于编辑状态，选择需进行打折处理的散客记录，点击该散客记录“折扣率%”、“折扣￥”或“房价”旁的按钮，系统出现如下界面，如图7-3-7所示。

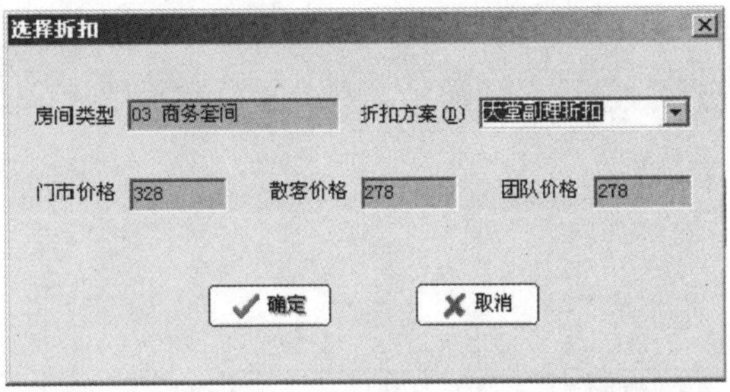

图7-3-7

选择“折扣方案”，系统自动带出该房间类型折扣方案对应的“门市价格”、“散客价格”、“团队价格”。

3. 点击“确定”按钮，如当前操作员不具有该折扣方案的权限，系统出现操作审核界面，即授权人界面，如图7-3-8所示。

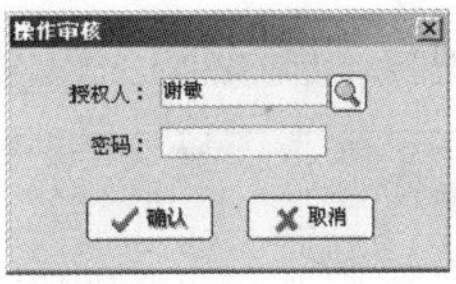

图7-3-8

4. 选择具有该折扣方案权限的“授权人”，输入该“授权人”的“密码”。

5. 点击“确定”按钮，折扣处理完成。

注意：①如当前操作员不具有折扣授权权限，也没有授权人密码，则不能进行打折处理。折扣授权可在“基础数据”/“折扣方案设置”和“员工关联折扣设置”中进行设置。

②用户也可手动更改“折扣率%”、“折扣￥”或“房价”，系统自动判断该操作员具有的优惠金额或手动最低折扣，如超出则弹出操作审核界面，进行授权人处理。操作员的优惠金额和手动最低折扣可在“客户化”/“公司”/“权限设置”/“关联设置”中进行设置。

（十二）学生操作“分房处理”业务

新增预订散客记录时，在“房数”中录入团队所需的房间数，如图7-3-9所示。

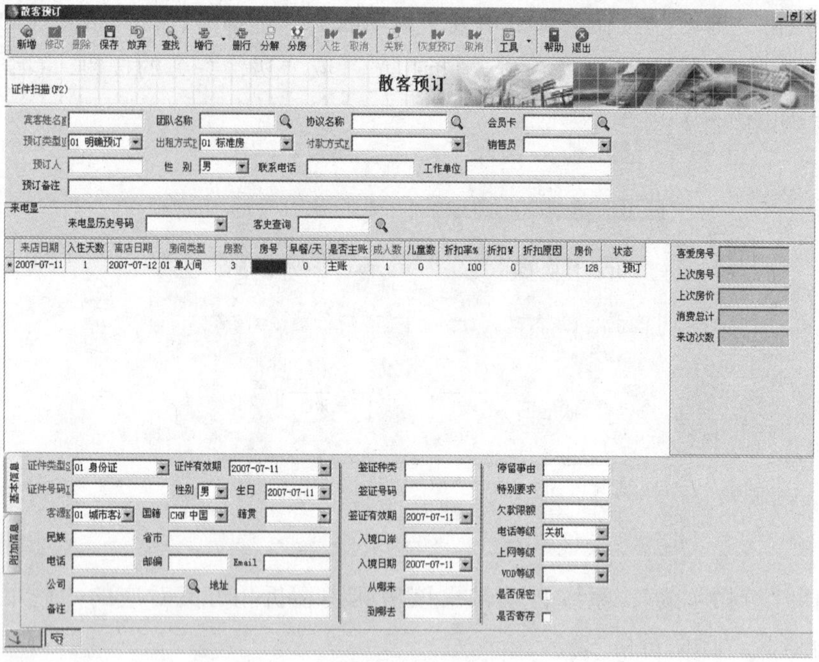

图 7-3-9

1. 点击“分房”按钮，系统出现分房主界面，如图 7-3-10 所示。

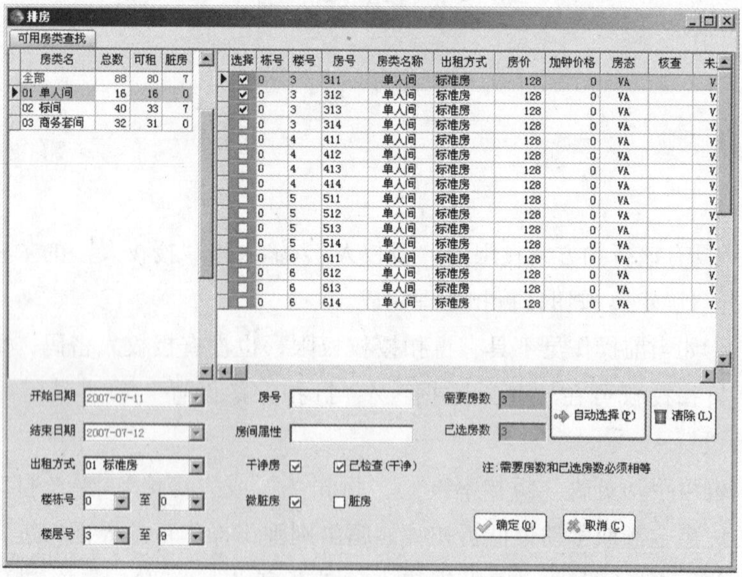

图 7-3-10

2. 点击需要的房类名称，根据需要录入查询条件，如“楼栋号”、“楼层号”、“房号”等，确定所需房间的清洁状态。

3. 在可用房查找列表中，手动选择需要的客房，或点击“自动选择”按钮，使“已选房数”等于“需要房数”后，点击“确定”按钮，分房成功后界面如图7－3－11所示。

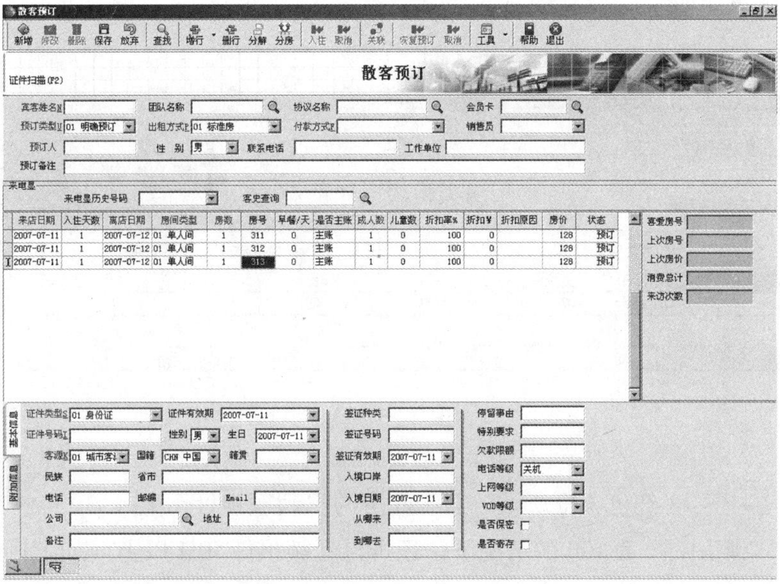

图7－3－11

注意：“需要房数”为用户确定的“房数”，用户手动选择的房间数等于“已选房数”后，分房操作才能完成。

（十三）房类超额预订

用户可只选择房间类型，不选择房间号进行房类预订，当某房类客房都被占用时，选择房间类型，房类选择界面如图7－3－12所示。

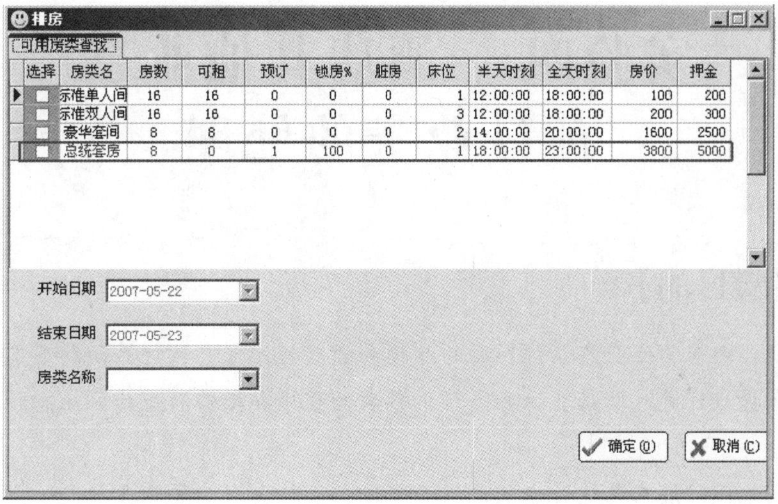

图7－3－12

红色方框标志的记录“锁房%”为100时，该房类所有房间均被占用。

在“基础数据”/“方案设置”/“房类超额预订设置”中，设置房类的超额预订比率，界面如图7－3－13所示。

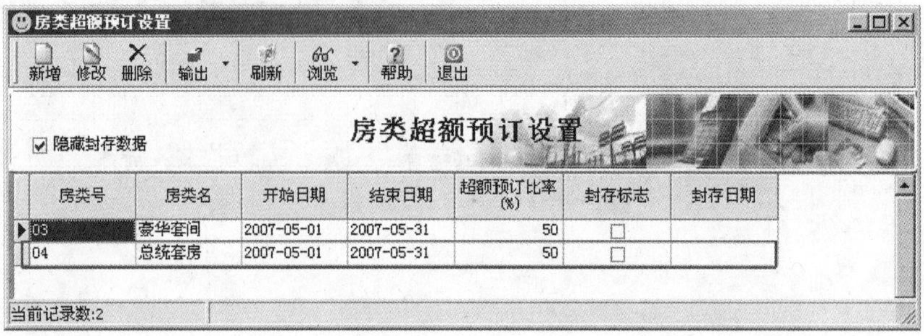

图7－3－13

如图7－3－13红色方框所示，总统套房的“超额预订比率（%）”为50，即总统套房在“锁房%”为100的情况下，还可以超额预订50%以上（如上例即超额预订4间以上）。

此后继续此房类预订，系统将给予提示信息，不允许继续此房类预订，如图7－3－14所示。

图7－3－14

实验四　酒店其他业态预订业务的处理

【实验目的】

1. 了解酒店其他业态预订界面的结构和酒店其他业态预订界面的基本功能；

2. 掌握操作进入酒店其他业态预订界面的程序和操作酒店其他业态预订界面的注意事项；

3. 熟练操作酒店其他业态预订界面新增、修改、取消等业务。

【实验内容】

操作酒店管理系统中的前厅部的酒店其他业态预订界面的新增、修改、取消等基本业务。

【实验步骤】

一、教师演示介绍酒店“其他业态预订”界面的基本内容

（一）说明酒店“其他业态预订”界面的结构

其他业态预订是酒店接待人员对其他业务（如餐饮）进行预订的主界面，用户可根据业务需要新增、修改、取消。其他业态的预订的建立，主要是为了酒店在关联其他业态时，可方便在本系统对其他业态进行相关的处理（预订）。

（二）演示进入酒店“其他业态预订”界面的程序

点击“接待中心”/“其他业态预订”，系统出现如下界面，如图 7－4－1 所示。

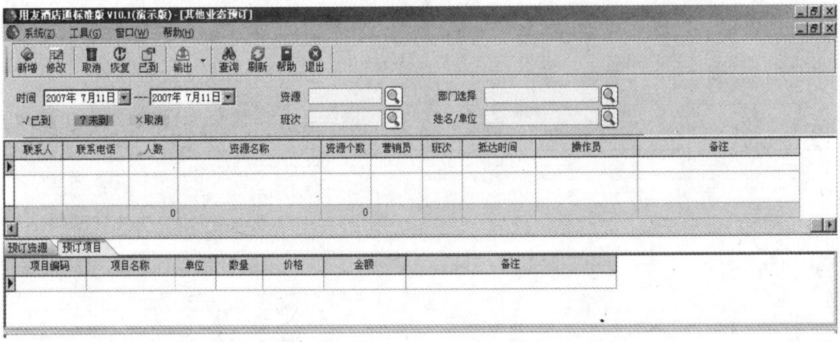

图 7－4－1

二、学生操作酒店“其他业态预订”界面的业务

（一）学生操作酒店其他业态预订界面“新增预订单”的业务

1. 点击“新增”按钮，系统出现预订单的新增界面。在各编辑处录入相关信息，新增界面显示如图 7－4－2 所示。

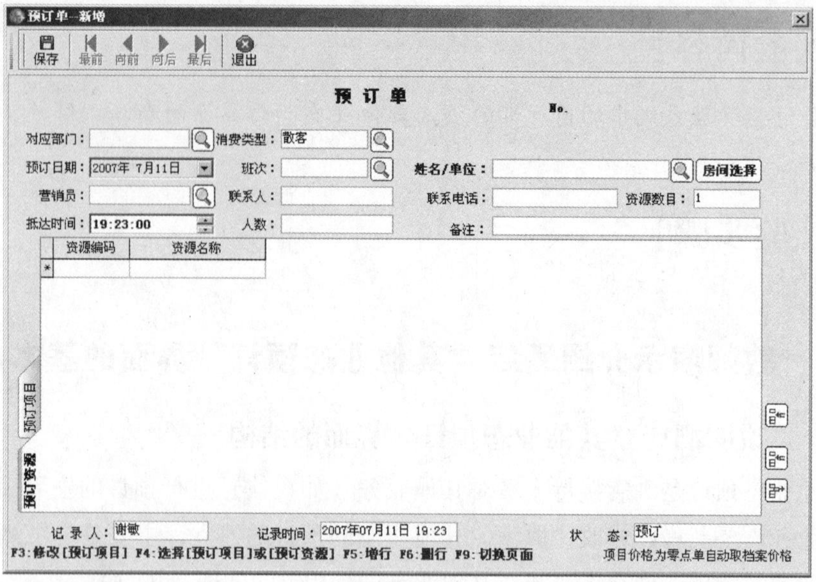

图 7－4－2

2. 点击“保存”按钮，新增预订单完成，预订界面如图 7－4－3 所示。

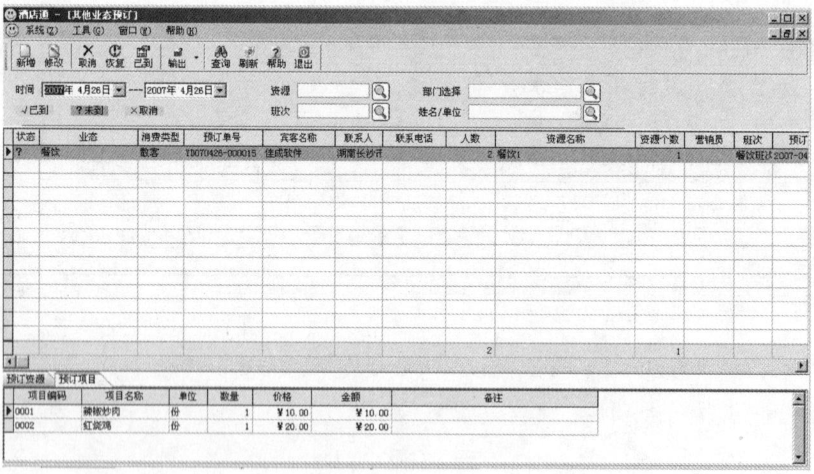

图 7－4－3

（二）学生操作“修改预订单”业务

在预订列表中，点击需要修改的预订单记录。

1. 点击“修改”按钮，修改指定记录。

2. 点击“保存”按钮，预订单修改完成。

（三）学生操作“取消预订单”业务

1. 在预订单列表中，点击需要删除的预订单记录。

2. 点击“删除”按钮，执行记录删除完成。

注意：预订单的取消、恢复、设置等功能操作完成后，对应的记录颜色将作相应更改，由于操作与上类似，在此不一一叙述。

实验五　酒店接待业务的处理

【实验目的】

1. 了解酒店接待处理界面的结构和酒店接待处理界面的基本功能；

2. 掌握操作进入酒店接待处理界面的程序和操作酒店接待处理界面的注意事项；

3. 熟练操作酒店接待处理界面酒店换房业务。

【实验内容】

操作酒店管理系统中的前厅部的酒店接待处理界面的换房业务。

【实验步骤】

一、教师演示介绍酒店“接待处理”界面的基本内容

（一）说明酒店“接待处理”界面的结构

“换房”是酒店接待人员执行换房操作的主界面，可方便用户快速实现换房。

（二）演示进入酒店“接待处理”界面的程序

点击“接待中心”/“接待处理”/“换房”，界面如图7－5－1所示。

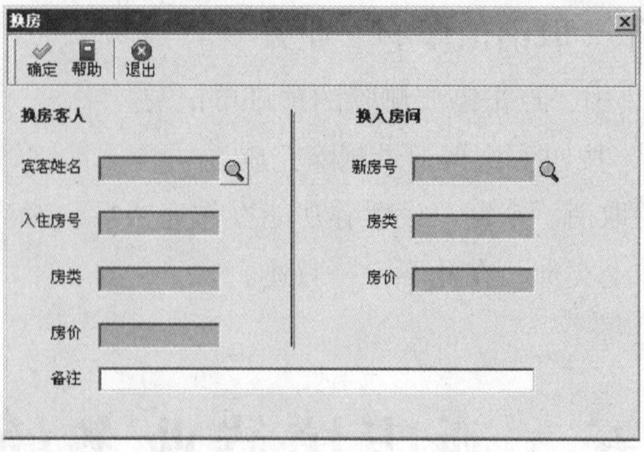

图 7 – 5 – 1

二、学生操作酒店接待处理界面的“换房”业务

1. 点击“宾客姓名”旁的浏览按钮，选择换房客人。

2. 点击“新房号”旁的浏览按钮，选择换入房间，根据需要录入“备注”，界面如图 7 – 5 – 2 所示。

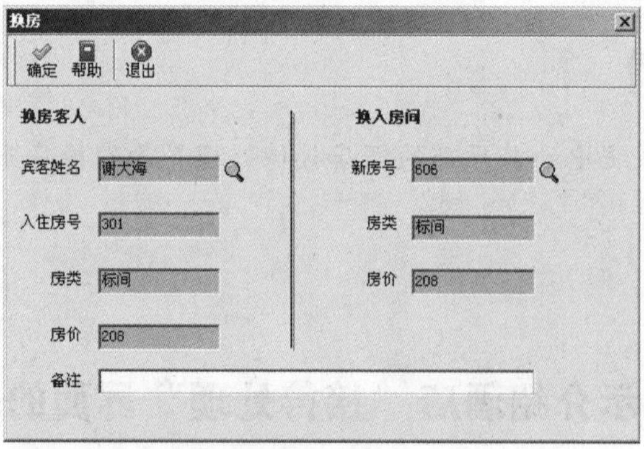

图 7 – 5 – 2

3. 点击“确定”按钮，换房操作完成。

实验六 酒店关联客人业务的处理

【实验目的】

1. 了解酒店关联客人界面的结构和酒店关联客人界面的基本功能；

2. 掌握操作进入酒店关联客人界面的程序和操作酒店关联客人界面的注意事项；

3. 熟练操作酒店关联客人界面新增关联、修改关联、删除关联等业务。

【实验内容】

操作酒店管理系统中的前厅部的酒店关联客人界面的新增关联、修改关联、删除关联基本业务。

【实验步骤】

一、教师演示介绍酒店“关联客人”界面的基本内容

（一）说明酒店“关联客人”界面的结构

关联客人是进行客人账项关联的主要界面，方便用户进行不同客人账项的关联、取消关联等功能。

（二）演示进入酒店“关联客人”界面的程序

点击“接待中心”/“接待处理”/“关联客人”，界面如图7-6-1所示。

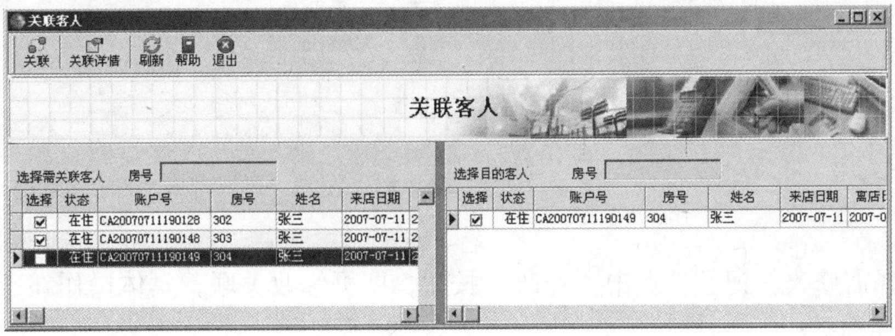

图7-6-1

二、学生操作酒店“关联客人”界面的业务

（一）学生操作酒店关联客人界面“新增关联”的业务

在需关联客人列表中勾选一位或多位需关联的在住客人记录。在目的客人列表中勾选需关联的目的客人记录，界面如图 7－6－2 所示。

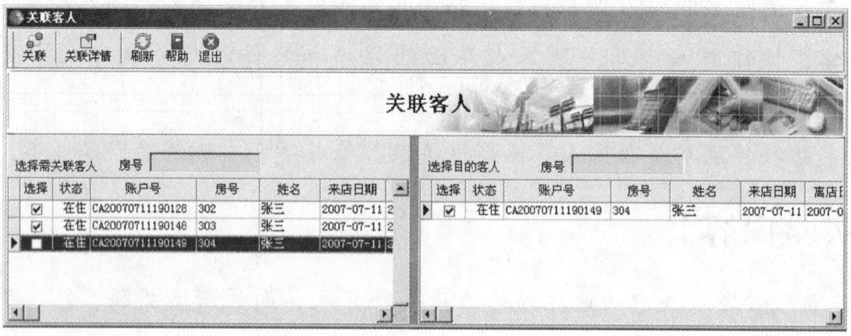

图 7－6－2

点击“关联”按钮，客人关联操作完成。

注意：已作关联的源客人和目的客人均可与其他客人再作关联，但本系统不允许循环关联（即 A 关联 B，B 关联 A）。

（二）学生操作修改“关联”业务

点击“关联详情”，系统出现路由费用界面如图 7－6－3 所示。

图 7－6－3

选择需修改的记录，点击“修改”按钮，即可修改关联，具体操作在“路由费用”中详细介绍。

（三）学生操作“删除关联”业务

点击“关联详情”按钮，系统出现路由费用界面。

选择需删除的路由费用记录（即关联记录），点击“删除”按钮即可。

注意：①需关联客人有几位，就存在几条路由费用，如需删除关联，需选择删除对应的路由费用，如图7－6－3所示，本例产生两条路由费用，如需删除关联，需将此两条记录一并删除。

②已作关联的客人结账或转城市账后，与其他客人的关联自动取消；恢复入住后在“开始日期”、“结束日期”时间段内关联仍然存在。

③系统日期不在“开始日期”、“结束日期”时间段内，关联即取消。

实验七　酒店留言业务的处理

【实验目的】

1. 了解酒店留言界面的结构和酒店留言界面的基本功能；
2. 掌握操作进入酒店留言界面的程序和操作酒店留言界面的注意事项；
3. 熟练操作酒店留言界面新增留言、修改留言、删除留言、处理留言业务。

【实验内容】

操作酒店管理系统中的前厅部的酒店留言界面的新增留言、修改留言、删除留言、处理留言等基本业务。

【实验步骤】

一、教师演示介绍酒店“留言”界面的基本内容

（一）说明酒店“留言”界面的结构

留言是酒店接待人员进行客人留言操作的主要界面，可实现新增留言、修改留言、删除留言、处理留言等功能。

（二）演示进入酒店“留言”界面的程序

点击“接待中心”／“接待处理”／“留言”，界面如图7－7－1所示。

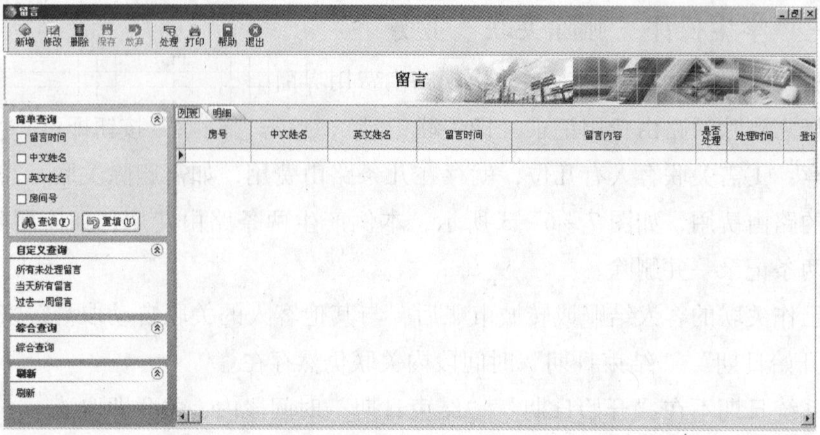

图 7-7-1

二、学生操作酒店“留言”界面的业务

(一) 学生操作酒店留言界面“新增留言”的业务

1. 点击“新增”按钮，界面显示为新增编辑状态。

2. 选择需留言的客人记录，录入“留言”，界面如图 7-7-2 所示。

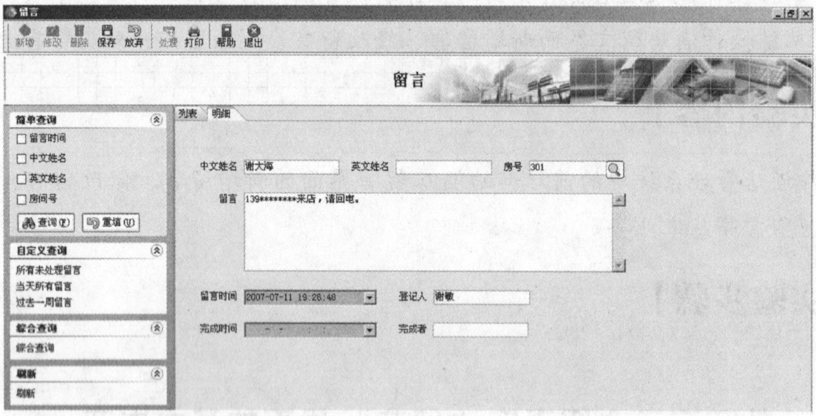

图 7-7-2

3. 点击“保存”按钮，系统将新增留言保存，如需撤销新增，点击“放弃”按钮。

(二) 学生操作“修改留言”业务

在客人留言明细列表中，选择需修改的客人留言记录。

1. 点击“修改”按钮，修改指定记录的内容。

2. 点击“保存”按钮，系统将修改内容保存，如需撤销修改，点击“放弃”按钮即可。

（三）学生操作“删除留言”

1. 在客人留言明细列表中，选择需删除的客人留言记录。

2. 点击“删除”按钮，系统将指定的留言记录删除。

注意：处理和未处理的留言均可作删除处理。

（四）学生操作“处理留言”业务

1. 在客人留言列表中，选择需处理的客人留言记录。

2. 确定处理后，点击“处理”按钮，系统将指定记录置为处理状态。

注意：①已处理的留言用红色字进行标志。

②已处理留言不能再执行处理操作。

③处理操作完成后，系统自动根据用户的操作确定完成时间和完成者。

实验八　酒店固定费用业务的处理

【实验目的】

1. 了解酒店固定费用界面的结构和酒店固定费用界面的基本功能；

2. 掌握操作进入酒店固定费用界面的程序和操作酒店固定费用界面的注意事项；

3. 熟练操作酒店固定费用界面新增固定费用和修改固定费用以及删除固定费用等业务。

【实验内容】

操作酒店管理系统中的前厅部的酒店固定费用界面的新增固定费用和修改固定费用以及删除固定费用等业务。

【实验步骤】

一、教师演示介绍酒店“固定费用”界面的基本内容

（一）说明酒店“固定费用”界面的结构

固定费用用户在其在住时间段内，每天均有一笔金额相等的消费，针对此类客

户，为了防止收银人员的失误，少录费用，本系统提供了固定费用的功能，设置完成后，可由系统在夜审时自动产生该类费用。

注意：系统自动产生的费用（如日房费、夜房费），无需设置。

（二）演示进入酒店“固定费用”界面的程序

点击“接待中心”/“接待处理”/“固定费用”，系统出现如下界面，如图7－8－1所示。

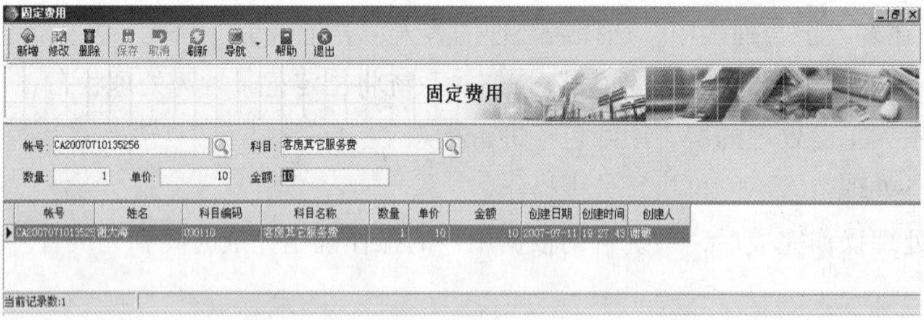

图7－8－1

二、学生操作酒店“固定费用”界面的业务

（一）学生操作酒店固定费用界面“新增固定费用”的业务

点击“新增”按钮，界面处于编辑状态。

确定“账号”、“科目”，录入“数量”、“单价”和“金额”，界面显示如图7－8－2所示。

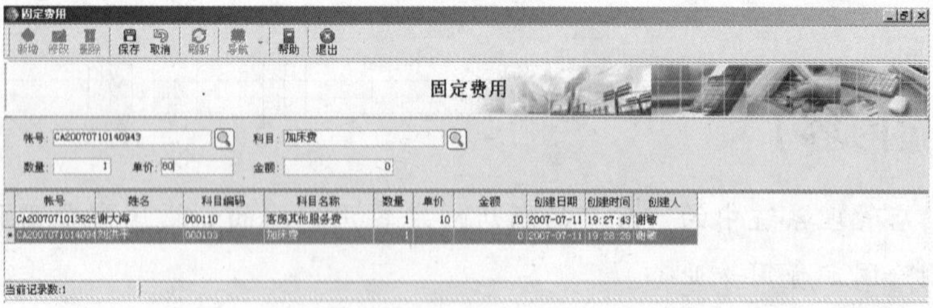

图7－8－2

点击“保存”按钮，系统将新增的固定费用保存，如需撤销新增，点击“取消”按钮即可。

注意：①“数量”、“单价”同时为空或为0时，“金额”可任意设置；“数量”>0或“单价”>0，“金额”=“数量”×“单价”。

②同一账号不能同时录入多条科目相同的记录。

（二）学生操作“修改固定费用”业务

1．通过“导航”按钮，定位需修改的固定费用记录。

2．点击“修改”按钮，修改指定记录。

3．点击“保存”按钮，系统将修改内容保存，如需撤销修改，点击“取消”按钮即可。

（三）学生操作“删除固定费用”业务

通过“导航”按钮，定位需删除的固定费用记录。

点击“删除”按钮，系统将指定记录删除。

第八章

收银中心

实验一　酒店押金业务

【实验目的】

1. 了解酒店押金界面的结构和酒店押金界面的基本功能；

2. 掌握操作进入酒店押金界面的程序和操作酒店押金界面的注意事项；

3. 熟练操作酒店押金界面现金缴纳押金、修改押金记录、删除押金记录、打印押金条、不同付款方式付押金等业务。

【实验内容】

操作酒店管理系统中的前厅部的酒店押金界面的现金缴纳押金、修改押金记录、删除押金记录、打印押金条、不同付款方式付押金等业务。

【实验步骤】

一、教师演示介绍酒店“押金”界面的基本内容

（一）说明酒店“押金”界面的功能

“押金”是酒店收银员对预订客人、接待登记的所有客人、需续住的客人、欠缴押金的客人进行押金收取、录入的主界面。可进行押金录入、打印押金条的功能。

（二）说明酒店“押金”界面的注意事项

1. 本系统支持不同的付款方式进行押金缴纳。

2. 本系统支持预订客人的订金缴纳功能，操作方法与在住客人的缴纳押金方法相同。

（三）演示酒店“押金”界面的进入程序

1. 点击“收银中心”／“押金”，系统出现顾客账单的查询界面，如图 8－1－1 所示。

图 8－1－1

2. 勾选需缴纳押金的客人记录后，点击“确定”按钮，系统出现如下界面如图 8－1－2 所示。

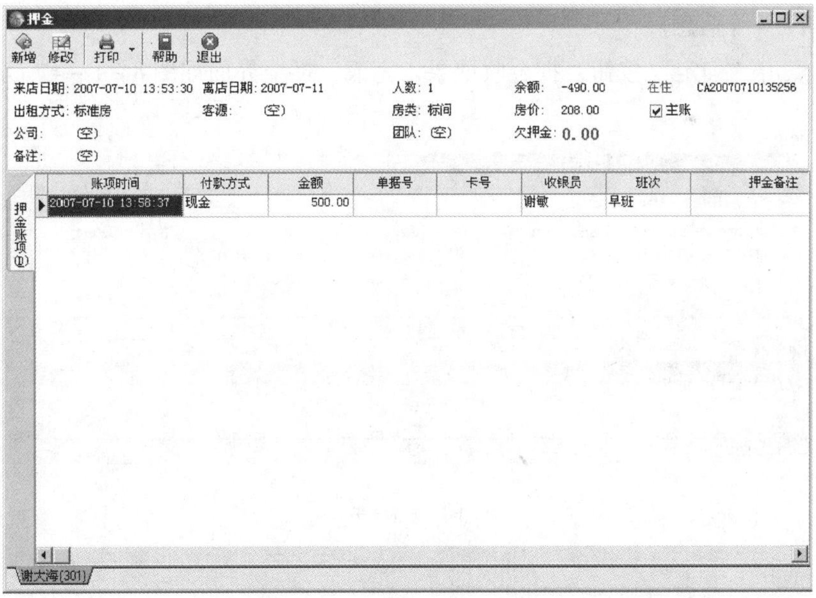

图 8－1－2

注意：①在顾客查询界面下方的查询条件录入框，录入需缴纳押金的客人信息后，按“Enter”键，可在客人列表中显示查询的客人信息；

②押金的计算方法，根据“客户化”／“参数平台”／“公共参数”中“计算

押金算法”确定。团队总账押金等于所有团队成员押金之和。

二、学生操作酒店“押金”界面的业务

（一）学生操作酒店押金界面“现金缴纳押金”业务

1. 点击“新增”按钮，系统出现押金金额录入界面，如图 8－1－3 所示。

图 8－1－3

2. 点击“付款方式”旁的参照按钮，选择现金的付款方式，录入“单据号”、“押金备注”等信息。

3. 点击“确定”按钮，押金收取录入完成，押金界面如图 8－1－4 所示。

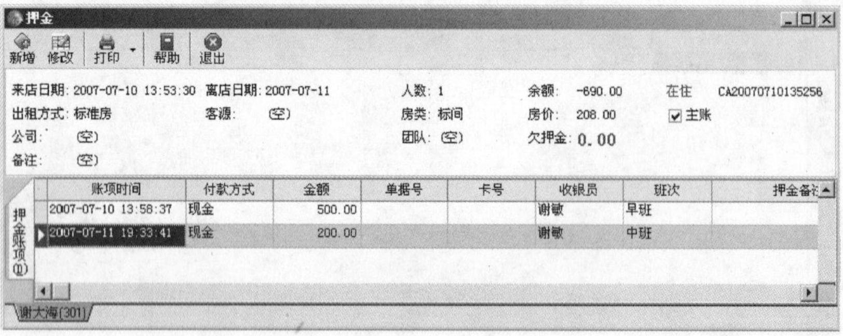

图 8－1－4

注意：“冲减原因”在“金额”值为正时，无需录入。

（二）学生操作“修改押金记录”业务

在押金账项界面，点击需修改的账项记录。

1. 点击“修改”按钮，系统出现如下界面如图 8－1－5 所示。

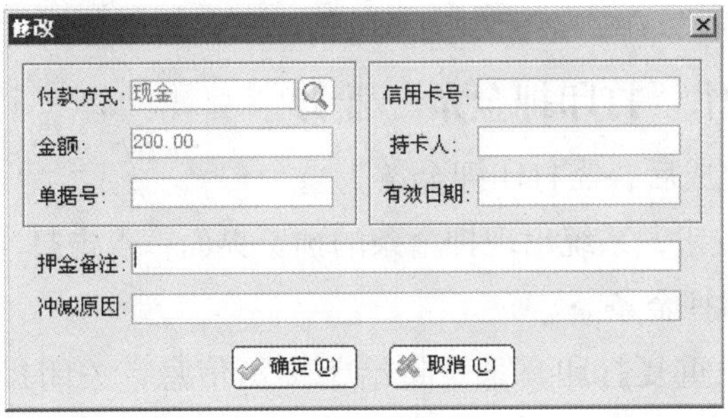

图 8－1－5

2. 修改指定账项记录信息，点击“确定”按钮，系统将修改内容保存。

注意：①“付款方式”、“金额”均不能修改，如需修改金额，可新增负的押金记录予以抵消。

②非负金额的“冲减原因”，不能修改。

（三）学生操作“删除押金记录”业务

押金记录不能执行删除操作，可通过录入负金额进行抵消的方式，达到删除押金记录的目的，押金录入界面如图 8－1－6 所示。

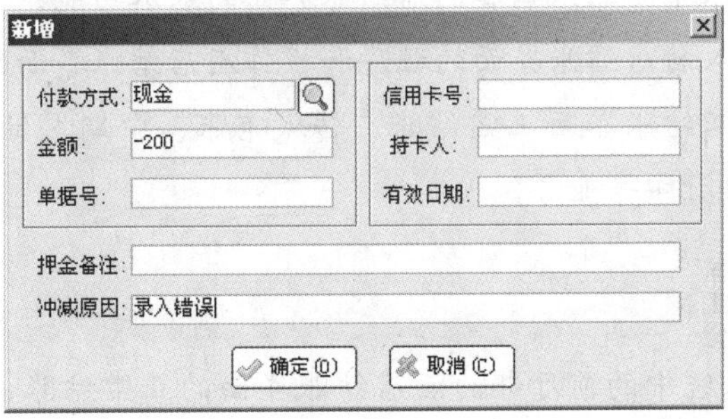

图 8－1－6

操作完成后，押金界面如图 8－1－7 所示。

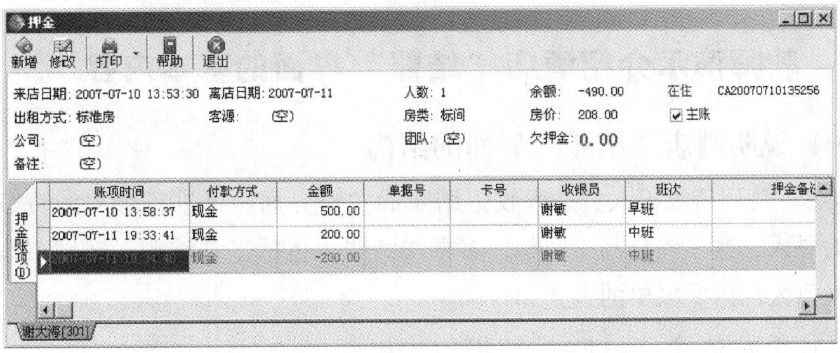

图 8－1－7

注意：“冲减原因”在“金额”为负的情况下，为必录项。

（四）学生操作“打印押金条”业务

押金缴纳操作完成后，需打印押金条。

点击“打印”按钮，系统出现押金条的预览界面，点击打印图表即可。

注意：①已打印押金条。

②已打印押金条重复打印，系统将给予提示信息，关闭提示信息可进行打印操作。

（五）学生操作“不同付款方式付押金”业务

实验二　酒店结账业务

【实验目的】

1. 了解酒店结账界面的结构和酒店结账界面的基本功能；
2. 掌握操作进入酒店结账界面的程序和操作酒店结账界面的注意事项；
3. 熟练操作酒店结账界面正常结账、转城市账、中期支付、恢复入住、挂账、其他结账方式、账单打印等业务。

【实验内容】

操作酒店管理系统中的前厅部的酒店结账界面的正常结账、转城市账、中期支付、恢复入住、挂账、其他结账方式、账单打印基本业务。

【实验步骤】

一、教师演示介绍酒店“结账”界面的基本内容

（一）说明酒店“结账”界面的结构

“结账”是酒店收银人员进行收银结账的主要界面。可进行客人消费账项、付款账项的录入，账项的分割、调整，多方式结账，包括正常结账、转城市账、中期支付，恢复入住以及账单的设置和打印。

（二）介绍酒店“结账”的操作流程

结账流程如图 8－2－1 所示。

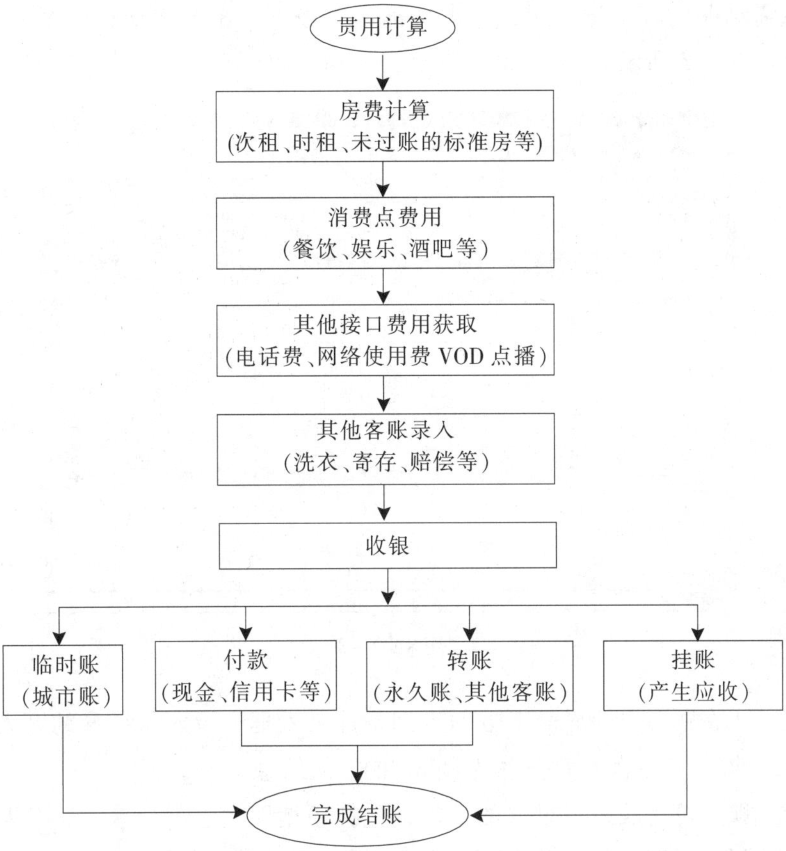

图 8-2-1

注意：本系统支持不同的付款方式进行结账操作。

（三）演示进入酒店“结账”界面的程序

点击“收银中心”/“结账”，系统出现顾客查询界面，如图 8-2-2 所示。

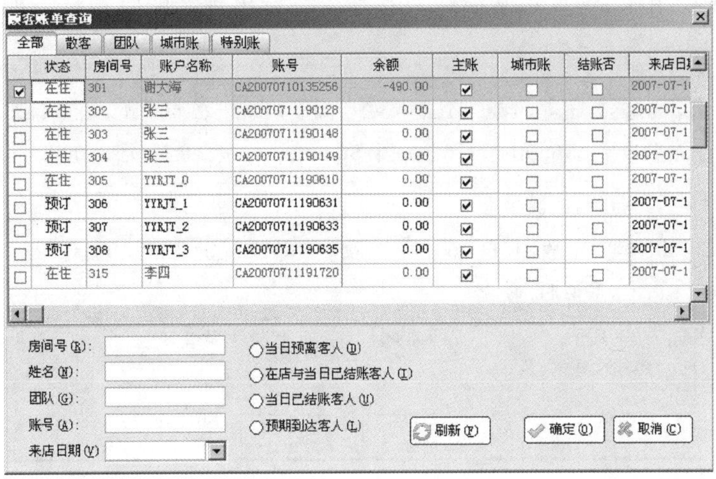

图 8-2-2

勾选需结账的客账记录后，点击“确定”按钮，系统出现选中客人的结账界面，如图 8－2－3 所示。

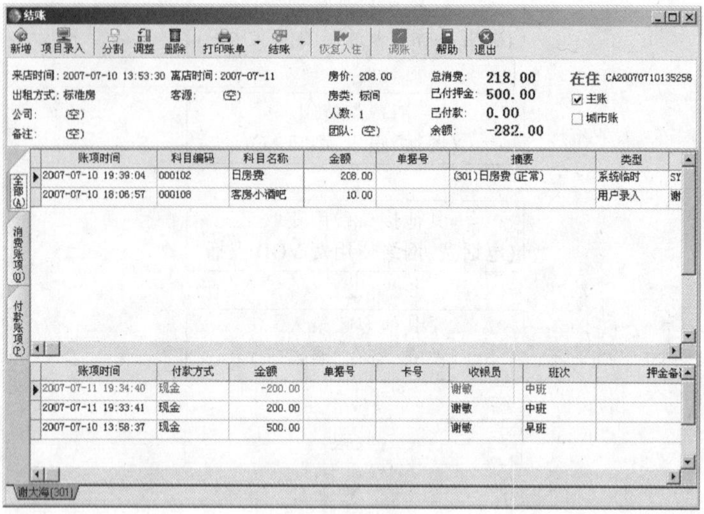

图 8－2－3

注意：①在顾客查询界面下方的查询条件录入框，录入需结账的客人信息后，按“Enter”键，可在客人列表中显示查询的客人信息。

②在结账中可完成消费录入的功能，包括新增账项、项目录入、分割、调整，在此将不作详细说明，用户可参见“消费录入”的说明进行操作。

二、学生操作酒店“结账”界面的业务

（一）学生操作酒店结账界面“正常结账”业务

1. 点击“结账”/“正常结账”按钮，系统出现结账收银框，如图 8－2－4 所示。

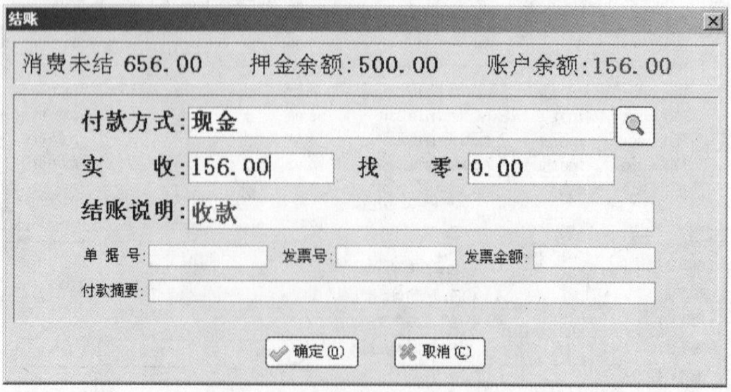

图 8－2－4

2. 录入“实收”金额，系统自动确定“找零”金额，结账收银框如图 8-2-5 所示。

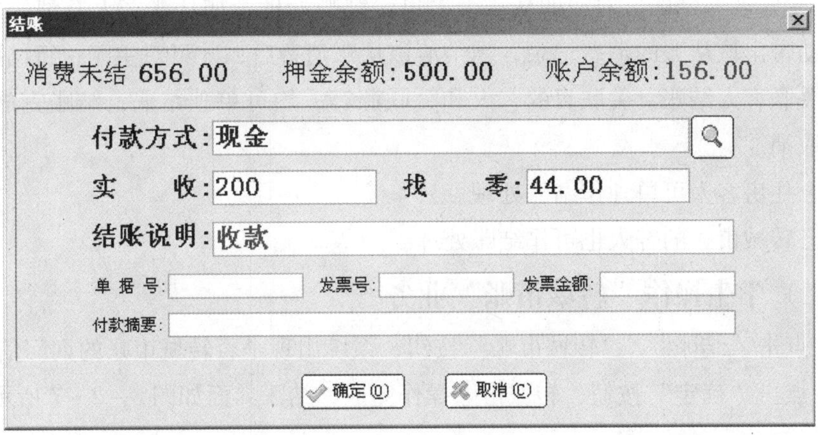

图 8-2-5

3. 点击“确定”按钮，结账操作完成，结账界面如图 8-2-6 所示。

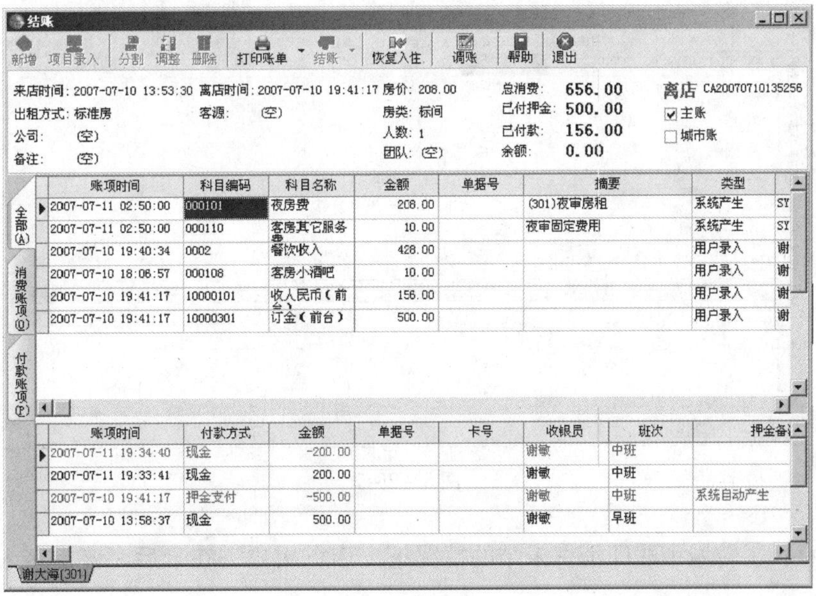

图 8-2-6

注意：①离店客人在夜审前可执行恢复入住操作。

②团队结账。

a. 团队成员可单独结账。

b. 团队总账结账，相应的团队成员也作结账处理，如团队成员有未结清的消费，系统自动带出该成员消费，需结清该成员消费后，才可对团队总账执行结账操作。

③主从账客人结账。

a. 从账客人可单独结账。

b. 主账客人结账，对应的从账客人也做结账处理，如从账客人有消费未结清，系统自动带出该从账的消费记录，需结清该从账消费后，才可对主账执行结账操作。

④关联客人结账。关联目的客人和关联源客人均可单独结账，结账完成后，关联自动取消。

⑤合住房客人可单独作结账处理。

⑥已转城市账的客人也可作结账处理。

（二）学生操作“转城市账”业务

1. 点击“结账”/“转城市账”按钮，系统出现是否转城市账的询问信息。

2. 点击“确定”按钮，转城市账操作完成，结账界面如图 8－2－7 所示。

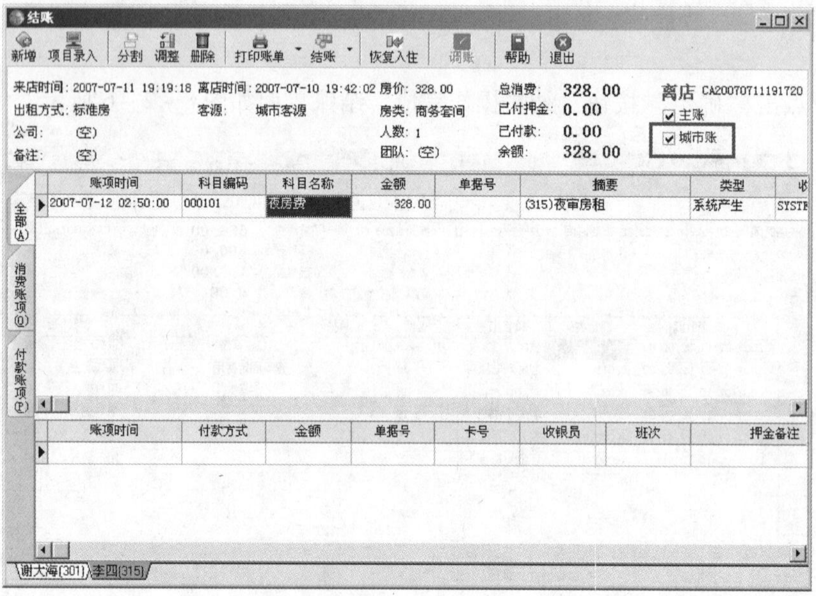

图 8－2－7

注意：①转城市账即消费未结的情况下离店，用户需在日后对该类客人作结账处理。

②转城市账操作完成后，在该客人结账账单上城市账复选框被勾选，如上图红色方框所示。

③转城市账客人为离店客人，在夜审前可执行恢复入住操作。

④团队客人。

a. 团队成员可单独转城市账。

b. 团队总账转城市账，其对应的团队成员自动作结账处理；如有团队成员有消费未结清，需结清该成员消费后，再对团队总账执行转城市账处理。

c．如需将整个团队作城市账处理，可先对成员执行转城市账处理后，再对团队总账执行转城市账处理。

⑤主从账客人。

a．从账客人可单独转城市账。

b．主账客人转城市账，其对应的从账客人执行结账处理；若从账有未结清的消费，需结清后，再对主账执行转城市账处理。

⑥关联客人。关联目的客人和关联源客人均可单独转城市账，操作完成后，关联自动取消。

⑦合住房客人均可进行转城市账处理。

（三）学生操作“中期支付”业务

1．点击“结账”/“中期支付”，系统出现中期可支付的消费项目选择界面，如图8－2－8所示。

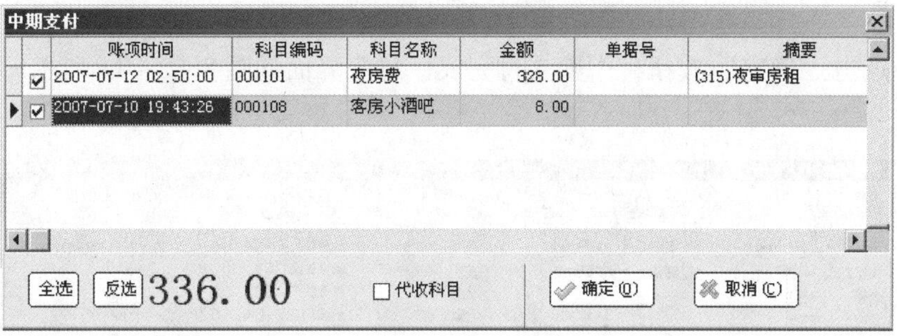

图8－2－8

2．勾选需中期支付的消费账项后，点击“确定”按钮，系统出现金额支付界面，如图8－2－9所示。

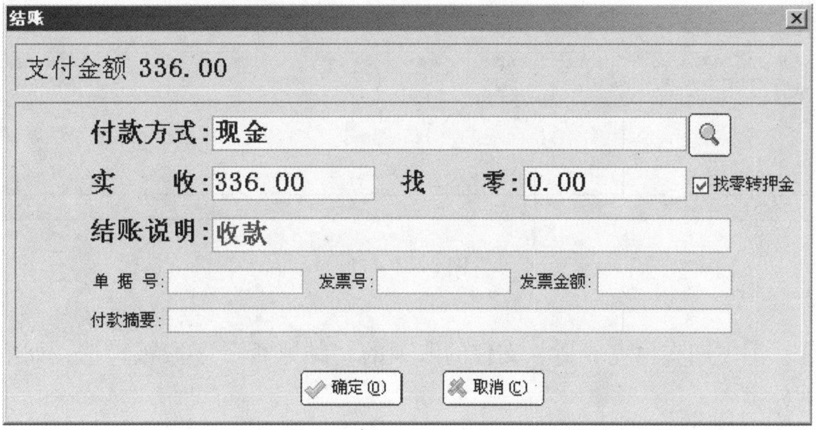

图8－2－9

3. 录入“实收”、“单据号”、“发票号”等内容，界面，如图 8－2－10 所示。

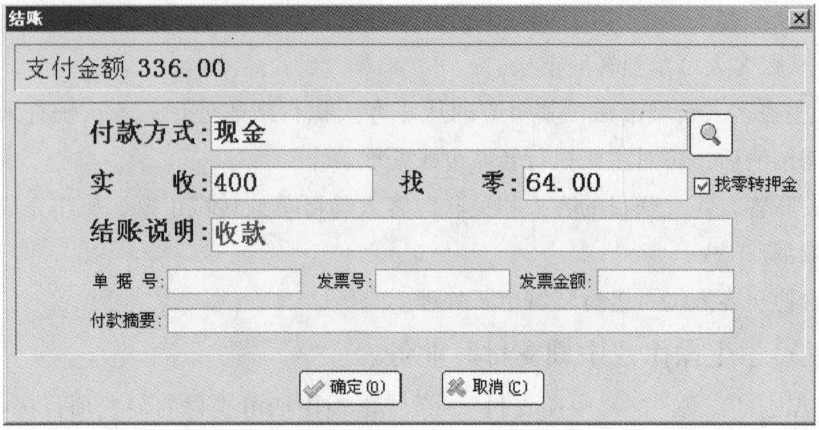

图 8－2－10

4. 点击“确定”按钮，中期支付完成，结账界面如图 8－2－11 所示。

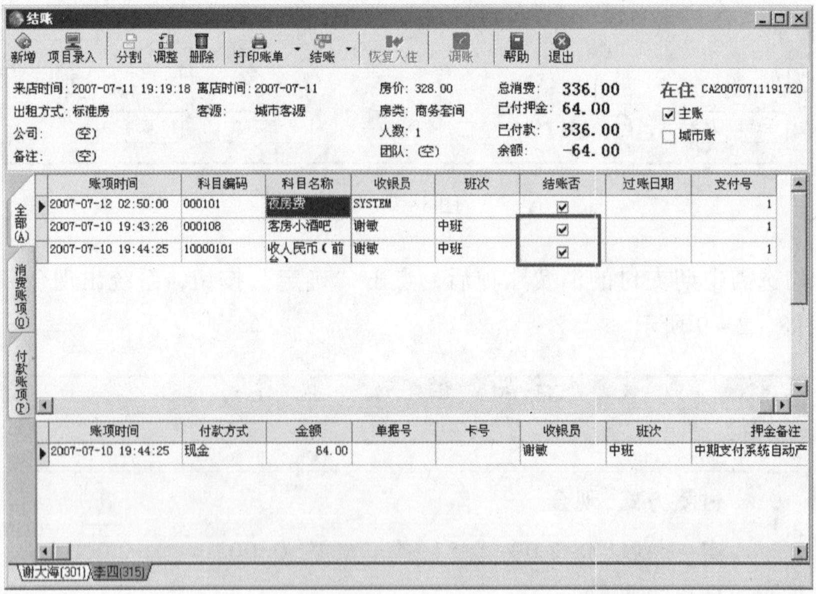

图 8－2－11

注意：①中期支付完成后，支付的账项的“结账否”字段被勾选，如上图红色方框标志处。

②结账时如果“找零”不为“0”，且勾选“找零转押金”的复选框，则找零金额将转作押金。

③中期支付可选消费选择界面的左下角，合计了用户所选消费的总金额。

（四）学生操作“恢复入住”业务

1. 选择当日已结账或当日转城市账的客人。

2. 点击“结账”/“恢复入住”按钮，恢复入住操作完成，离店客人状态更改为在住。

注意：①正常结账或转城市账且已过夜审的客人不能恢复入住。

②客人具有临时记录（如日房费），客人结账离店后，临时记录转为正常记录，恢复入住操作后，已转为正常记录的临时记录，不能恢复为临时记录。

③恢复入住的客人在其账项保留不变的情况下，视为正常入住，即其已结账账项不作任何更改，并在此基础上，根据房费的产生规则，产生日房费。

④恢复入住操作完成后，来店日期更改为当前系统日期，离店日期自动往后推一天。

⑤主从账客人。

a. 已转城市账的主从账客人：从账可单独恢复入住，房态图没有相应更新，但在从账在店的时间段内，不能对该房执行预订、入住或封房操作，不建议从账客人单独恢复入住；主账客人可单独恢复入住，从账客人可仍为城市账。

b. 已结账的主从账客人：从账可单独恢复入住，房态图没有相应更新，但在从账客人在店的时间段内，不能对从账客人所选客房执行预订、入住或封房操作，不建议单独恢复从账客人入住；主账客人恢复入住，其已结账的从账客人也恢复入住，如从账客人已转城市账，则从账客人不可恢复入住。

⑥团队客人。

a. 已转城市账的团队客人：团队成员可单独恢复入住，团队总账仍为转城市账状态，不建议执行该类操作；团队总账可单独恢复入住，团队成员仍为城市账。

b. 已结账的团队客人：团队成员可单独恢复入住，团队总账仍为离店状态，不建议执行该类操作；团队总账恢复入住，已结账离店的团队成员也自动作恢复入住处理，如团队成员转城市账，则成员不可恢复入住。

⑦关联客人。恢复入住后，与其他客人的关联记录也相应恢复。

（五）学生操作“挂账”业务

1. 点击“结账”/“正常结账”按钮，系统出现如下界面，如图 8-2-12 所示。

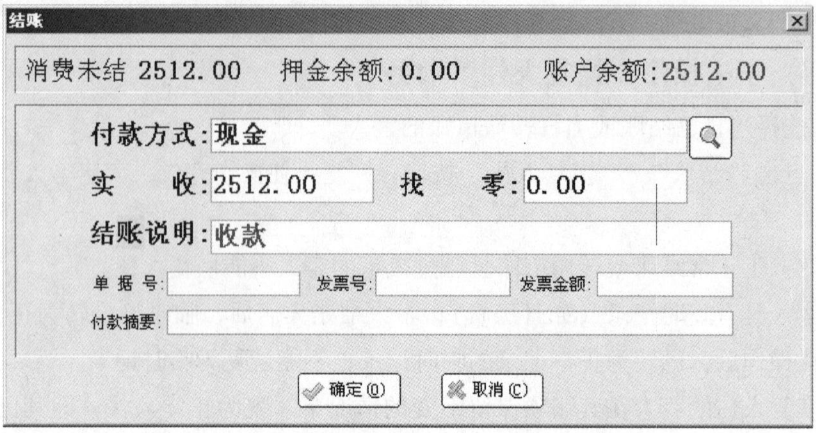

图 8－2－12

2. 点击“付款方式”旁的按钮，更改付款方式为挂账，系统出现如下界面，如图 8－2－13 所示。

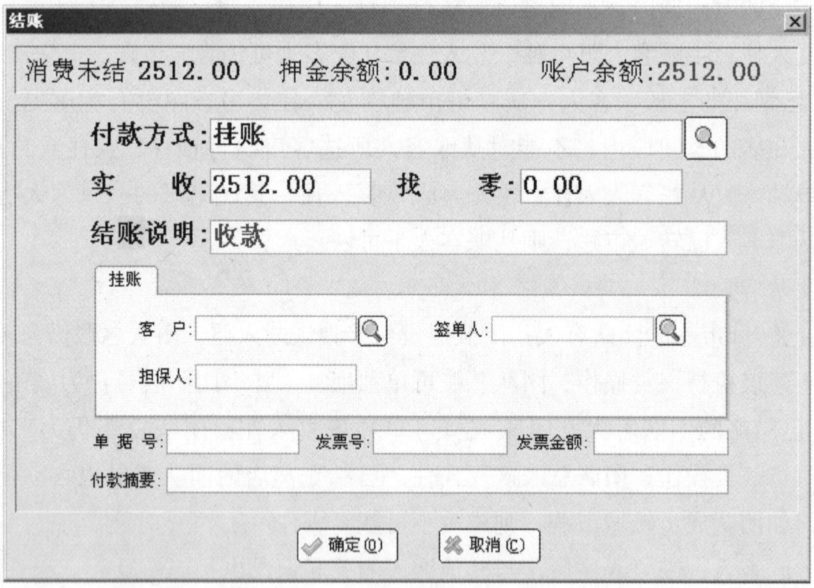

图 8－2－13

录入“实收”等信息，确定“客户”、“签单人”、“担保人”，点击“确定”按钮，挂账操作完成。

注意：①“客户”、“签单人”、“担保人”均为必录项。

②挂账限额问题。

（六）学生操作“账单打印”业务

1. 点击“账单打印”按钮，系统出现如下界面，如图 8－2－14 所示。

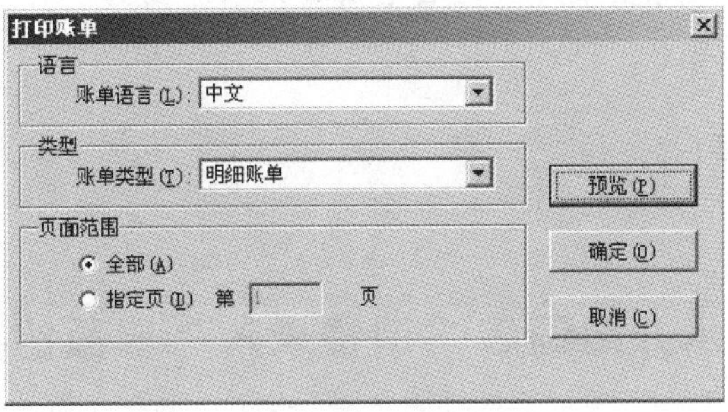

图 8－2－14

2. 确定需打印的“账单语言”、“账单类型”等信息。

3. 点击“确定”按钮，打印账单。

注意：①本系统支持多语言打印，默认为中文打印。用户在进行其他语言账单打印时，需先对账项语言进行设置，具体操作见“基础数据”／“会计科目”／“多语种会计科目”。

②“账单类型”。

a. 汇总账单：可打印汇总账单。

b. 明细账单：可打印明细账单。

c. 分单账单：可打印中期支付的账单。

d. 特殊账单。

③点击“打印账单”／“账单设计”，可手动设计账单打印格式。

（七）学生操作“其他结账方式”业务

实验三　酒店消费录入业务

【实验目的】

1. 了解酒店消费录入界面的结构和酒店消费录入界面的基本功能；

2. 掌握操作进入酒店消费录入界面的程序和操作酒店消费录入界面的注意事项；

3. 熟练操作酒店消费录入界面消费录入，消费账项的分割、调整、删除等业务。

【实验内容】

操作酒店管理系统中的前厅部的酒店消费录入界面的消费录入，消费账项的分割、调整、删除等业务。

【实验步骤】

一、教师演示介绍酒店“消费录入”界面的基本内容

（一）说明酒店“消费录入”界面的结构

“消费录入”是酒店收银人员进行客人消费录入的主界面。可进行消费录入，消费账项的分割、调整、删除等功能。

（二）介绍酒店“消费录入”的操作流程

消费录入功能流程如图8－3－1所示。

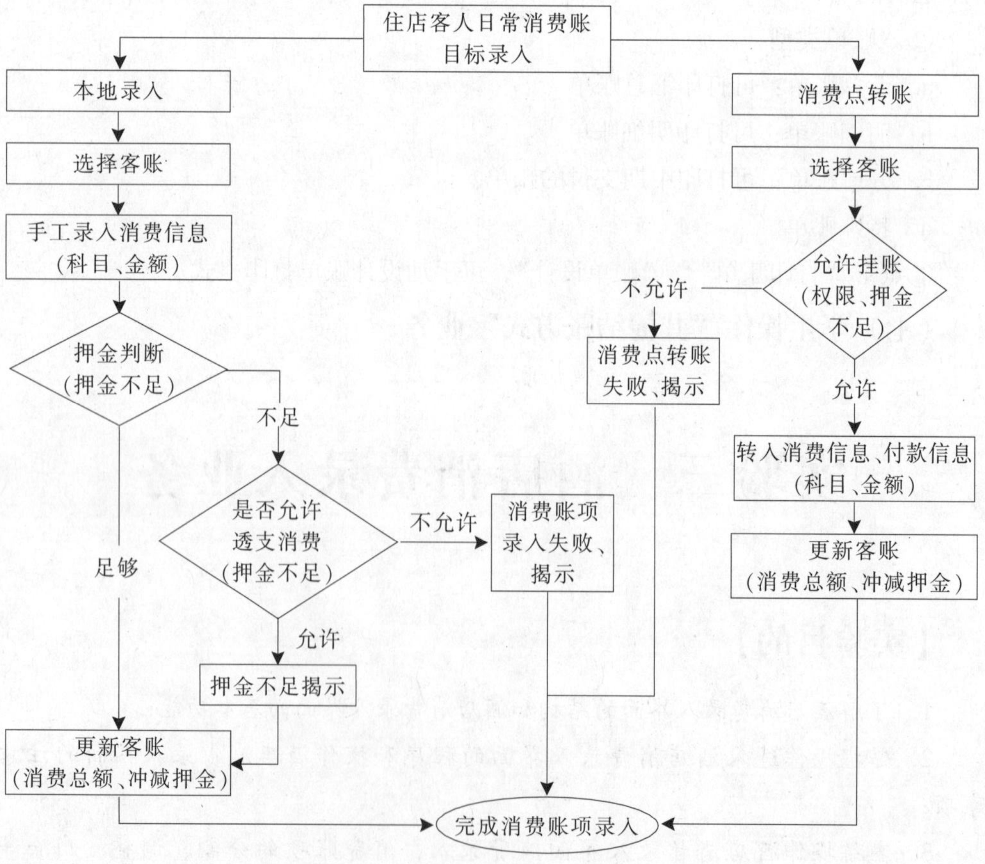

图8－3－1

1. 点击“收银中心”／“消费录入”，系统出现顾客账单查询界面，如图 8－3－2 所示。

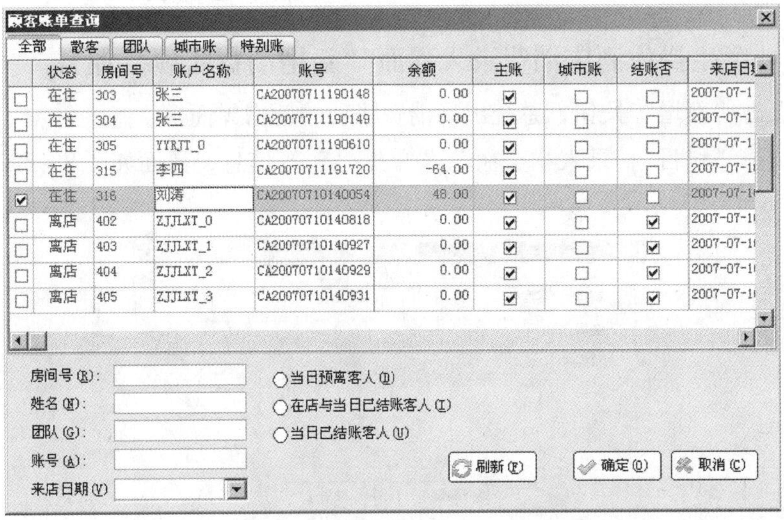

图 8－3－2

2. 勾选需录入消费账项的客人记录后，点击“确定”按钮，系统出现消费账项的录入界面，如图 8－3－3 所示。

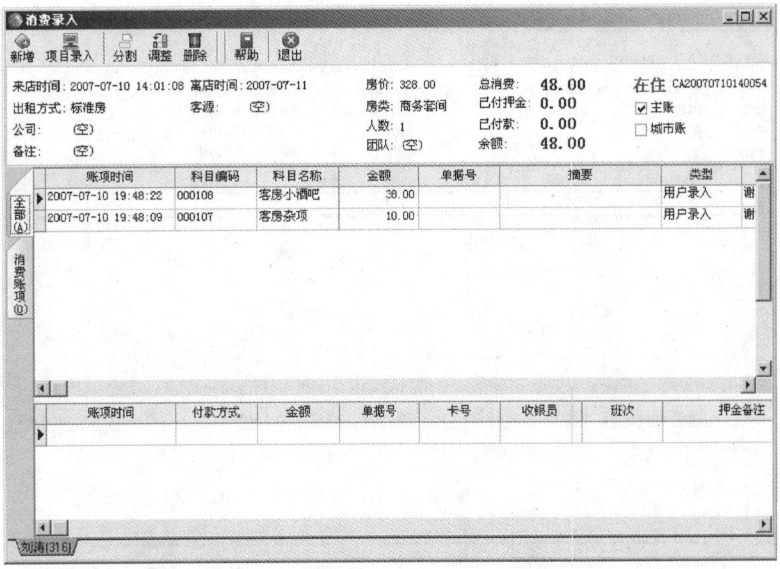

图 8－3－3

注意：①在顾客查询界面下方的查询条件录入框，输入需录入消费的客人信息后，按“Enter”键，可在客人列表中显示查询的客人信息。

二、学生操作酒店“消费录入”界面的业务

（一）学生操作酒店消费录入界面“新增消费账项”业务

1. 点击“新增”按钮，系统出现消费账项的新增界面。

2. 选择“科目”，录入“金额”、“单据号”等信息，界面如图8－3－4所示。

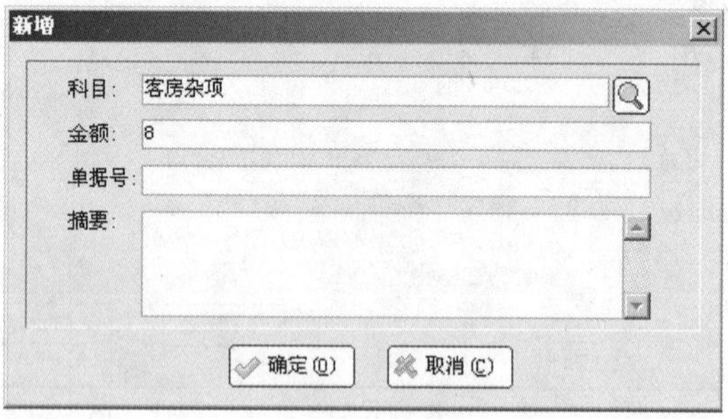

图8－3－4

3. 点击“确定”按钮。消费账项新增完成，消费录入界面如图8－3－5所示。

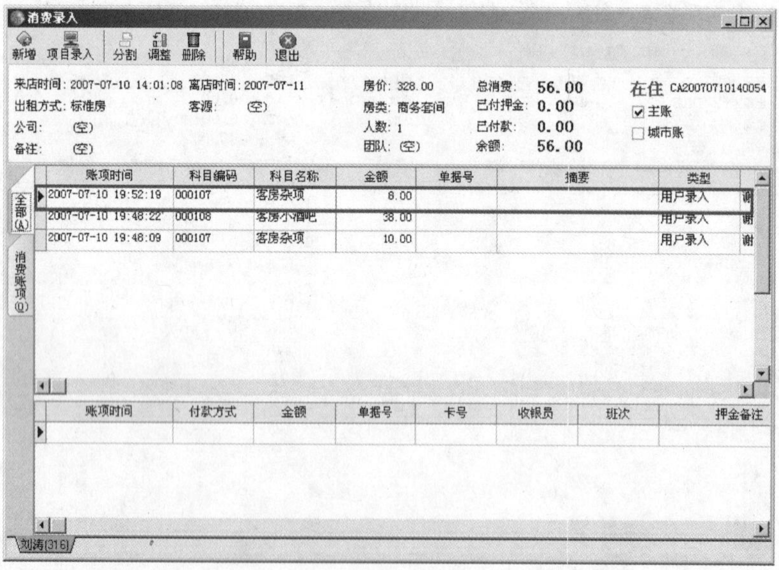

图8－3－5

注意：①项目的录入通过“项目录入”实现，具体操作将在下面再作详细说明。

（二）学生操作“项目录入”业务

1. 点击“项目录入”按钮，系统出现项目录入界面。

2. 录入项目的“数量”、“单据号”、“摘要”等信息，项目录入界面如图 8－3－6 所示。

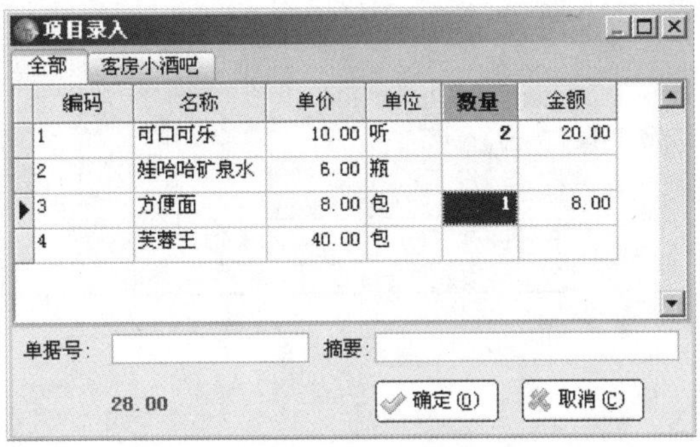

图 8－3－6

3. 点击“确定”按钮，项目录入完成，消费录入界面如图 8－3－7 所示。

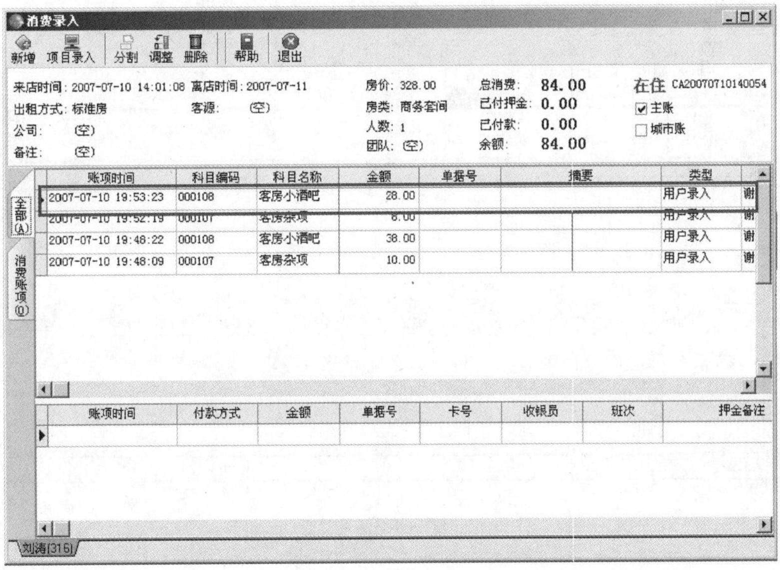

图 8－3－7

注意：①在项目录入界面的左下角，合计用户所选项目的合计金额，方便用户操作核对。

②双击项目录入界面项目记录，系统自动默认选中该项目，且数量默认为 1。

③“单据号”、“摘要”为非必录项，用户可根据实际情况进行选择录入。

（三）学生操作“账项分割”业务

在消费账项列表中，点击需分割的消费账项。

1. 点击“分割”按钮，系统出现分割金额录入窗体。

2. 录入“分割金额”后，窗体如图 8－3－8 所示。

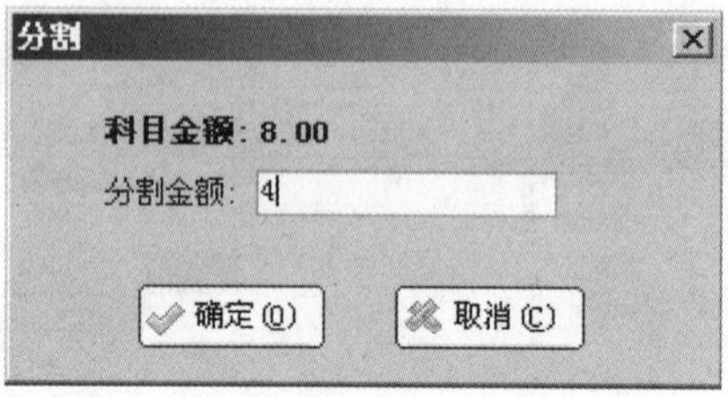

图 8－3－8

3. 点击“确定”按钮，分割操作完成，消费录入界面如图 8－3－9 所示。

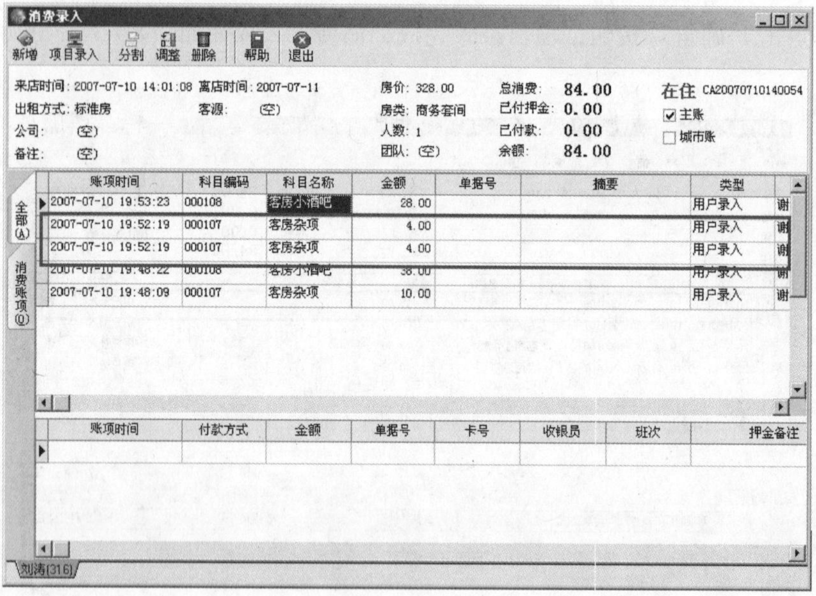

图 8－3－9

注意：①项目、系统产生的消费账项和已过夜审的消费账项均不能进行分割操作。

②分割操作完成后，可通过“调整”功能，修改分割账项的科目名称。

（四）学生操作“账项调整”业务

在消费账项列表中，点击需账项调整的记录。

1. 点击“调整”按钮，系统出现调整界面如图 8－3－10 所示。

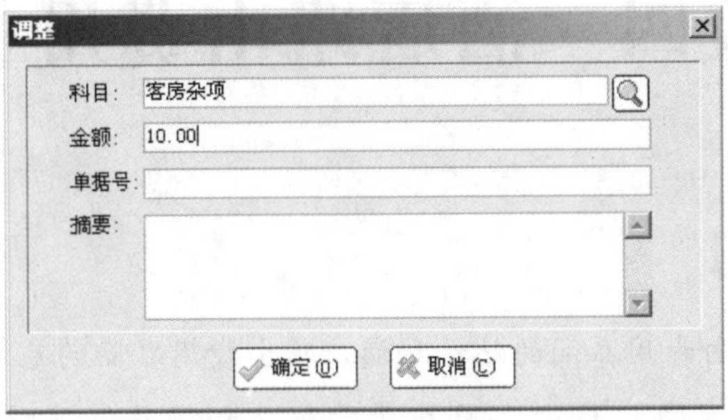

图 8－3－10

2. 选择“科目”、“金额”、“单据号”等信息。

3. 点击“确定”按钮，调整操作完成，消费录入界面显示如图 8－3－11 所示。

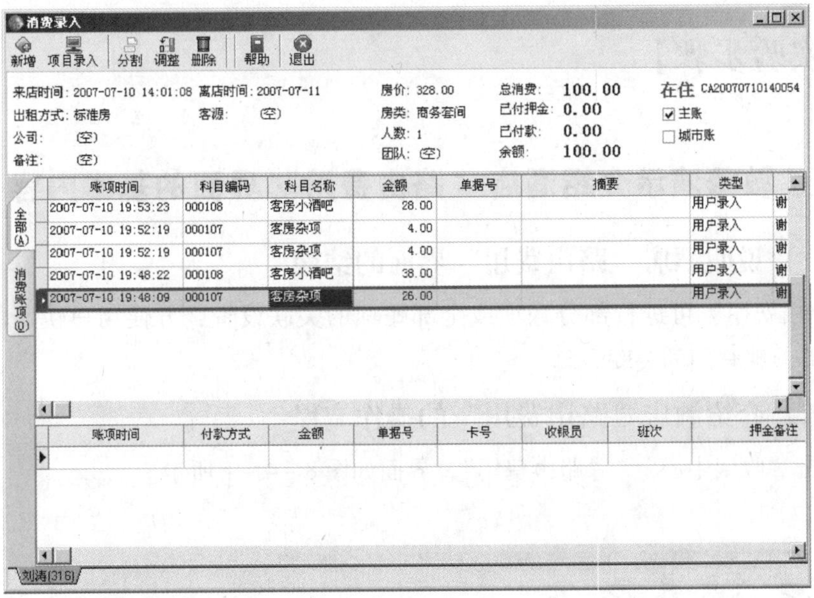

图 8－3－11

注意：①项目、已过夜审的消费账项均不能进行调整操作。

②“单据号”、“摘要”为非必录项，用户可根据实际情况进行选择录入。

（五）学生操作“账项删除”业务

在消费账项列表中，点击需要删除的消费账项记录。

点击“删除”按钮，系统将指定记录删除。

实验四　酒店路由费用业务

【实验目的】

1. 了解酒店路由费用界面的结构和酒店路由费用界面的基本功能；

2. 掌握操作进入酒店路由费用界面的程序和操作酒店路由费用界面的注意事项；

3. 熟练操作酒店路由费用界面新增、修改、删除路由费用等业务。

【实验内容】

操作酒店管理系统中的前厅部的酒店路由费用界面的新增路由费用、修改路由费用、删除路由费用等业务。

【实验步骤】

一、教师演示介绍酒店“路由费用”界面的基本内容

（一）说明酒店“路由费用”界面的结构

“路由费用”可进行部分账项或全部账项的关联设置，方便用户快捷的设置、取消或修改账户间的关联。

（二）介绍酒店“路由费用”的操作流程

点击“收银中心”／“路由费用”，界面如图 8－4－1 所示。

图 8－4－1

二、学生操作酒店“路由费用”界面的业务

（一）学生操作酒店路由费用界面新增路由费用业务

1. 点击“新增”按钮，系统出现路由费用的新增界面。

2. 选择“数据源”、“目的”，确定“有效日期”，界面如图8-4-2所示。

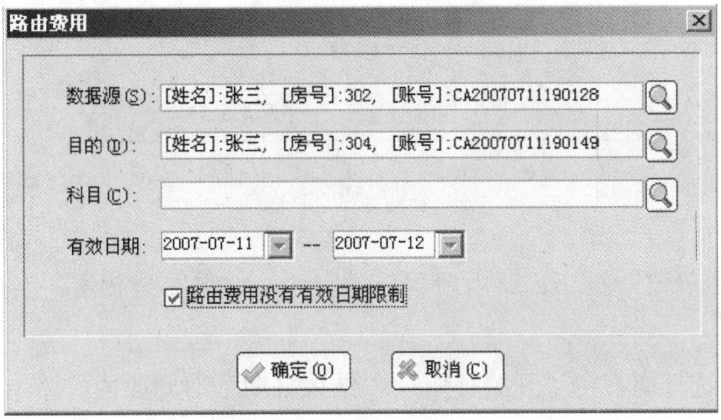

图8-4-2

3. 点击“科目”旁的浏览按钮，系统出现科目的参照窗口，如图8-4-3所示。

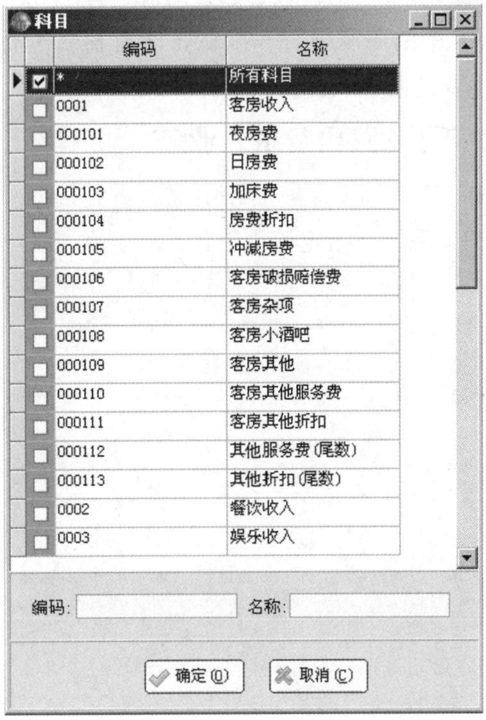

图8-4-3

4. 勾选需进行关联的科目后，点击“确定”按钮，路由费用界面如图 8－4－4 所示。

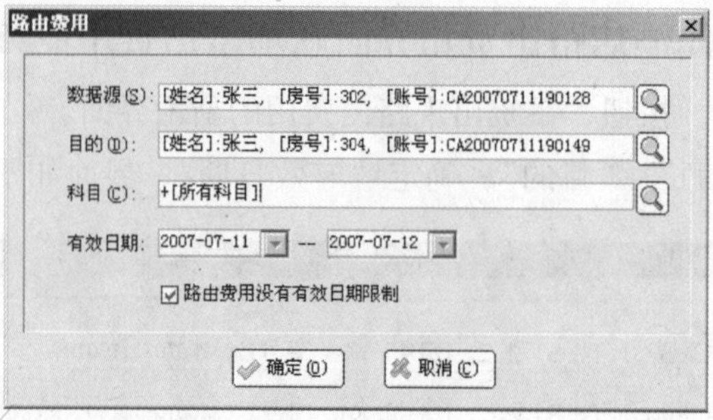

图 8－4－4

5. 点击“确定”按钮，路由费用新增完成，如需取消新增，点击“取消”按钮即可。

注意：系统日期不在“开始日期”、“结束日期”时间段内，路由即取消。

（二）学生操作“修改路由费用”业务

在路由费用列表中，点击需修改的路由记录。

1. 点击“修改”按钮，系统出现修改界面，修改指定记录。

2. 点击“确定”按钮，系统将修改内容保存。

注意：“关联客人”中的关联设置，默认将所有科目进行关联，用户可根据需要进行修改，但注意不要遗漏关联客人。

（三）学生操作“删除路由费用”业务

在路由费用列表中，点击需要删除的路由记录。

点击“删除”按钮，系统将指定记录删除。

实验五　酒店发票管理业务

【实验目的】

1. 了解酒店发票管理界面的结构和酒店发票管理界面的基本功能；

2. 掌握操作进入酒店发票管理界面的程序和操作酒店发票管理界面的注意事项；

3. 熟练操作酒店发票管理界面开票、修改、作废等业务。

【实验内容】

操作酒店管理系统中的前厅部的酒店发票管理界面的开票、修改、作废等业务。

【实验步骤】

一、教师演示介绍酒店“发票管理”界面的基本内容

（一）说明酒店“发票管理”界面的功能

“发票管理”主要用于对要求的开票消费单所进行的开票、修改、作废等处理。

（二）演示进入“酒店房态图”界面的程序

点击“收银中心”/“发票管理”，界面显示如图 8－5－1 所示。

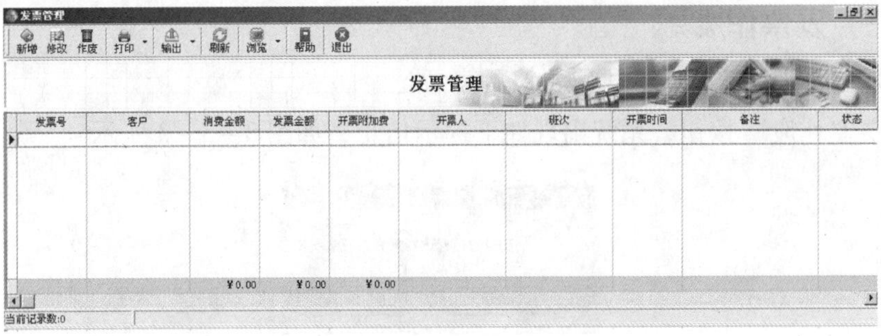

图 8－5－1

二、学生操作酒店“发票管理”界面的业务

（一）学生操作酒店发票管理界面“开票”业务

1. 点击“新增”按钮，系统出现发票管理的新增界面。

2. 点击“账户名称”旁的浏览按钮，选择需开票的账户，再输入“发票号”、“客户”、“消费金额”、“发票金额”等信息，界面如图 8－5－2 所示。

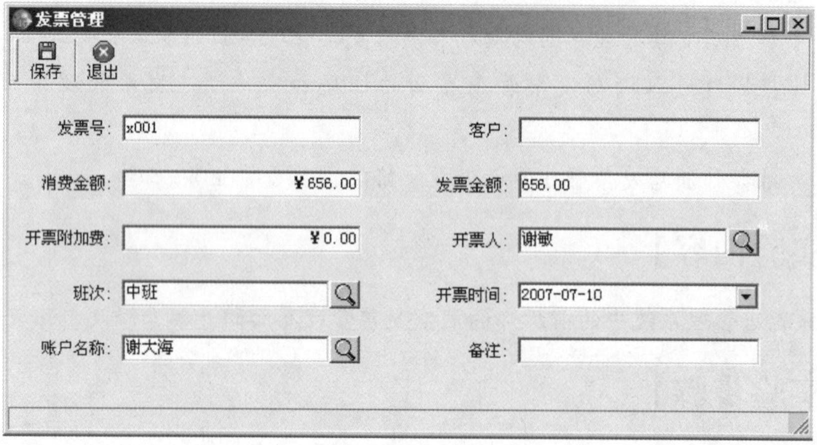

图 8－5－2

3. 点击“保存”按钮，完成开票操作。

（二）学生操作“修改发票信息”业务

在发票管理列表中，点击需修改的发票记录。

1. 点击“修改”按钮，修改指定发票的信息。

2. 点击“保存”按钮，系统将修改内容保存，如需撤销修改，点击“退出”按钮即可。

（三）发票作废

在发票管理列表中，点击需作废的发票记录。

点击“作废”按钮，系统出现如下提示信息，如图 8－5－3 所示。

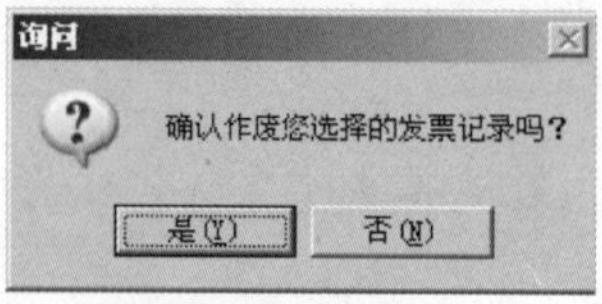

图 8－5－3

点击“是”确定作废，作废记录以红色标记。

实验六 酒店收银交接班业务

【实验目的】

1. 了解酒店收银交接班界面的结构和酒店收银交接班界面的基本功能；

2. 掌握操作进入酒店收银交接班界面的程序和操作酒店收银交接班界面的注意事项；

3. 熟练操作酒店收银交接班界面交接班业务。

【实验内容】

操作酒店管理系统中的前厅部的酒店收银交接班界面的交接班的基本业务。

【实验步骤】

一、教师演示介绍酒店“收银交接班”界面的基本内容

（一）说明酒店“收银交接班”界面的功能

收银交班：主要用于交换班次时，实现收银员之间进行现金及账目交换的功能。

（二）演示进入“酒店房态图”界面的程序

点击“收银中心”/“收银交班”，界面显示如图 8－6－1 所示。

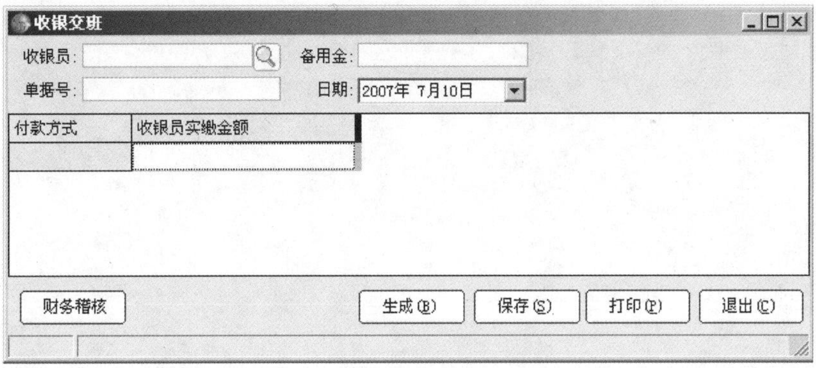

图 8－6－1

二、学生操作酒店“收银交接班”界面的业务

1. 选择“日期”，默认值为当前系统时间。

2. 点击“生成”按钮，系统自动填入收银员及单据号（收银员为当前操作员，单据号为系统自动生成），并生成收银员应缴金额。

3. 财务人员输入收银员实缴金额，点击“保存”按钮后完成交班操作。

4. 点击“财务稽核”按钮，进行财务稽核，系统会自动计算出实缴金额与应缴金额之间的差额。

第九章
营销中心

实验一　协议管理业务

【实验目的】

1. 了解协议管理界面的结构和协议管理界面的基本功能；
2. 掌握操作进入协议管理界面的程序和操作协议管理界面的注意事项；
3. 熟练操作协议管理界面新增、修改、删除等业务。

【实验内容】

操作酒店管理系统中的前厅部的协议管理界面的新增、修改、删除等业务。

【实验步骤】

一、教师演示介绍“协议管理”界面的基本内容

（一）说明“协议管理”界面的功能

“协议类型”主要用于协议类型的设置。用户可根据需要新增、修改、删除。协议类型的建立主要是为了在进行业务处理中，需要协议类型时只需参照选择即可。

（二）说明“协议管理”界面的注意事项

协议类型在新增和修改时，其类型编码需遵循编码规则：**　**　**。

（三）演示“协议管理”界面的进入程序

点击“营销中心”/“协议管理”/“协议类型”，系统出现如下界面，如图9-1-1所示。

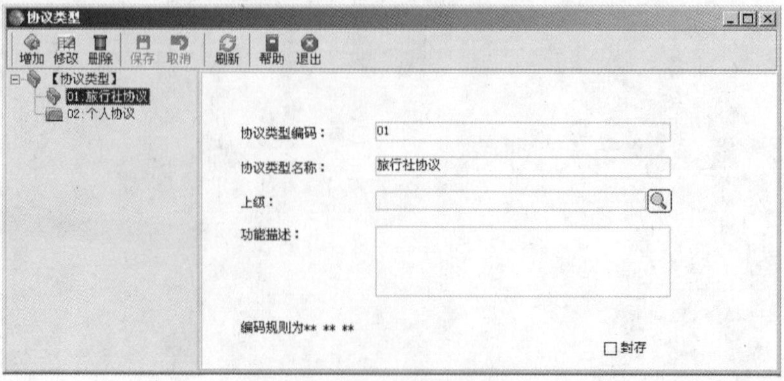

图9-1-1

二、学生操作“协议管理”界面的业务

（一）学生操作协议管理界面“新增协议类型”业务

1. 在协议类型列表树中选择类型后，点击“增加”按钮，界面显示如图9－1－2所示。

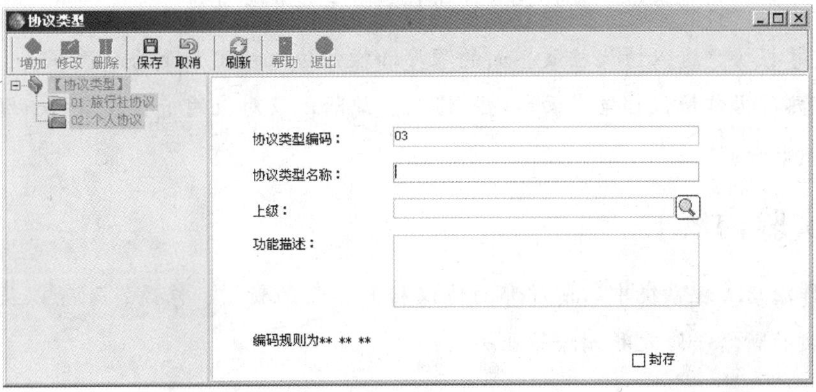

图9－1－2

2. 录入“协议类型编码”、“协议类型名称”等信息。

3. 点击“保存”按钮，系统将新增的协议类型保存，如需撤销新增，点击“取消”按钮即可。

注意：在协议类型列表树中类型为空时，或无需设置类型“上级”时，可直接点击“增加”按钮，进行协议类型的新增操作。

（二）学生操作“修改协议类型”业务

在协议类型列表树中，点击需修改的协议类型。

点击“修改”按钮，修改指定的协议类型。

点击“保存”按钮，系统将修改内容保存，如需撤销修改，点击“取消”按钮即可。

（三）学生操作“删除协议类型”业务

在协议类型列表树中，点击需删除的协议类型。

点击“删除”按钮，系统将指定的协议类型记录删除。

实验二　协议档案业务

【实验目的】

1. 了解协议档案界面的结构和协议档案界面的基本功能；

2. 掌握操作进入协议档案界面的程序和操作协议档案界面的注意事项；

3. 熟练操作协议档案界面新增、修改、删除以及对应的折扣方案的新增、修改和删除等业务。

【实验内容】

操作酒店管理系统中的前厅部的协议档案界面的新增、修改、删除以及对应的折扣方案的新增、修改和删除等业务。

一、教师演示介绍“协议档案”界面的基本内容

（一）说明“协议档案”界面的功能

“协议档案”是用户对酒店协议进行管理的主要界面，可进行协议的新增、修改、删除以及对应的折扣方案的新增、修改和删除。协议档案的建立主要是为了在业务处理中，需要协议或协议对应的折扣方案时，只需参照选择即可。

（二）演示“协议档案”界面的进入程序

点击“营销中心”/“协议管理”/“协议档案”，系统出现如下界面，如图9－2－1所示。

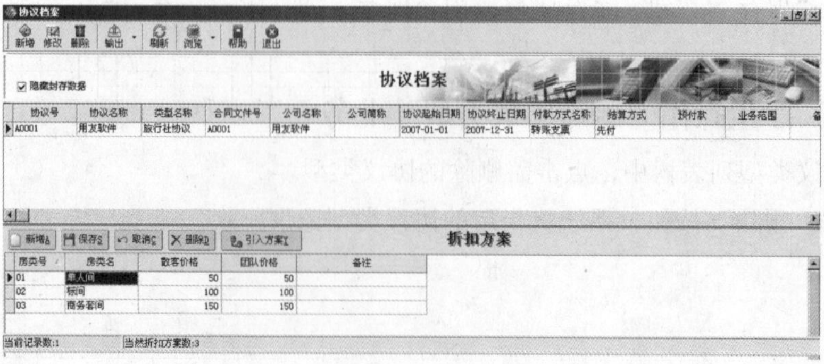

图9－2－1

二、学生操作“协议档案”界面的业务

（一）学生操作协议档案界面“新增协议”业务

1. 点击“新增”按钮，系统出现酒店协议的新增界面。

2. 录入“协议号”、“协议名称”，选择“公司名称”、“类型名称”；确定“起始日期”和”终止日期”等内容，界面如图 9－2－2 所示。

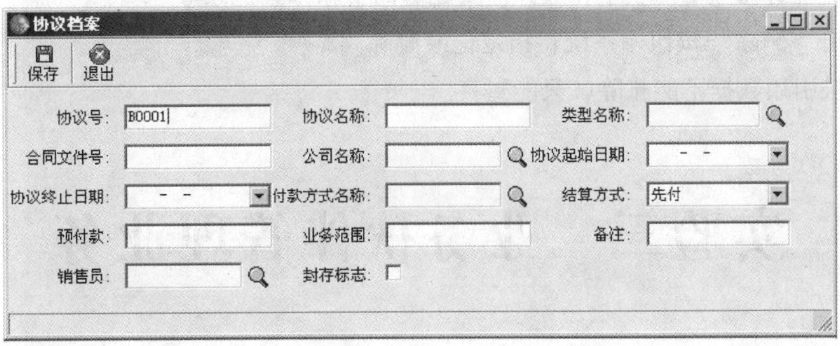

图 9－2－2

3. 点击“保存”按钮，系统将新增的协议保存，如需撤销新增，点击“退出”即可。

（二）学生操作“修改协议”业务

在酒店协议列表中，指定需要修改的酒店协议记录。

点击“修改”按钮，系统出现酒店协议修改界面，修改指定记录。

点击“保存”按钮，系统将修改内容保存，如需撤销修改，点击“退出”按钮。

（三）学生操作“删除协议”业务

在酒店协议列表中，指定需要删除的酒店协议记录。

删除该酒店协议对应的折扣方案。

对应折扣方案删除成功后，点击“删除”按钮，系统将指定记录删除。

已被引用数据不能删除，只能封存。

（四）学生操作“新增协议对应折扣方案”业务

在酒店协议列表中，选择需增加其折扣方案的酒店协议记录。

点击“新增”按钮，选择“房类号”，录入“散客价格”和“团队价格”。

点击“保存”按钮，系统将新增的折扣方案保存。

（五）学生操作“删除协议对应折扣方案”业务

在酒店协议列表中，选择需修改其折扣方案的酒店协议记录。

在对应的折扣方案列表中，选择需要修改的折扣方案记录。

修改指定记录后，点击“保存”按钮，系统将修改内容保存。如需撤销修改内容，点击“取消”按钮。

（六）删除协议对应折扣方案

在酒店协议列表中，选择需删除其折扣方案的酒店协议记录。

在对应折扣方案列表中，选择需要删除的折扣方案记录。

点击“删除”按钮，系统将指定记录删除。

已被引用数据不能删除，只能封存。

实验三　业务伙伴管理业务

【实验目的】

1. 了解业务伙伴管理界面的结构和业务伙伴管理界面的基本功能；

2. 掌握操作进入业务伙伴管理界面的程序和操作业务伙伴管理界面的注意事项；

3. 熟练操作业务伙伴管理界面新增业务伙伴分类、修改业务伙伴分类、删除业务伙伴分类等业务。

【实验内容】

操作酒店管理系统中的前厅部的业务伙伴管理界面的新增业务伙伴分类、修改业务伙伴分类、删除业务伙伴分类等业务。

【实验步骤】

一、教师演示介绍“业务伙伴管理”界面的基本内容

（一）说明“业务伙伴管理”界面的功能

“业务伙伴”主要完成对业务伙伴的设置。用户可根据业务需要对业务伙伴进行新增、修改、删除。业务伙伴的建立主要是为了在业务处理中，需要业务伙伴时，

只需参照选择即可，并可对任意业务伙伴所发生的业务进行查询与统计。业务伙伴的内容包括基础信息、联系信息和特殊信息，基础信息主要是对业务伙伴的基本内容进行记录，联系信息主要是记录业务伙伴相关的联系方式，特殊信息记录业务伙伴的专管业务员、专管部门、发展日期和折扣率等信息。

（二）演示“业务伙伴管理”界面的功能

点击“营销中心”/“应收管理”/“业务伙伴”，系统出现业务伙伴界面，如图 9－3－1 所示。

图 9－3－1

二、学生操作“业务伙伴管理”界面的业务

（一）学生操作业务伙伴管理界面“新增业务伙伴”业务

1. 点击“新增”按钮，系统出现业务伙伴的新增界面，如图 9－3－2 所示。
2. 录入相关信息，包括基本信息、联系信息、特殊信息。

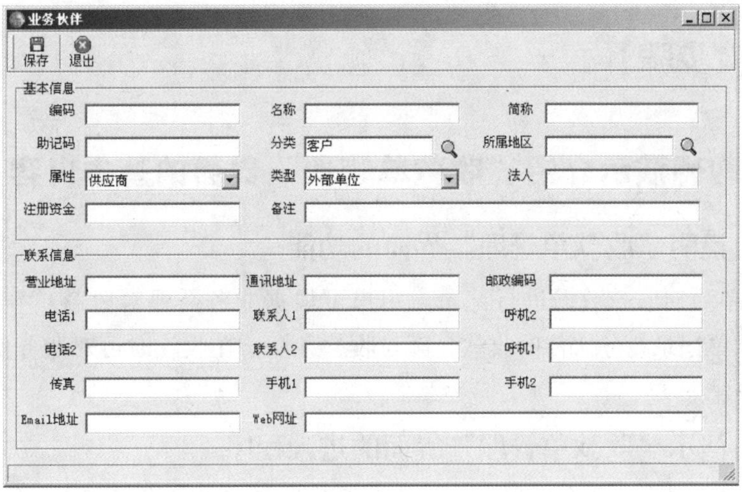

图 9－3－2

3. 点击“保存”按钮，系统将新增内容保存。

（二）学生操作“修改业务伙伴”业务

在业务伙伴分类列表树中，点击需要修改的业务伙伴记录。

点击“修改”按钮，修改指定业务伙伴记录。

点击“保存”按钮，系统将修改内容保存。

（三）学生操作“删除业务伙伴”业务

在业务伙伴分类列表树中，点击需删除的业务伙伴记录。

点击“删除”按钮，系统将指定的业务伙伴记录删除。

实验四　收款单管理业务

【实验目的】

1. 了解收款单管理界面的结构和收款单管理界面的基本功能；

2. 掌握操作进入收款单管理界面的程序和操作收款单管理界面的注意事项；

3. 熟练操作收款单管理界面新增收款单、修改收款单、删除收款单、审核单据、弃审处理等业务。

【实验内容】

操作酒店管理系统中的前厅部的收款单管理界面的新增收款单、修改收款单、删除收款单、审核单据、弃审处理等业务。

【实验步骤】

一、教师演示介绍“收款单管理”界面的基本内容

（一）说明“收款单管理”界面的功能

“收款单”对收款数据进行记录。用户可根据业务需要对收款单新增、修改、删除。收款单记录业务伙伴的收款金额与收款日期，在收款时可对业务伙伴的应收金额进行核销。

（二）演示“收款单管理”界面的进入程序

点击“营销中心”/“应收管理”/“收款单”，系统出现如下界面，如图9-4-1所示。

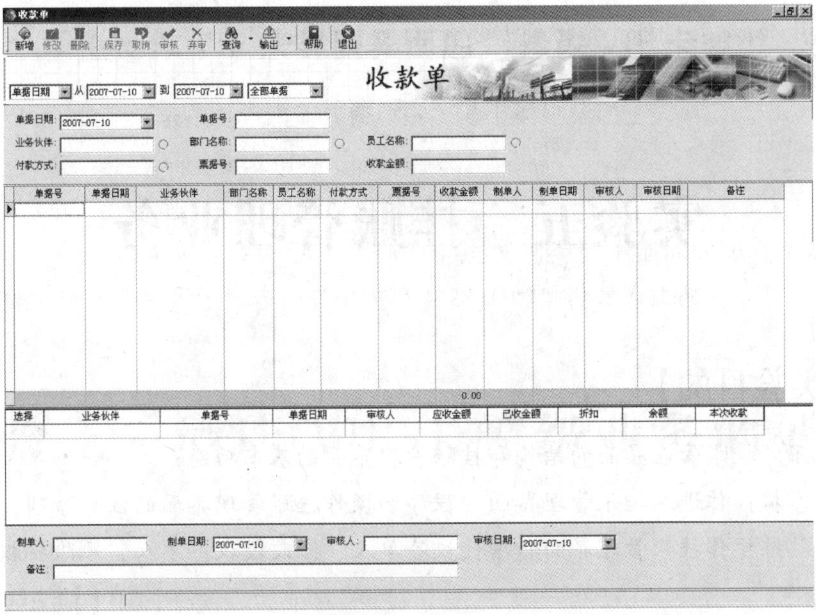

图 9－4－1

二、学生操作“收款单管理”界面的业务

（一）学生操作收款单管理界面“新增收款单”业务

点击“新增”按钮，输入各项内容，点击“保存”按钮，即可完成收款单的新增操作，如需撤销新增，点击“取消”按钮即可。

（二）学生操作“修改收款单”业务

通过“导航”功能，定位到需要修改的记录。

点击“修改”按钮，修改指定记录。

点击“保存”按钮，系统将修改内容保存，如需撤销修改，点击“取消”按钮即可。

（三）学生操作“删除收款单”业务

通过“导航”功能，定位到需要删除的记录。

点击“删除”按钮，指定记录删除完成。

已审核的数据不允许删除。

（四）学生操作“审核单据”业务

通过“导航”功能，定位到需要审核的记录。

点击“审核”按钮，审核操作完成。

（五）学生操作“弃审处理”业务

通过“导航”功能，定位到需要弃审的已审核的记录。

点击“弃审”按钮，弃审操作完成

实验五　挂账管理业务

【实验目的】

1. 了解挂账管理界面的结构和挂账管理界面的基本功能；

2. 掌握操作进入挂账管理界面的程序和操作挂账管理界面的注意事项；

3. 熟练操作挂账管理界面新增授权签单人、修改授权签单人、删除授权签单人等业务。

【实验内容】

操作酒店管理系统中的前厅部的挂账管理界面的新增授权签单人、修改授权签单人、删除授权签单人业务。

【实验步骤】

一、教师演示介绍“挂账管理”界面的基本内容

（一）说明“挂账管理”界面的功能

授权签单人：是用于挂账时可授权的签单人设置。用户可根据业务需要进行新增、修改、删除。授权签单人的建立，是为了在采用挂账的方式进行结账，选择授权签单人时可参照选择。

（二）说明“挂账管理”界面的注意事项

一位客户可指定多位授权签单人。

（三）演示“挂账管理”界面的进入程序

点击“营销中心”／“挂账管理”／“授权签单人”，系统出现如下界面，如图9－5－1所示。

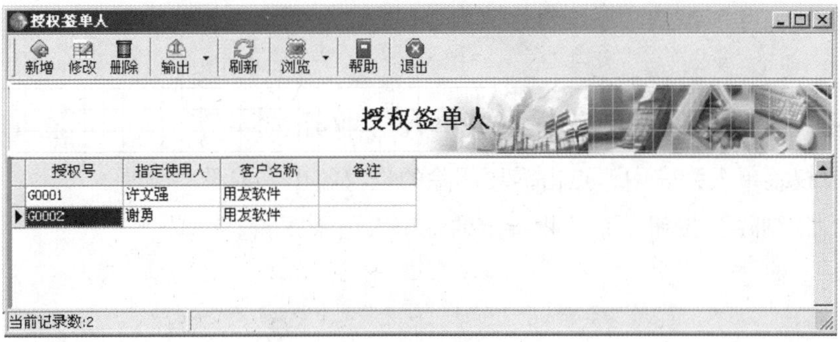

图 9－5－1

二、学生操作“挂账管理”界面的业务

（一）学生操作挂账管理界面“新增授权签单人”业务

1. 点击“新增”按钮，系统出现授权签单人的新增界面。

2. 录入“授权号”、“指定使用人”，选择“客人名称”，新增界面显示如图 9－5－2所示。

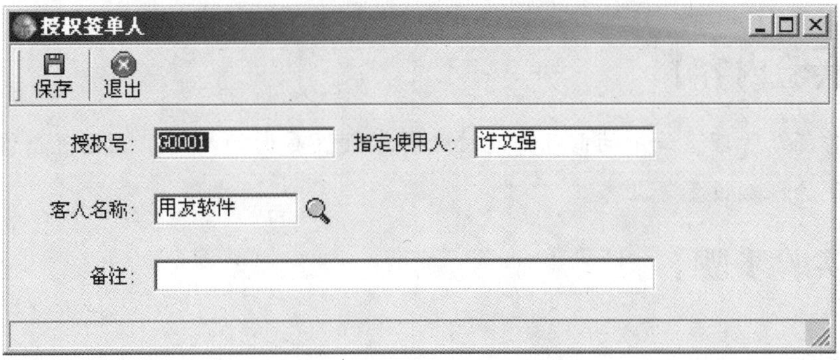

图 9－5－2

3. 点击“保存”按钮，系统将新增授权签单人信息保存，如需撤销新增，点击“退出”即可。

注意：“客人名称”为必录项，其参照信息包括曾住店的客人和在“客史档案”中新增的个人与公司，用户可根据实际情况选择，也可在“客史档案”中录入后，再进行选择。

（二）学生操作“修改授权签单人”业务

在授权签单人列表中，点击需要修改的授权签单人记录。

点击“修改”按钮，修改指定签单人的内容。

点击“保存”按钮，系统将修改内容保存，如需撤销修改，点击“退出”按钮即可。

（三）学生操作“删除授权签单人”业务

在授权签单人列表中，点击需要删除的授权签单人记录。

点击“删除”按钮，系统将指定的签单人记录删除。

实验六　挂账限额设置业务

【实验目的】

1. 了解挂账限额设置界面的结构和挂账限额设置界面的基本功能；

2. 掌握操作进入挂账限额设置界面的程序和操作挂账限额设置界面的注意事项；

3. 熟练操作挂账限额设置界面新增限额设置、修改限额设置、删除限额设置等业务。

【实验内容】

操作酒店管理系统中的前厅部的挂账限额设置界面的新增限额设置、修改限额设置、删除限额设置等业务。

【实验步骤】

一、教师演示介绍“挂账限额设置”界面的基本内容

（一）说明“挂账限额设置”界面的功能

挂账限额设置：是对可挂账客人限额进行设置的界面。用户可根据业务需要进行新增、修改、删除。挂账限额设置的建立主要是为了在挂账结账时，对所挂金额的累加控制。

（二）演示“挂账限额设置”界面的进入程序

点击“营销中心”/“挂账管理”/“挂账限额设置”，系统出现如下界面如图9-6-1所示。

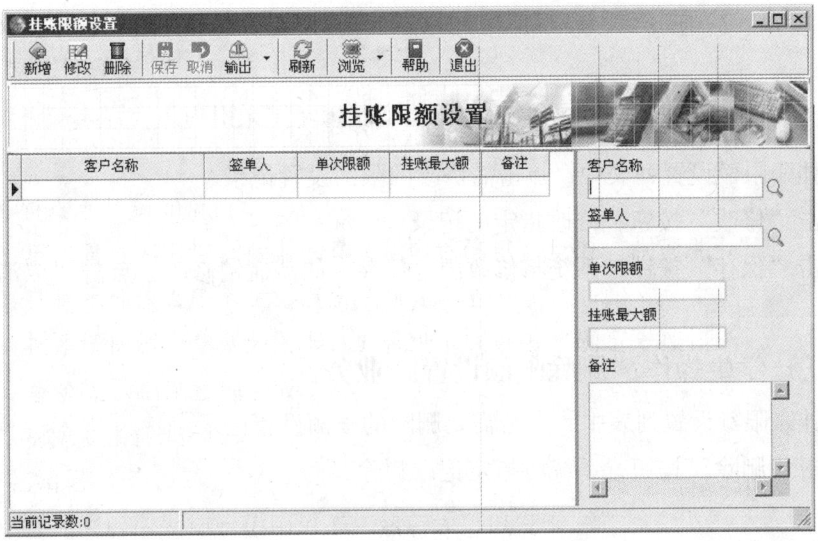

图 9－6－1

二、学生操作“挂账限额设置”界面的业务

（一）学生操作挂账限额设置界面“新增限额设置”业务

1．点击“新增”按钮，界面处于编辑状态。

2．选择“客户名称”、“签单人”，确定“单次限额”、“周期开始日期”、“周期值”、“周期限额”等信息，界面显示如图 9－6－2 所示。

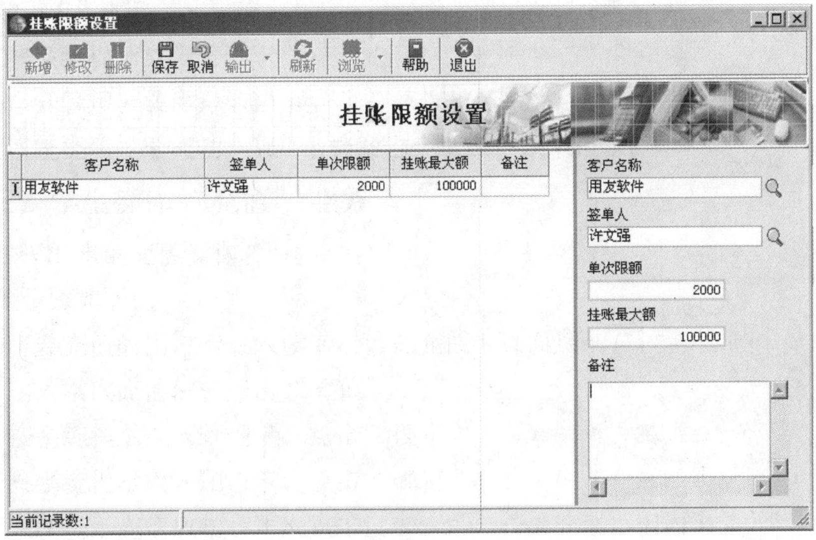

图 9－6－2

3. 点击“保存”按钮，挂账限额设置完成，如需撤销设置，点击“取消”按钮即可。

（二）学生操作“修改限额设置”业务

在挂账限额设置列表中，点击需修改的限额设置记录。

点击“修改”按钮，修改指定的记录。

点击“保存”按钮，系统将修改内容保存，如需撤销修改，点击“取消”按钮即可。

（三）学生操作“删除限额设置”业务

在挂账限额设置列表中，点击需要删除的限额设置记录。

点击“删除”按钮，系统将指定记录删除。

第十章
夜间审核

实验一　酒店夜间审核准备业务

【实验目的】

1. 了解酒店夜间审核界面的结构和酒店夜间审核界面的基本功能；

2. 掌握操作进入酒店夜间审核界面的程序和操作酒店夜间审核界面的注意事项；

3. 熟练操作酒店夜间审核界面当日预订到店宾客未到检查、当日离店客人未离检查、预订取消检查、房费折扣、房费冲减与其他折扣检查、免费结账、逃账名单检查等业务。

【实验内容】

操作酒店管理系统中的前厅部的酒店夜间审核界面的宾客未到检查、当日离店客人未离检查、预订取消检查、房费折扣、房费冲减与其他折扣检查、免费结账、逃账名单检查基本业务。

【实验步骤】

一、教师演示介绍“酒店夜间审核”界面的基本内容

说明酒店“夜间审核”界面的功能

夜审分为三个步骤：准备、过账、夜审。其中准备是夜审前需执行的操作，过账、夜审是自动执行的操作（主要是客人的房费生成和一些统计报表的生成操作）。

二、学生操作“酒店夜间审核”界面的业务

（一）学生操作酒店夜间审核界面“当日预订到店宾客未到检查”业务

即检查预订当日到店但未到的宾客记录，执行该步时，如果系统存在此类型的客人，系统会出现如下界面，如图 10－1－1 所示。

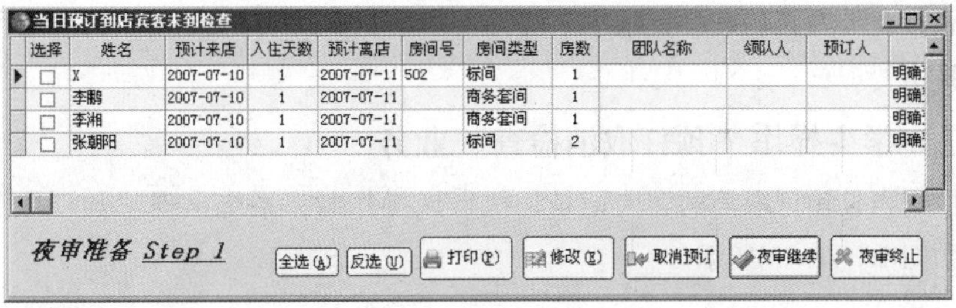

图 10－1－1

勾选需取消预订的客人后，点击“取消预订”，进行预订取消操作。勾选需修改信息的客人后，点击“修改”，系统出现指定客人的接待界面，可修改客人的预订来店日期等信息。以上操作完成后点击“夜审继续”，继续夜审操作，如需终止夜审，点击“终止夜审”即可。

注意：如未进行修改或取消预订操作，执行“夜审继续”，系统出现提示信息，点击“是”，系统将未执行修改或取消预订的客人自动转入历史库，即在宾客或团队中删除该客人记录，对应房间状态更改为可租。

（二）学生操作“当日离店客人未离检查”业务

即检查当日需离店但未结账离店的宾客，执行该步时，系统出现“当日离店宾客未离检查”，如图 10－1－2 所示。

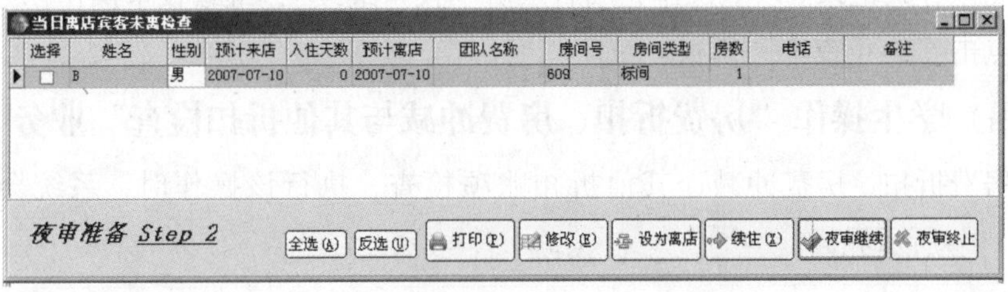

图 10－1－2

勾选需修改的客人记录后，点击“修改”，系统出现指定客人的散客接待界面，可修改在住客人的相关信息。勾选需设置未离店的客人记录后，点击“设为离店”，系统将该客人置为入住取消状态。勾选需续住的客人记录后，点击“续住”，录入“续住天数”即可。以上操作完成后点击“夜审继续”，继续夜审操作，如需终止夜审，点击“终止夜审”即可。

注意：如未进行修改、续住或设为离店操作，直接执行“夜审继续”，系统将自动对当日离店未离客人进行以“续住天数”为 1 的续住处理。在住客人执行设为离店操作后，被置为入住取消状态，用户可在结账界面对此类客人进行结账操作，但需注意：此类客人的账项记录中未统计夜审前的日房费记录，结账时需手工录入客人的日房费。

（三）学生操作“预订取消检查”业务

即检查当日预订取消的客人记录，执行该操作时，系统出现“预订取消检查”界面，如图 10－1－3 所示。

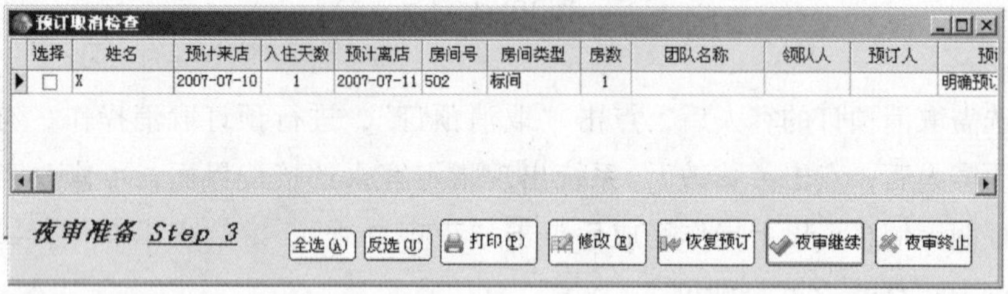

图 10－1－3

勾选需修改的客人记录后，点击“修改”，系统出现指定客人的散客接待界面，用户可进行信息修改。勾选需恢复预订的客人记录后，点击“恢复预订”，确定“预计来店日”、“预计离店日”后，点击“确定”即可。

注意：如未进行修改或恢复操作，执行“夜审继续”，系统出现提示信息如下，点击“是”，系统将未执行修改或恢复预订的客人自动转入历史库，即在宾客或团队中删除该客人记录。以上操作完成后点击“夜审继续”，继续夜审操作，如需终止夜审，点击“终止夜审”即可。

（四）学生操作“房费折扣、房费冲减与其他折扣检查”业务

即房费折扣、房费冲减、其他折扣账项检查，执行该操作时，系统会出现如图 10－1－4所示界面。

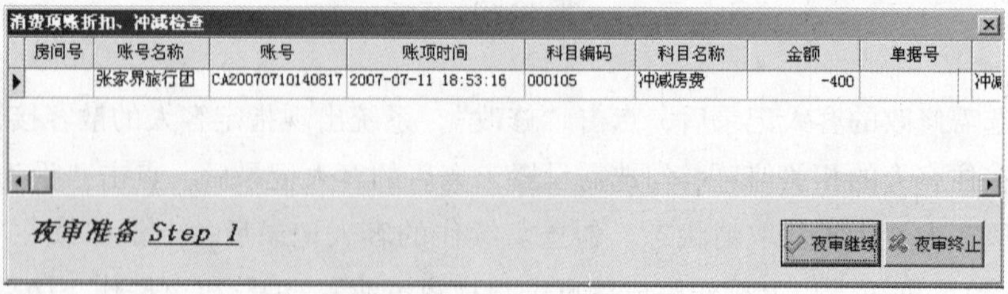

图 10－1－4

可以选择夜审继续或夜审终止。

（五）学生操作“免费结账、逃账名单检查”业务

即免费结账、逃账名单检查，执行该操作时，系统会出现如图 10－1－5 所示界面。

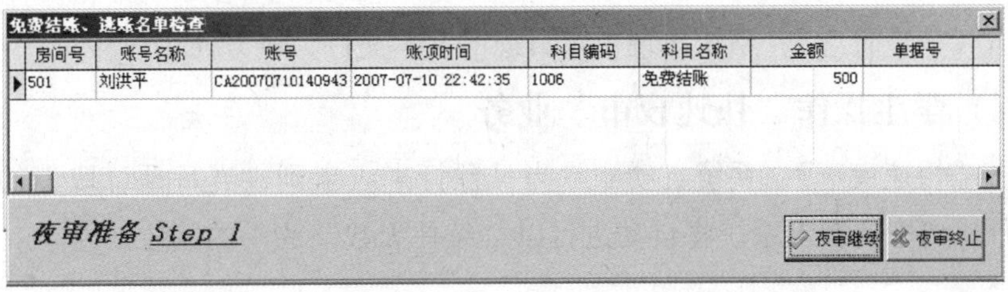

图 10－1－5

可以选择夜审继续或夜审终止。

实验二　酒店夜审业务

【实验目的】

1. 了解酒店夜审业务界面的结构和酒店夜审业务界面的基本功能；

2. 掌握操作进入酒店夜审业务界面的程序和操作酒店夜审业务界面的注意事项；

3. 熟练操作酒店夜审业务界面开始执行、单步执行、夜审日志、快速夜审等业务。

【实验内容】

操作酒店管理系统中的前厅部的酒店夜审业务界面的开始执行、单步执行、夜审日志、快速夜审等业务。

【实验步骤】

（一）学生操作“开始执行”业务

如需对夜审准备、过房费、夜审开始一键到位，可点击“开始执行”，系统将自动按步骤执行。在夜审准备时，存在需检查记录时，系统出现相应对话框，用户执行相关操作后，点击“夜审继续”即可。

（二）学生操作“单步执行”业务

用户也可手动单步执行。

注意：夜审准备每项检查需单步执行。

（三）学生操作“夜审日志”业务

点击“夜审日志”，系统出现夜审日志的文本文件，可方便用户核对。

（四）学生操作“快速夜审”业务

点击“快速夜审”，系统自动删除当日预订来店未到、当日预订取消的客人记录，当日应离未离客人系统将自动进行以“续住天数”为1的续住处理。

第十一章
会员中心及VIP卡管理

实验一　酒店会员卡管理业务的处理

【实验目的】

1. 了解酒店会员卡管理界面的结构和酒店会员卡管理界面的基本功能；

2. 掌握操作进入酒店会员卡管理界面的程序和操作酒店会员卡管理界面的注意事项；

3. 熟练操作酒店会员卡管理界面酒店会员卡管理新增 VIP 卡类别、修改 VIP 卡类别、删除 VIP 卡类别等业务。

【实验内容】

操作酒店管理系统中的前厅部的酒店会员卡管理界面的新增 VIP 卡类别、修改 VIP 卡类别、删除 VIP 卡类别等基本业务。

【实验步骤】

一、教师演示介绍酒店“会员卡管理”界面的基本内容

（一）说明酒店“会员卡管理”界面的基本功能

VIP 卡类别主要完成 VIP 类别的设置，用户可根据业务需要新增、修改、删除。VIP 卡类别可以关联折扣方案和积分方案，属于该类别的用户卡根据设定的折扣方案和积分方案，结账时可打折和积分。

（二）演示进入酒店“会员卡管理”界面的程序

点击“会员中心”/“会员卡管理”/“VIP 卡类别”，系统出现如下界面，如图 11 -1 -1 所示。

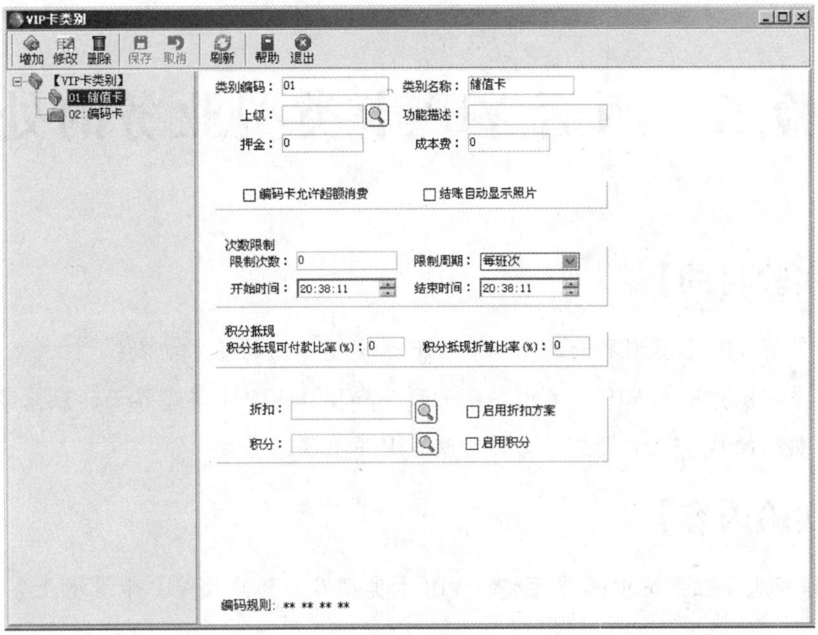

图 11－1－1

二、学生操作酒店“会员卡管理”界面的业务

(一) 学生操作酒店会员卡管理界面“新增 VIP 卡类别”业务

点击“新增”按钮，界面处于编辑状态。

录入“类别编码”、“类别名称”，选择“单业态”、“折扣”、“启用积分方案”等。

点击“保存”按钮，系统将新增的 VIP 卡类别保存。

(二) 学生操作“修改 VIP 卡类别”业务

在 VIP 卡类别列表树中，点击需修改的卡类别记录。

点击“修改”按钮，修改指定的卡类别记录。

点击“保存”按钮，系统将修改内容保存，如需撤销新增，点击“取消”按钮。

(三) 学生操作“删除 VIP 卡类别”业务

在 VIP 卡类别列表树中，点击需要删除的卡类别记录。

点击“删除”按钮，系统将指定的卡类别记录删除。

实验二　酒店 VIP 卡类型业务的处理

【实验目的】

1. 了解 VIP 卡类型界面的结构和 VIP 卡类型界面的基本功能；
2. 掌握操作进入 VIP 卡类型界面的程序和操作 VIP 卡类型界面的注意事项；
3. 熟练操作 VIP 卡类型界面的修改 VIP 卡类型业务。

【实验内容】

操作酒店管理系统中的前厅部的 VIP 卡类型界面的修改 VIP 卡类型业务。

【实验步骤】

一、教师演示介绍“VIP 卡类型”界面的基本内容

（一）说明“VIP 卡等级”界面的基本功能

VIP 卡类型：系统内置了六种 VIP 卡类型，用户可根据持有的卡类型进行选择，将指定的卡类型设置为缺省项即可，如使用的是 4428 卡，则在 4428 卡后是否缺省项上打钩。

（二）演示进入“VIP 卡等级”界面的程序

点击“会员中心”/“会员卡管理”/“VIP 卡类型”，系统出现如下界面，如图 11－2－1 所示。

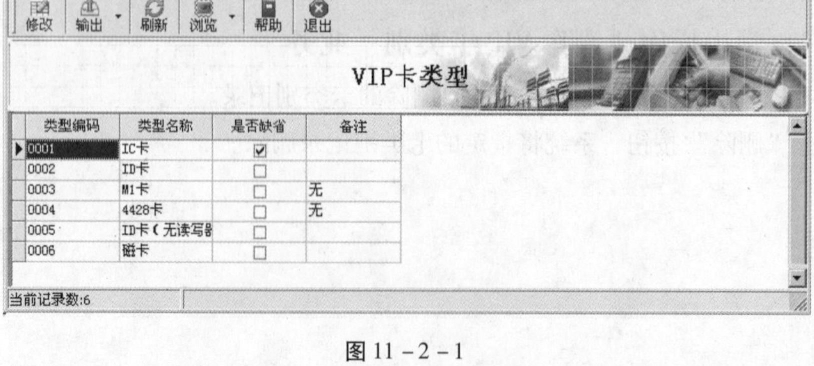

图 11－2－1

二、学生操作 VIP 卡类型界面的“修改 VIP 卡类型”业务

在 VIP 卡类别列表中，点击需要修改的 VIP 卡类别记录。

点击“修改”按钮，修改指定记录内容。

点击“保存”按钮，系统将修改内容保存。

注意：ID 卡、4428 卡（IC 卡）和 M1 卡这三种类型不能同时设置为缺省项。如果要执行 4428 卡的发卡操作，必须先将 4428 卡类型设置为缺省项。

实验三　酒店 VIP 卡等级业务的处理

【实验目的】

1. 了解 VIP 卡等级界面的结构和 VIP 卡等级界面的基本功能；

2. 掌握操作进入 VIP 卡等级界面的程序和操作 VIP 卡等级界面的注意事项；

3. 熟练操作 VIP 卡等级界面增加 VIP 卡等级、修改 VIP 卡等级、删除 VIP 卡等级业务。

【实验内容】

操作酒店管理系统中的前厅部的 VIP 卡等级界面的增加 VIP 卡等级、修改 VIP 卡等级、删除 VIP 卡等级基本业务。

【实验步骤】

一、教师演示介绍“VIP 卡等级”界面的基本内容

（一）说明“VIP 卡等级”界面的基本功能

VIP 卡等级主要用于 VIP 卡等级的设置，用户可根据业务需要进行新增、修改、删除。VIP 卡等级主要用于界定 VIP 卡的级别。

（二）说明操作“VIP 卡等级”界面的注意事项

新增、修改 VIP 卡等级时，卡等级编号需遵循编码规则：** ** **。

（三）演示进入“VIP 卡等级”界面的程序

点击“会员中心”/“会员卡管理”/“VIP 卡等级”，系统出现如下界面，如

图 11－3－1 所示。

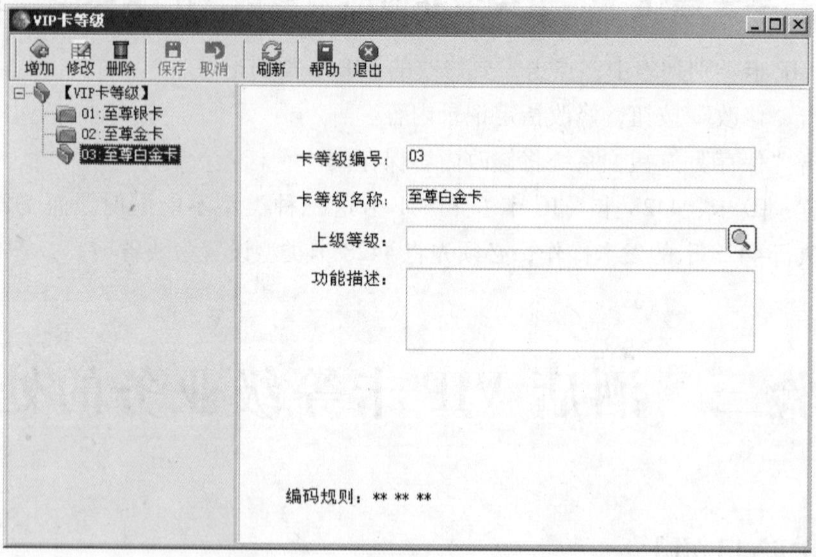

图 11－3－1

二、学生操作“VIP 卡等级”界面的业务

（一）学生操作“增加 VIP 卡等级”业务

在 VIP 卡等级列表树中选择卡等级，点击“新增”按钮，界面如图 11－3－2 所示。

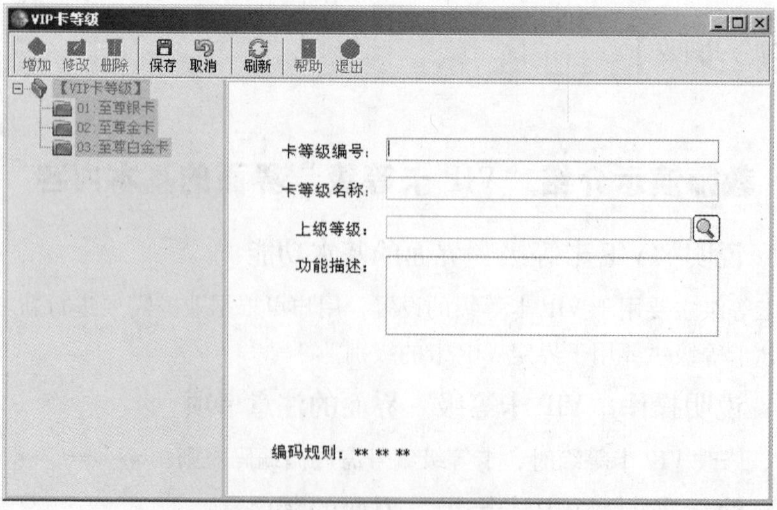

图 11－3－2

录入“卡等级编号”、“卡等级名称”，输入相应的“功能描述”。

点击“保存”按钮，系统将新增的VIP卡等级保存，如需撤销新增，点击“取消”按钮即可。

注意：如VIP卡等级列表树为空，或增加的等级没有对应的上级，点击“增加”按钮开始即可。

（二）学生操作“修改VIP卡等级”业务

在VIP卡等级列表树中，点击需要修改的VIP卡等级记录。

点击“修改”按钮，修改指定VIP卡等级。

点击“保存”按钮，系统将修改内容保存。

（三）学生操作“删除VIP卡等级”业务

在VIP卡等级列表树中，点击需要删除的VIP卡等级记录。

点击“删除”按钮，系统将指定的记录删除。

实验四 酒店VIP卡日常维护业务的处理

【实验目的】

1. 了解VIP卡日常维护界面的结构和VIP卡日常维护界面的基本功能；

2. 掌握操作进入VIP卡日常维护界面的程序和操作VIP卡日常维护界面的注意事项；

3. 熟练操作VIP卡日常维护界面制卡、发卡、充值、消值以及VIP卡处理等业务。

【实验内容】

操作酒店管理系统中的前厅部的VIP卡日常维护界面的制卡、发卡、充值、消值以及VIP卡处理基本业务。

【实验步骤】

一、教师演示介绍“VIP卡日常维护”界面的基本内容

（一）说明“VIP卡日常维护”界面的基本功能

VIP卡日常维护是用户进行VIP卡日常维护的主要界面，可实现制卡、发卡、充值、消值以及VIP卡处理等功能。

（二）演示进入“VIP卡日常维护”界面的程序

点击“会员中心”/“会员卡管理”/“VIP卡日常维护”，系统出现如下界面，如图11-4-1所示。

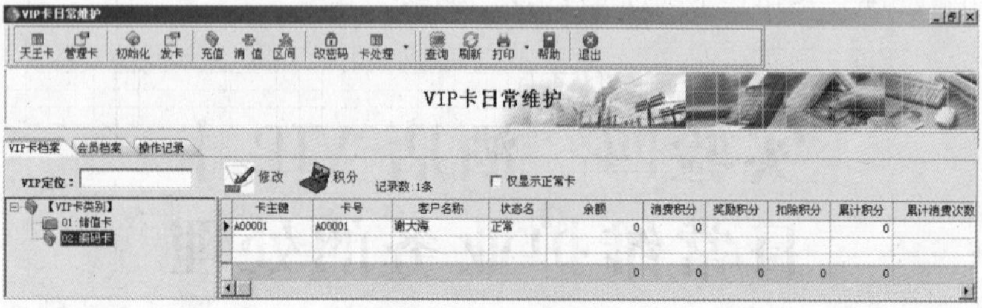

图11-4-1

二、学生操作“VIP卡日常维护”界面的业务

（一）学生操作VIP卡日常维护界面“制卡”的业务

以4428卡为例讲述制卡的全过程，制卡步骤如下：

配置天王卡→配置管理卡→初始化用户卡→发用户卡

1. 配置天王卡

系统配置的第一张卡必须是天王卡，天王卡可以用于制作管理卡。

配置天王卡的步骤如下：

在配置天王卡页面填写各项信息，将天王白卡插入读卡器，点击“配置”按钮。

注意：①配置天王卡之前，要保证VIP卡类型缺省项选择4428卡。

②用于配置天王卡的卡必须是天王白卡。

③密码必须输入六位0~9之间的数字，为保密起见，密码不要输入六位相同的数字。

④卡号填写卡上的印刷序号。

⑤页面中的所有项都是必填项。

2. **制作管理卡**

配置天王卡后，可以用天王卡来制作管理卡，管理卡用于为用户卡充值、挂失、解挂等。

制作管理卡步骤如下：

（1）输入管理卡卡号、持卡人和短信电话信息，点击“制管理卡”。

（2）按提示插入天王卡后，点击“确定”按钮。

（3）按系统提示，拿开天王卡，放管理卡，点击“确定”按钮。

（4）系统提示制作管理卡成功。

可以制作多张管理卡。

3. **初始化**

制作管理卡后，先初始化用户卡，然后才可以发卡。

初始化步骤如下：

（1）选择连锁公司标志，点击“初始化”。

（2）按系统提示放入管理卡，点击“确定”。

（3）按系统提示放入用户白卡，点击“确定”。

（4）卡初始化成功。

（二）学生操作“发卡”业务

用户卡初始化后，可执行发卡操作。

发卡步骤如下：

1. 选择业态名称、持卡人姓名、类别、等级，填写内部卡号、密码、余额，点击“开始发卡”按钮。

2. 按系统提示放入管理卡。

3. 拿开管理卡放用户卡白卡。

4. 系统提示发卡成功，VIP 卡档案也会增加一条卡记录。

（三）学生操作“充值”业务

提供 VIP 卡的充值操作。

充值步骤如下：

1. 将要充值的用户卡放入读卡器，在充值卡页面点击“读卡”。

2. 输入本次充值额，点击“充值”。

3. 按系统提示放入管理卡，点击“确定”。

4. 按系统提示放入用户卡，点击“确定”。

5. 系统提示充值成功，再次点击读卡，可以查看充值后卡内余额。

（四）学生操作“消值”业务

提供 VIP 卡的消值操作，在充值出错的情况下使用。

消值步骤如下：

1. 将要消值的用户卡放入读卡器，在消值页面点击“读卡”。

2. 输入本次消值额，点击“消值”。

3. 系统提示操作成功，再次点击“读卡”，可以查看消值后卡内余额。

（五）学生操作“报损”业务

报损的卡只能回收，不能结账、充值、消值。

填写卡密码和报损原因，点击“报损”即可。

（六）学生操作“改密码”业务

修改密码步骤如下：

1. 在密码修改界面，填写原密码和新密码，注意密码必须输入不超过六位的0～9之间的字符。

2. 按系统提示放入管理卡，点击“确定”按钮。

3. 按系统提示放入要修改密码的用户卡，点击“确定”。

4. 系统提示密码修改成功。

（七）学生操作“挂失”业务

操作步骤：在VIP卡档案中选择要挂失的卡的记录，点击“卡挂失”，输入卡密码，点击“挂失”。

注意：挂失的卡不能结账、充值、消值，可以在解挂后再次正常使用。

（八）学生操作“解挂”业务

对挂失的卡执行解挂操作，在卡解挂界面，输入正确的密码就可以解挂。解挂后的卡可以正常使用。

（九）学生操作“禁用”业务

选择要禁用的卡的记录，在卡禁用页面填写禁用原因，便可以禁用。

注意：禁用的卡不能结账、充值、消值，可以在解禁之后再次正常使用。

（十）学生操作“解禁”业务

对禁用的卡执行解禁操作，只要在卡解禁界面填写解禁原因，便可以解禁。

（十一）学生操作“回收”业务

对正常卡和非正常卡都可以执行回收，回收后的卡账号被停用，清空后可以再次发卡。

在卡回收页面填写回收原因，点击“回收卡”按钮，便可以将卡回收。

（十二）学生操作“清卡”业务

对回收的卡可以执行清卡操作，卡清空后可以再次发卡。

操作步骤如下。

1. 在清卡页面点击“读卡”。

2. 按系统提示放入管理卡，点击“确定”。

3. 按系统提示放入要清空的用户卡，点击“确定”。

4. 点击“清空卡”，系统提示卡格式化成功。

（十三）学生操作“卡升级业务”将卡从 v5.1 升级到 v6.0 的操作。升级后的卡保留 v5.1 卡的部分基本信息

卡升级步骤：

1. 填写 v5.1 卡号和密码，将卡插入 v5.1 读写器，获取 v5.1 卡信息。

2. 将 v5.1 卡插入 v6.0 读写器，选择端口、格式化。

3. 选择连锁表示初识化。

4. 填写相关数据、发卡。

实验五　酒店积分方案业务的处理

【实验目的】

1. 了解积分方案界面的结构和积分方案界面的基本功能；

2. 掌握操作进入积分方案界面的程序和操作积分方案界面的注意事项；

3. 熟练操作积分方案界面积分方案固定积分、按区间金额积分、按区间金额比率进行积分等业务。

【实验内容】

操作酒店管理系统中的前厅部的积分方案界面的积分方案固定积分、按区间金额积分、按区间金额比率进行积分基本业务。

【实验步骤】

一、教师演示介绍“积分方案”界面的基本内容

（一）说明“积分方案”界面的基本功能

积分方案是对会员卡的消费情况进行积分，通过积分对顾客进行一定的物质奖励，达到吸引顾客的目的。积分方案建立后在“VIP 卡类别”中进行引用。

（二）演示进入“积分方案”界面的程序

点击“会员中心”/“会员消费管理”/“积分方案”，系统出现如下界面，如图 11－5－1 所示。

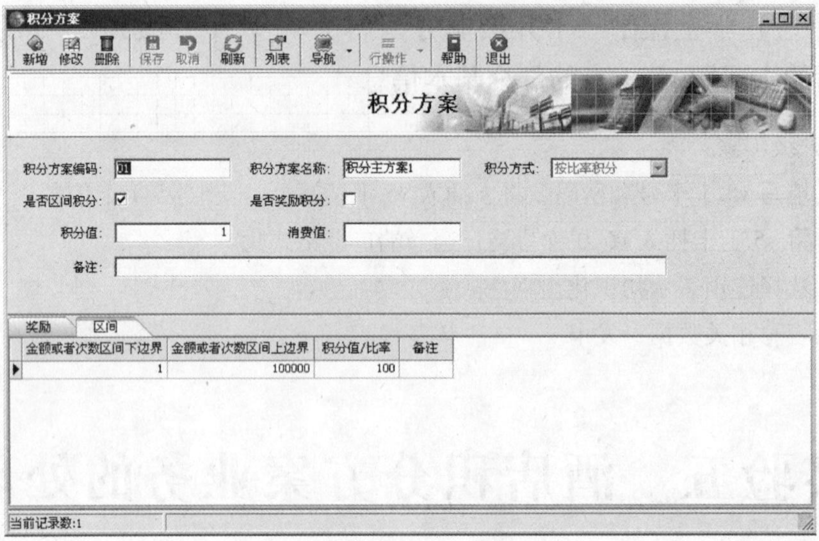

图 11－5－1

可设置的积分方案，总体可分为三大类：固定积分、按区间金额积分、按区间金额的比率进行积分。三类积分皆可选择是否进行奖励。下面对不同的积分方案进行一一介绍。

二、学生操作“积分方案”界面的业务

（一）学生操作积分方案界面“积分方案固定积分”业务

1. 点击“新增”按钮，进入积分编辑界面。

2. 录入“积分方案编码”、“积分方案名称”，“积分方式”选择按金额积分，“是否奖励积分”为可选项，在“消费值”和“积分值”输入框中填入要设置的数值，如要奖励积分则在奖励页签处进行奖励数值的设置，积分界面如图 11－5－2 所示。

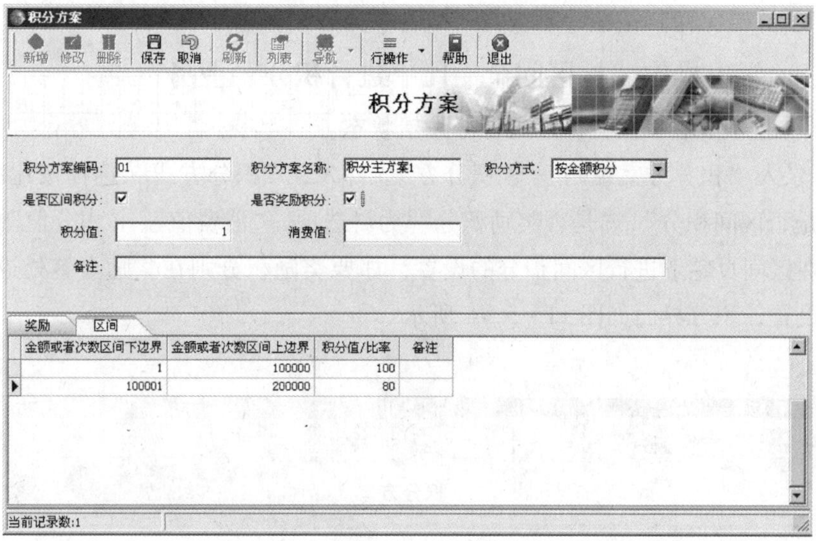

图 11－5－2

3. 点击“保存”按钮，将新增的积分方案保存。

（二）学生操作“按区间金额积分”业务

1. 点击“新增”按钮，进入积分方案的编辑界面。

2. 录入“积分方案编码”、“积分方案名称”，“积分方式”选择按金额积分，勾选“是否区间积分”，“是否奖励积分”为可选项，“消费值”、“积分值”不需要设置，在区间页签下进行区间积分的设置，如要奖励积分则在奖励页签处进行奖励数值的设置，积分界面如图 11－5－3 所示。

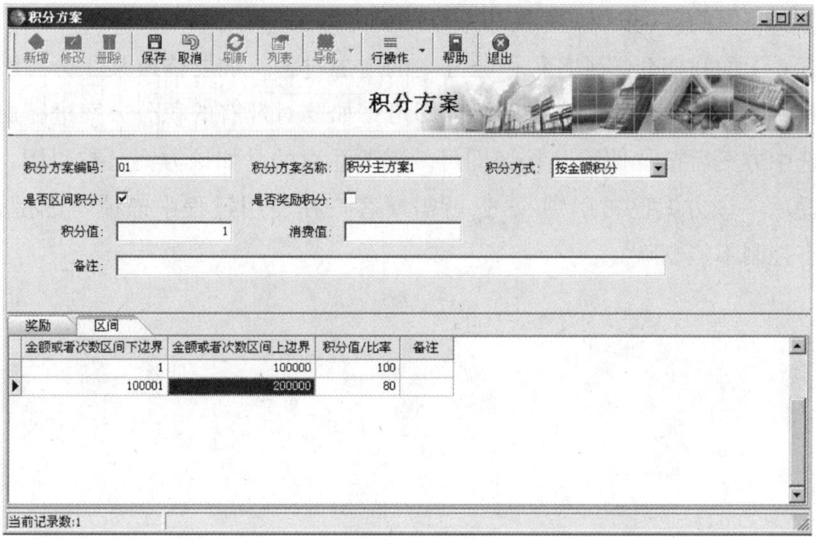

图 11－5－3

3. 点击“保存”按钮，系统将新增的积分方案保存。

（三）学生操作“按区间金额比率进行积分”业务

1. 点击“新增”按钮，进入积分编辑状态。

2. 录入“积分方案编码”、“积分方案名称”，“积分方式”选择按比率积分，勾选“是否区间积分”，“是否奖励积分”为可选项，“消费值”、“积分值”不需要设置，在区间页签下进行区间积分的设置，如要奖励积分则在奖励页签处进行奖励数值的设置，积分界面如图 11 -5 -4 所示。

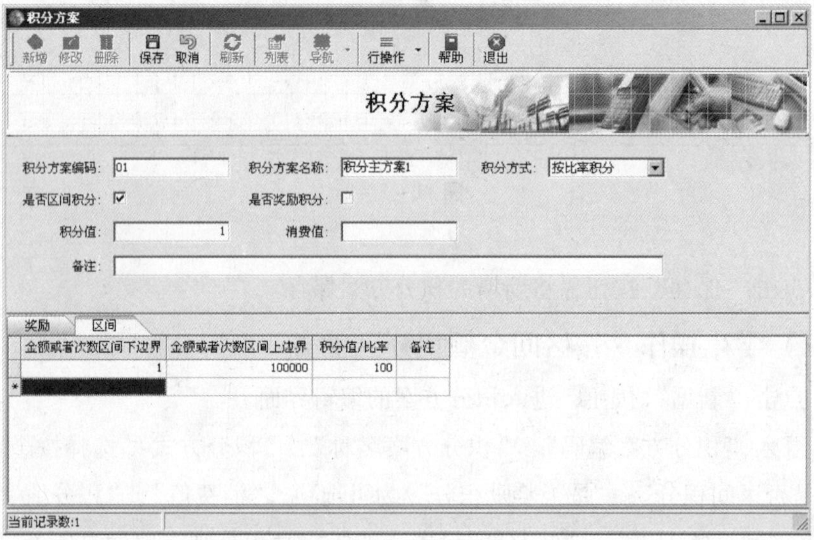

图 11 -5 -4

3. 点击“保存”按钮，系统将新增的积分方案保存。

注意：上面我们介绍了各种积分方案的增加过程，如要修改某积分方案，则只要选中其方案点修改，修改完成后保存即可；如要对现有的积分方案进行删除，则只需要选中方案后按“删除”按钮即可。需要注意的是如该方案已被引用，则系统会给出提示“该方案已被引用”，这就需要客户在使用过程中谨慎考虑是否删除，系统没有控制不能删除。

第十二章

报表中心

实验一　酒店客务报表业务的处理

【实验目的】

1. 了解酒店客务报表界面的结构和酒店客务报表界面的基本功能；

2. 掌握操作进入酒店客务报表界面的程序和操作酒店客务报表界面的注意事项；

3. 熟练操作酒店客务报表界面酒店房间清洁状态表、客房当前房态表、客房小商品消费表业务。

【实验内容】

操作酒店管理系统中的前厅部的酒店客务报表界面的房间清洁状态表、客房当前房态表、客房小商品消费表业务。

【实验步骤】

一、教师讲解和操作“客务报表”业务

（一）教师讲解“客务报表”的结构

房间清洁状态表、客房当前房态表、客房小商品消费表。

（二）教师讲解“客务报表”的作用

客务报表统计了小商品、房间状态等报表，可以为房务中心服务提供数据。

二、学生操作“客务报表”业务

（一）学生操作客务报表中的“房间清洁状态表”业务

报表作用：显示实时的客房清洁情况，可以根据此表，安排客房清扫工作。

1. 输入查询条件，系统显示如图 12-1-1 所示

输入房间类型：按房间类型查询，从房间类型中参照，支持多选。

输入楼层：按楼层查询房间的清洁状态，如需按楼层安排，可以选择楼层查询；参数、数据由系统统计。

输入公司：系统支持多公司查询，默认为操作员所属公司。

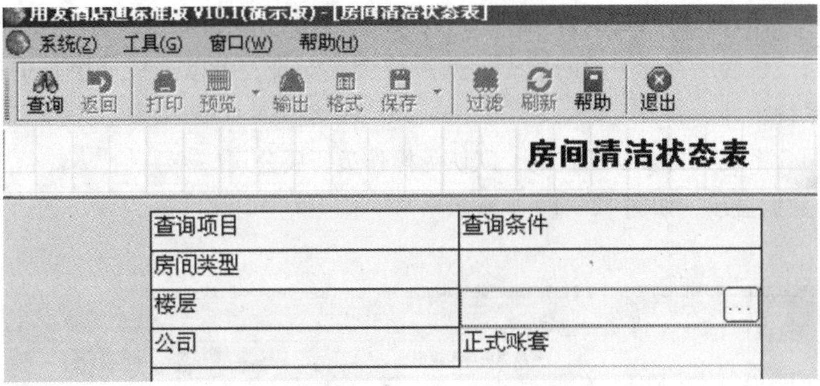

图 12－1－1

2. 数据显示，如图 12－1－2 所示

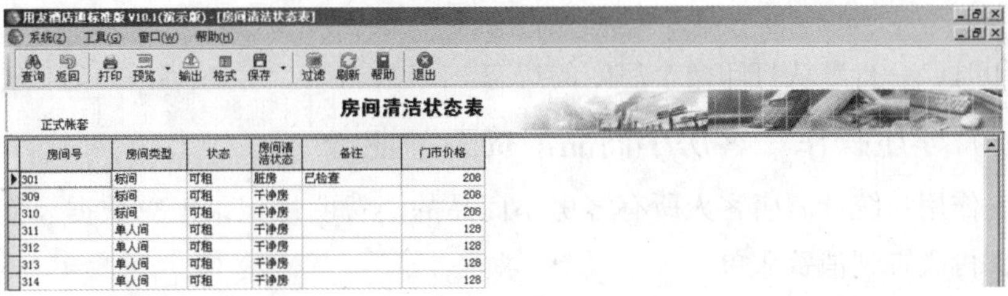

图 12－1－2

打印时，一行默认打印两个房间的清洁状态。

（二）学生操作“客房当前房态表”业务

报表作用：统计当前实时的房态，便于核查实际房态是否一致。

1. 输入查询条件，如图 12－1－3 所示

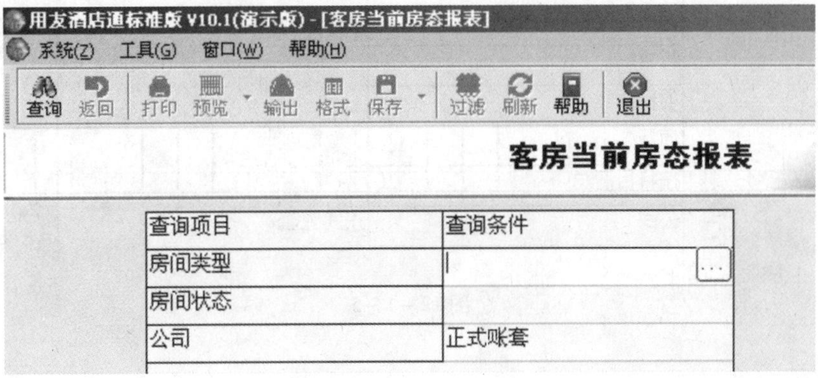

图 12－1－3

房间类型：按房间类型查询，从房间类型中参照，支持多选。

楼层：按楼层查询房间的房态，如需按楼层安排，可以选择楼层查询；参数、数据由系统统计。

公司：系统支持多公司查询，默认为操作员所属公司。

2. **数据显示，如图 12－1－4 所示**

房间号	房间类型	房间状态	房间清洁状态	锁房开始日期	锁房结束日期	原因	备注	房间备注
301	标间	可租	脏房					已检查
302	标间	在住	干净房					已检查
303	标间	在住	干净房					已检查
304	标间	在住	干净房					已检查
305	标间	在住	干净房					
306	标间	预定	干净房					小修
307	标间	预定	干净房					
308	标间	预定	干净房					小修
309	标间	可租	干净房					
310	标间	可租	干净房					
311	单人间	可租	干净房					
312	单人间	可租	干净房					

图 12－1－4

打印时，一行默认打印两个房间的房态。

（三）学生操作“客房小商品消费表”业务

报表作用：统计酒店客人所有客房小商品的消费明细记录汇总数据。支持 3 联查明细，再联查到消费账单。

1. **输入查询条件，系统显示如图 12－1－5 所示**

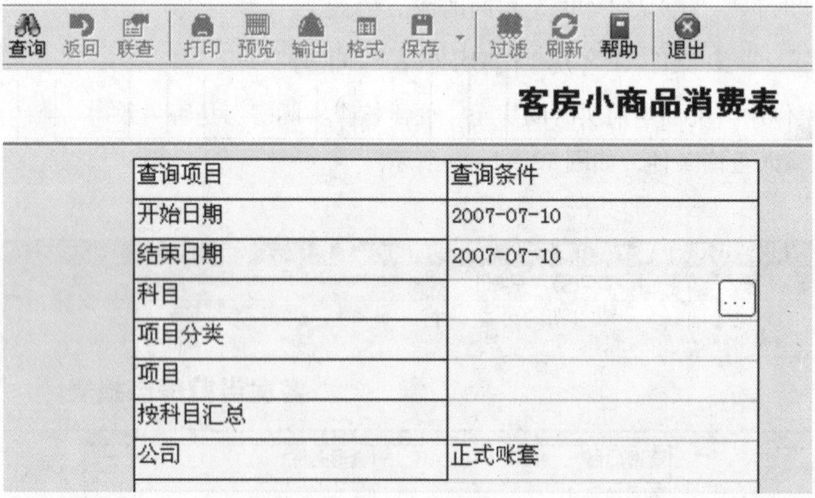

查询项目	查询条件
开始日期	2007-07-10
结束日期	2007-07-10
科目	
项目分类	
项目	
按科目汇总	
公司	正式账套

图 12－1－5

开始日期：查询数据的开始日期；默认为当前系统日期。

结束日期：查询数据的结束日期；这个日期指消费项的发生时间，包括结账和未结账的数据。

科目：查询指定科目的小商品；从科目档案参照。

项目分类：查询指定项目分类下的小商品；从项目分类参照。

项目：查询特定的小商品；从项目档案中参照。

按科目汇总：系统默认项目汇总，用户可以选择按科目汇总数据。

公司：系统支持多公司查询，默认为操作员所属公司。

2. 数据显示如图 12－1－6 所示

图 12－1－6

表头显示有报表名称，查询日期和公司。

3. 联查明细

通过双击数据行，或者选择某个数据行，点击“联查”，可以看到该数据的消费明细，如图 12－1－7 所示。

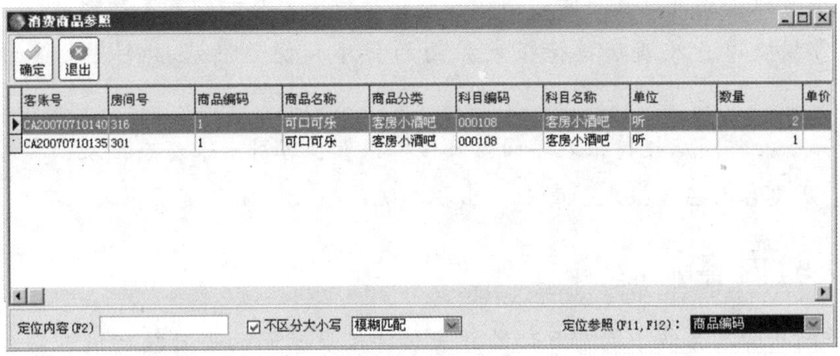

图 12－1－7

再次双击消费明细，可以联查到具体的消费单，如图 12－1－8 所示。

图 12－1－8

实验二　酒店接待报表业务的处理

【实验目的】

1. 了解酒店接待报表界面的结构和酒店接待报表界面的基本功能；

2. 掌握操作进入酒店接待报表界面的程序和操作酒店接待报表界面的注意事项；

3. 熟练操作酒店接待报表界面当日接待报表、客房未来房态报表、客房收入明细报表、历史客人综合报表、营业日出租率统计报表、团队消费报表业务。

【实验内容】

操作酒店管理系统中的前厅部的酒店接待报表界面的当日接待报表、客房未来房态报表、客房收入明细报表、历史客人综合报表、营业日出租率统计报表、团队消费报表基本业务。

【实验步骤】

一、教师演示介绍酒店“接待报表”界面的基本内容

从接待的角度统计营业数据，包括以下几个报表：当日接待报表、客房未来房态报表、客房收入明细报表、历史客人综合报表、营业日出租率统计报表、团队消费报表。

二、学生操作客务报表业务

（一）学生操作接待报表中的“当日接待报表”业务

报表作用：统计本日、本月、本年的人数、房费收入，并和去年同期作对比分析。

1. 输入查询条件，如图 12－2－1 所示

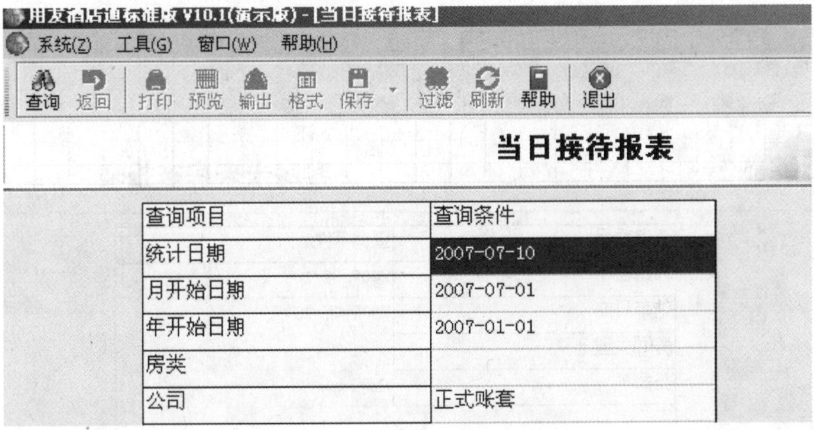

图 12－2－1

统计日期：统计接待的日期。默认为系统日期。

月开始日期：月度统计的开始日期，默认为本月 1 号。

年开始日期：年度统计的开始日期，默认为本年本月 1 号。

房类：可以查询指定房类的接待信息，不选为全部。从房类档案中参照。

公司：系统支持多公司查询，默认为操作员所属公司。

2. 数据显示如图 12－2－2 所示

类型	当日发生	去年同日	同日对比	本月累计	去年同月	同期对比	本年累计	去年累计	同年对比
成人数	14	0	0	14	0	0	14	0	
儿童数	0	0	0	0	0	0	0	0	
未抵数	4	0	0	4	0	0	4	0	
当日入住	14	0	0	14	0	0	14	0	
当日离店	5	0	0	5	0	0	5	0	
房费收入	2288	0	0	2288	0	0	2288	0	
夜房费	2288		0	2288		0	2288		

图 12－2－2

（二）学生操作接待报表中的“客房未来房态报表”业务

报表作用：查询未来一段时间内客房的房态。

1. 输入查询条件，系统显示如图 12－2－3 所示

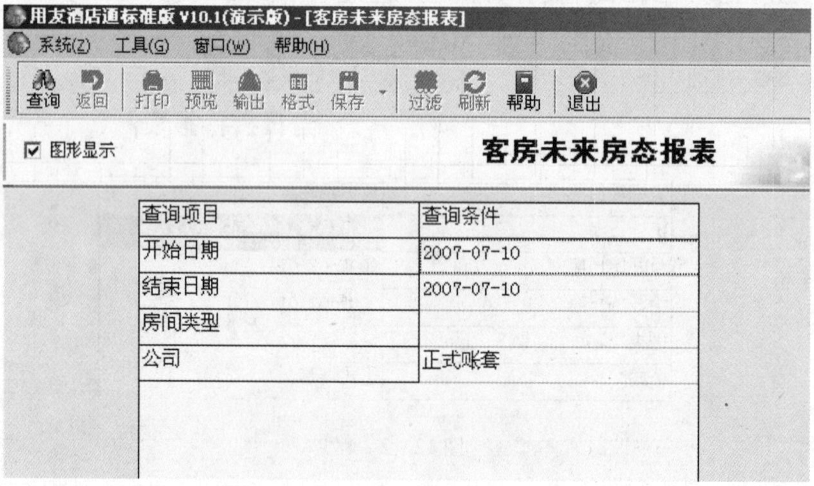

查询项目	查询条件
开始日期	2007-07-10
结束日期	2007-07-10
房间类型	
公司	正式账套

图 12－2－3

开始日期：指定查询房态的开始日期，默认为当前系统日期。

结束日期：指定查询房态的结束日期。

房间类型：可以查询指定房类的接待信息，不选为全部。从房间类型中参照。

公司：系统支持多公司查询，默认为操作员所属公司。

2. **数据显示如图 12－2－4 所示**

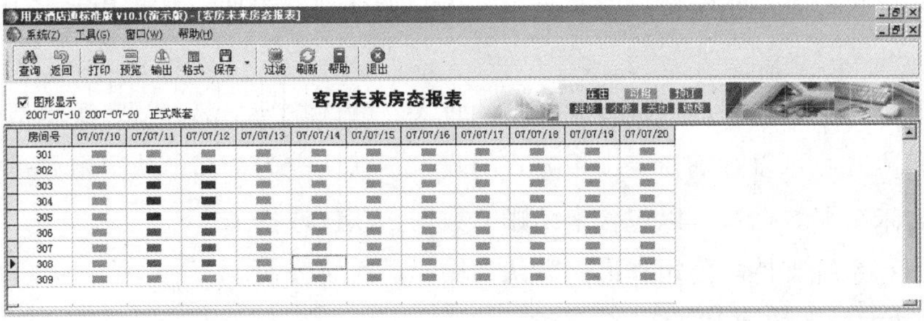

图 12－2－4

房态显示可以图形或者文字方式，可以通过勾选“图形显示”来转换。

（三）学生操作接待报表中的“客房收入明细报表”业务

报表作用：按账单列出其房费收入的明细情况，包括客人姓名、性别、房间、房费收入、宾客余额等。

1. **输入查询条件，系统显示如图 12－2－5 所示**

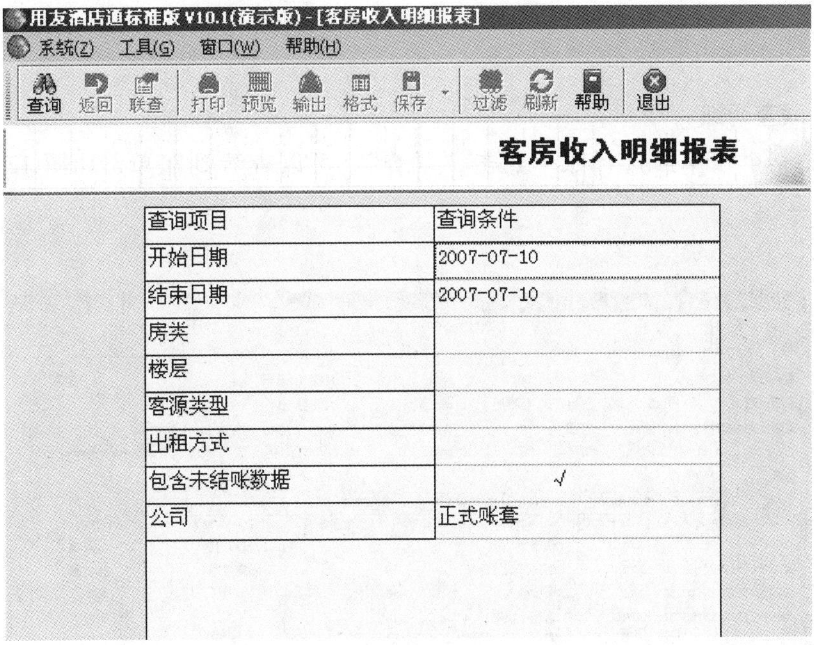

图 12－2－5

开始日期：查询数据的开始日期；默认为系统日期。

结束日期：查询数据的结束日期；账单的来店日期或离店日期在这个日期范围内就查询出来。

房类：可以查询指定房类的收入；默认空为全部；从房间类型中参照。

楼层：可以查询指定楼层的收入；默认空为全部；参照，数据由系统从房间档案统计。

客源类型：可以查询指定客源类型的收入；默认空为全部；从客源类型中参照。

出租方式：可以查询指定出租方式的收入；默认空为全部；从出租方式中参照。

包含未结账数据：可以包含未结账的数据，默认选择。

公司：系统支持多公司查询，默认为操作员所属公司。

2. 数据显示如图 12－2－6 所示

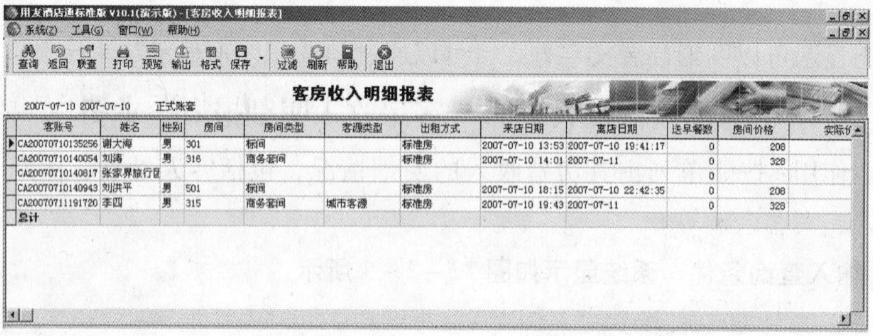

图 12－2－6

3. 联查明细

双击某个账单或选择账单点击“联查”，可以查看到账单，如图 12－2－7 所示。

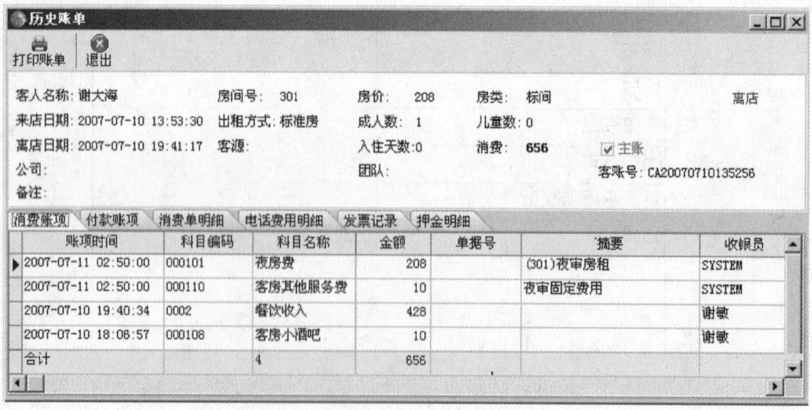

图 12－2－7

（四）学生操作接待报表中的"历史客人综合报表"业务

报表作用：查询已离店客人的消费信息，如在查询的范围内有多次住店，可以看到每个客人的合计。

1．输入查询条件，如图 12－2－8 所示

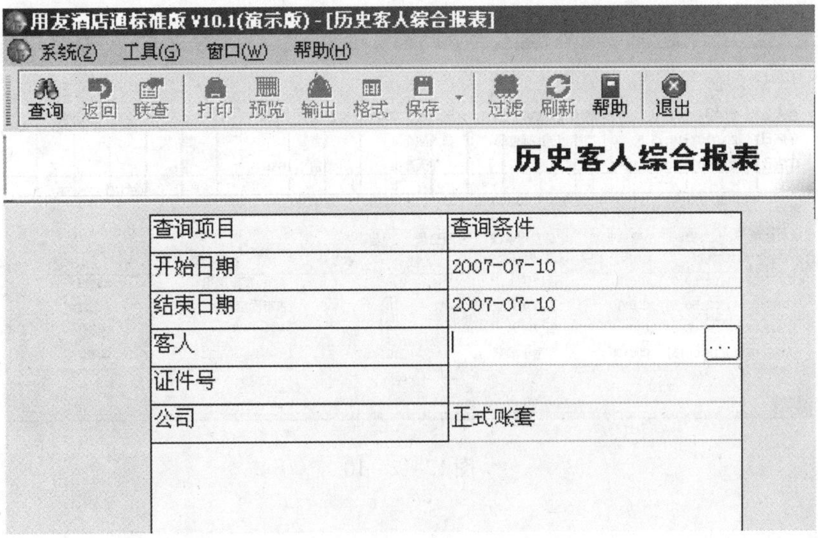

图 12－2－8

开始日期：查询数据的开始日期；默认为系统日期。

结束日期：查询数据的结束日期；账单的来店日期或离店日期在这个日期范围内就能查询出来。

客人：按客人姓名查询。可以手工输入，也可以从客人档案中参照。可以支持模糊匹配，如输入"熊"，客人的姓名含有熊的均可以查出来。

证件号：按客人的证件号查询。支持模糊查询。

公司：系统支持多公司查询，默认为操作员所属公司。

2．数据显示如图 12－2－9 所示

客账号	姓名	性别	房间	房间类型	实际价格	客源类型	出租方式	来店日期	离店日期	入住天数	消费总额	生日
CA20070710140939	ZJJLXT_7	男	409	标间	208		标准房	2007-07-10	2007-07-10 1	0	0	
小计	ZJJLXT_7									0	0	
CA20070710135256	谢大海	男	301	标间	208		标准房	2007-07-10	2007-07-10 1	0	656	1967-12-23
小计	谢大海									0	656	
CA20070710140943	刘洪平	男	501	标间	208		标准房	2007-07-10	2007-07-10 2	0	500	
小计	刘洪平									0	500	
CA20070710140937	ZJJLXT_6	男	408	标间	208		标准房	2007-07-10	2007-07-10 1	0	0	
小计	ZJJLXT_6									0	0	
CA20070710140941	ZJJLXT_8	男	410	标间	208		标准房	2007-07-10	2007-07-10 1	0	0	
小计	ZJJLXT_8									0	0	
总计										0	1156	

图 12－2－9

3. 联查明细

双击数据行，或选择某行点击“联查”，可以查询到历史账单，如图 12－2－10 所示。

注意：合计行不能联查。

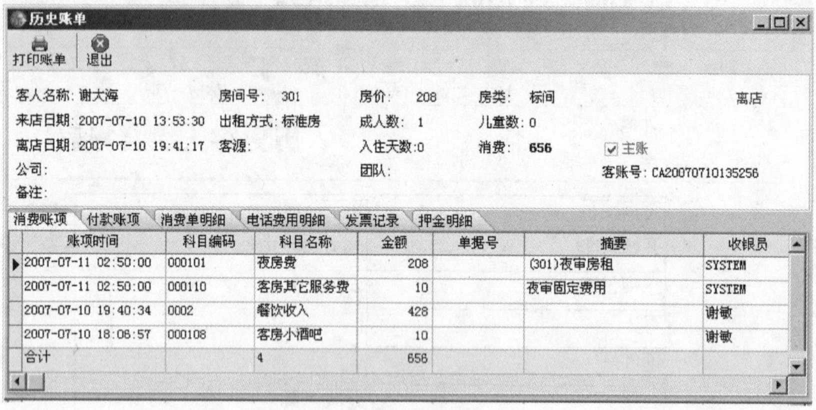

图 12－2－10

（五）学生操作接待报表中的“营业日出租率统计报表”业务

报表作用：查询一段时间内，每一种房间类型的出租情况。可以按照出租方式查询。

1. 输入查询条件，系统如图 12－2－11 所示

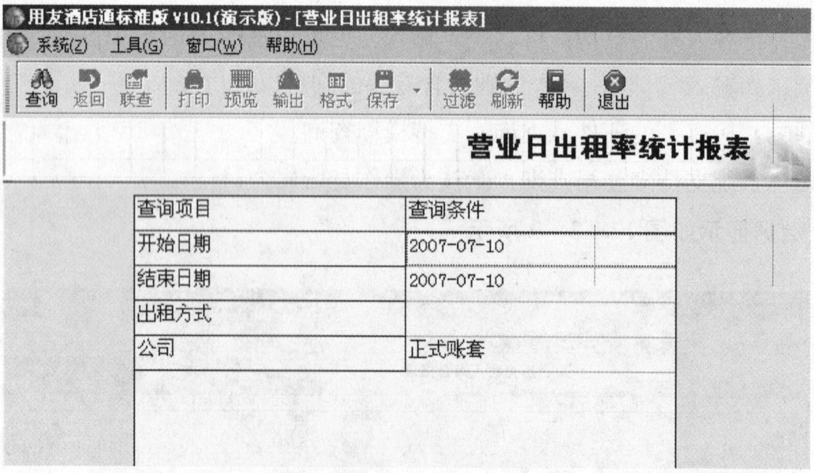

图 12－2－11

开始日期：查询数据的开始日期；默认为系统日期。

结束日期：查询数据的结束日期。

出租方式：按出租方式查询；从出租方式中参照选择，可以多选。

公司：系统支持多公司查询，默认为操作员所属公司。

2. **数据显示如图 12－2－12 所示**

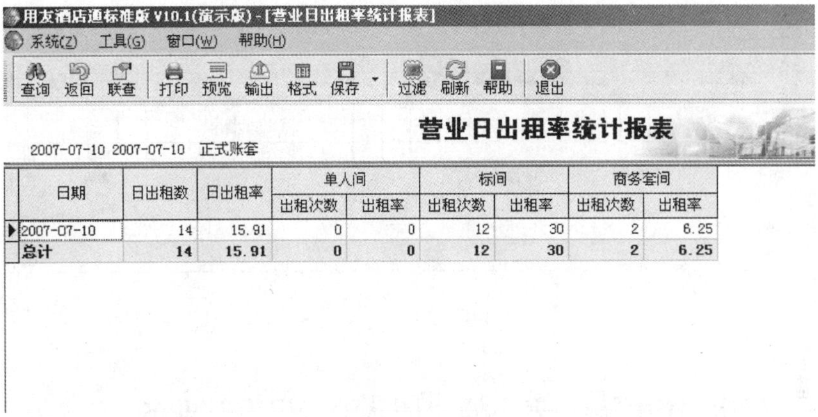

日期	日出租数	日出租率	单人间		标间		商务套间	
			出租次数	出租率	出租次数	出租率	出租次数	出租率
2007-07-10	14	15.91	0	0	12	30	2	6.25
总计	**14**	**15.91**	**0**	**0**	**12**	**30**	**2**	**6.25**

图 12－2－12

3. **联查明细**

联查：在不同的列，可以得到不同的联查结果，如在日出租数、日出租率联查得到当前行日期一天的全部账单；如果在某个房类下联查，得到这个房类在当前行日期一天的全部账单，如图 12－2－13 所示。

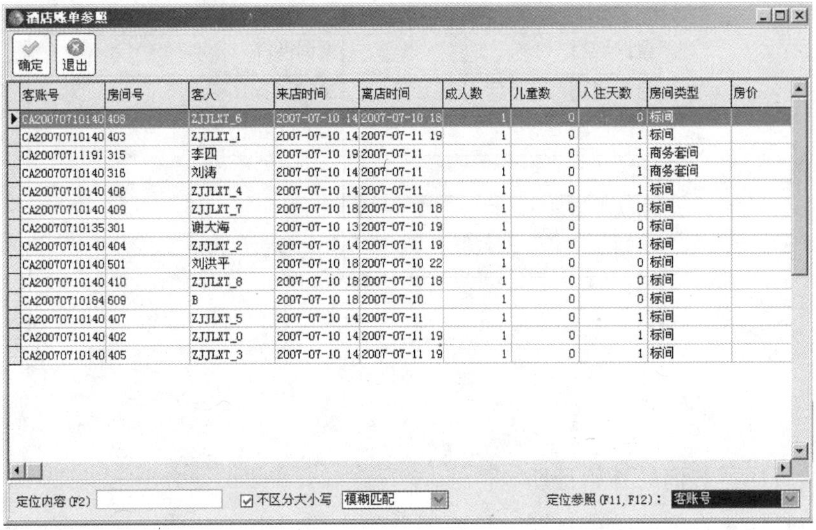

客账号	房间号	客人	来店时间	离店时间	成人数	儿童数	入住天数	房间类型	房价
CA20070710140	408	ZJJLXT_6	2007-07-10 14	2007-07-10 18	1	0	0	标间	
CA20070710140	403	ZJJLXT_1	2007-07-10 14	2007-07-11 19	1	0	1	标间	
CA20070711191	315	李四	2007-07-10 19	2007-07-11	1	0	1	商务套间	
CA20070710140	316	刘涛	2007-07-10 14	2007-07-11	1	0	1	商务套间	
CA20070710140	406	ZJJLXT_4	2007-07-10 14	2007-07-11	1	0	1	标间	
CA20070710140	409	ZJJLXT_7	2007-07-10 18	2007-07-10 18	1	0	0	标间	
CA20070710135	301	谢大海	2007-07-10 13	2007-07-10 19	1	0	0	标间	
CA20070710140	404	ZJJLXT_2	2007-07-10 14	2007-07-11 19	1	0	1	标间	
CA20070710140	501	刘洪平	2007-07-10 18	2007-07-10 22	1	0	0	标间	
CA20070710140	410	ZJJLXT_8	2007-07-10 18	2007-07-10 18	1	0	0	标间	
CA20070710184	609	B	2007-07-10 18	2007-07-10	1	0	0	标间	
CA20070710140	407	ZJJLXT_5	2007-07-10 14	2007-07-11	1	0	1	标间	
CA20070710140	402	ZJJLXT_0	2007-07-10 14	2007-07-11 19	1	0	1	标间	
CA20070710140	405	ZJJLXT_3	2007-07-10 14	2007-07-11 19	1	0	1	标间	

图 12－2－13

双击联查出的账单，可以查询到具体的历史账单，如图 12－2－14 所示。

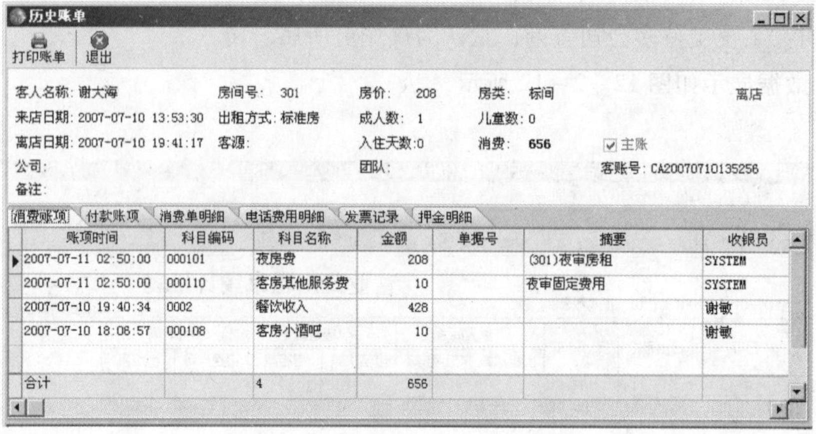

图 12－2－14

（六）学生操作接待报表中的“团队消费报表”业务

报表作用：查询酒店的所有团队消费情况。

1. 输入查询条件，系统显示如图 12－2－15 所示

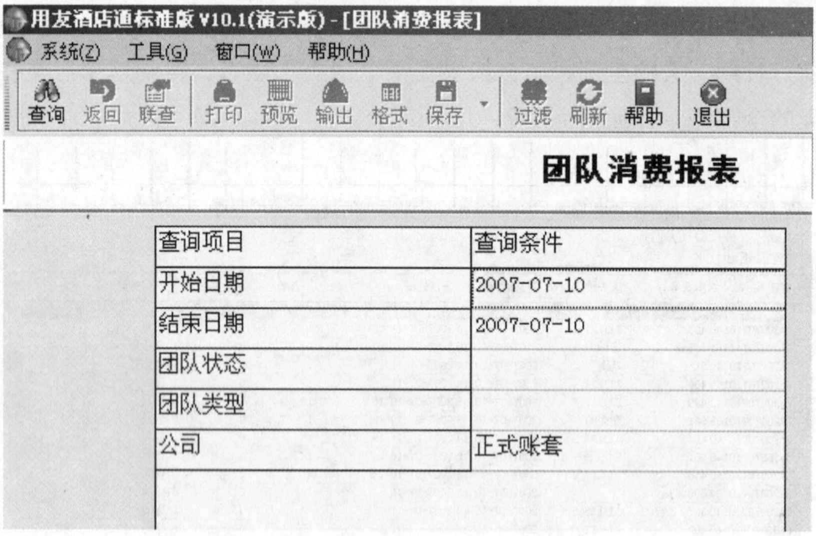

图 12－2－15

开始日期：查询的开始日期。

结束日期：查询的结束日期；只要团队的来店或离店日期在这个范围内，均可以查询出。

团队状态：按照团队主账的类型查询；参照，数据由系统内置。

团队类型：按照团队的类型查询；从团队类型中参照。

公司：系统支持多公司查询，默认为操作员所属公司。

2．数据显示如图 12－2－16 所示

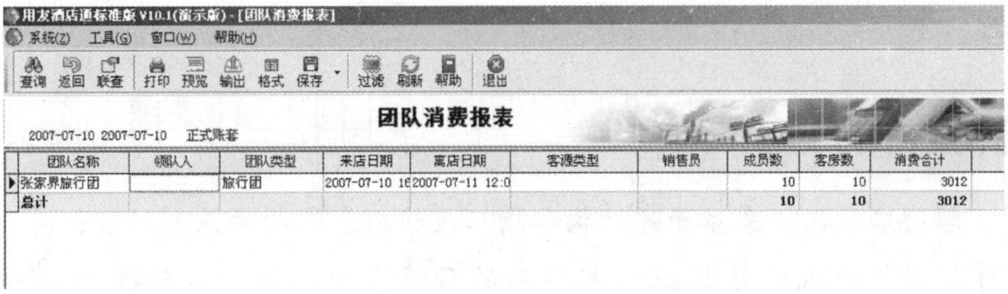

图 12－2－16

3．联查明细，如图 12－2－17 所示

图 12－2－17

双击团队，或选择一个团队点击“联查”，可以查询到该团队的全部成员账。双击团队成员账，可以查询到团队成员的历史账单，如图 12－2－18 所示。

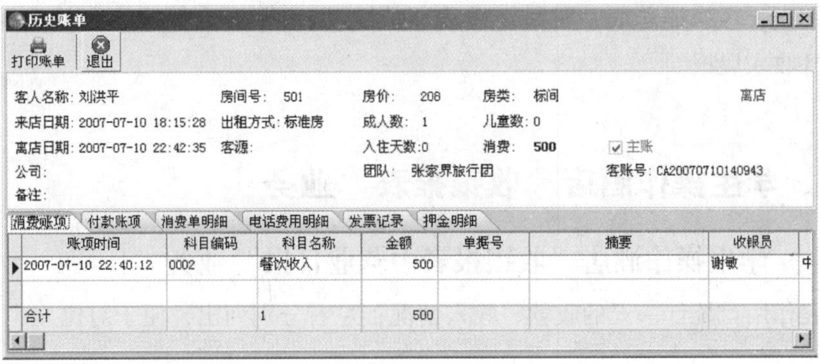

图 12－2－18

实验三　酒店收银报表业务的处理

【实验目的】

1. 了解酒店收银报表界面的结构和酒店收银报表界面的基本功能；

2. 掌握操作进入酒店收银报表界面的程序和操作酒店收银报表界面的注意事项；

3. 熟练操作酒店收银报表界面酒店营业日报、客账电话明细报表、收银员日报表、收银员实收明细表、收银员结账明细表、客账明细表、客账汇总表、科目汇总表、挂账/城市账客人情况表、补交押金情况表、每日收入晨报等业务。

【实验内容】

操作酒店管理系统中的前厅部的酒店收银报表界面的营业日报、客账电话明细报表、收银员日报表、收银员实收明细表、收银员结账明细表、客账明细表、客账汇总表、科目汇总表、挂账/城市账客人情况表、补交押金情况表、每日收入晨报基本业务。

【实验步骤】

一、教师演示介绍酒店“收银报表”界面的基本内容

从财务以及收银员的角度统计消费、收款的情况。包括以下几个报表：营业日报、客账电话明细报表、收银员日报表、收银员实收明细表、收银员结账明细表、客账明细表、客账汇总表、科目汇总表、挂账/城市账客人情况表、补交押金情况表、每日收入晨报。

二、学生操作酒店“收银报表”业务

（一）学生操作酒店“收银报表中营业日报”业务

报表作用：统计一天的收款、收入情况；左右分别列出，便于对比。

1. 输入查询条件，显示如图 12－3－1 所示

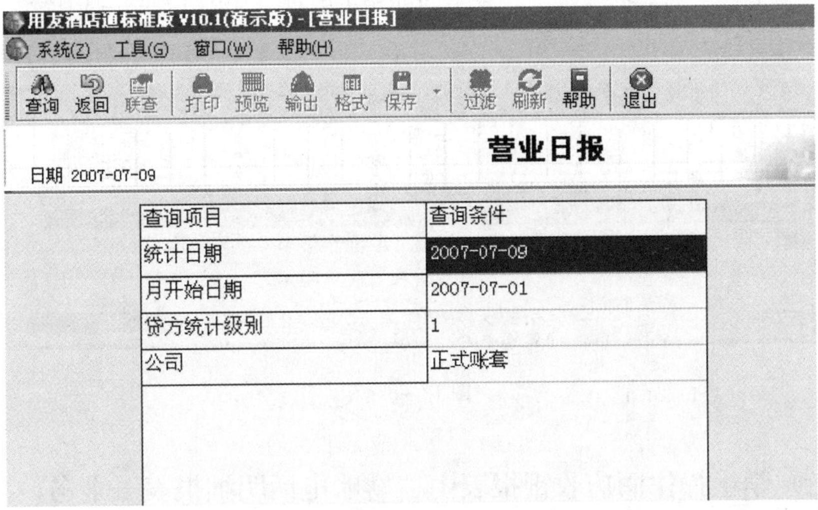

图 12－3－1

统计日期：查询统计的日期；必须是已过夜审的日期。

月开始日期：报表中月度累计的开始日期，默认为当月的第一天。

贷方统计级别：贷方科目统计的级次，最大 4 级。默认为 2 级。

公司：系统支持多公司查询，默认为操作员所属公司。

2. 数据显示如图 12－3－2 所示

借方	今日借方	月累计借方	贷方	今日贷方	月累计贷方
现金	0	0	城市客源	0	0
挂账	0	0	外地客源	0	0
VIP卡	0	0	房费折扣	0	0
消费券	0	0	冲减房费	0	0
国内卡　信用卡	0	0	[房间收入合计]	0	0
免单	0	0	客房破损赔偿费	0	0
公司账	0	0	客房杂项	0	0
现金支票	0	0	客房小酒吧	0	0
转账支票	0	0	客房其他	0	0
签单卡	0	0	客房其他服务费	0	0
代金券	0	0	客房其他折扣	0	0
承前结余		0	其他服务费(尾数)	0	0
宾客余额			其他折扣(尾数)	0	0
			餐饮收入	0	0
			娱乐收入	0	0
			电话收入	0	0
			[其他收入合计]	0	0
借方总计	**0**	**0**	**贷方总计**	**0**	**0**

图 12－3－2

3. **联查明细**

点击数据行中的数据，可以联查不同的相关数据，如图 12－3－3 所示。

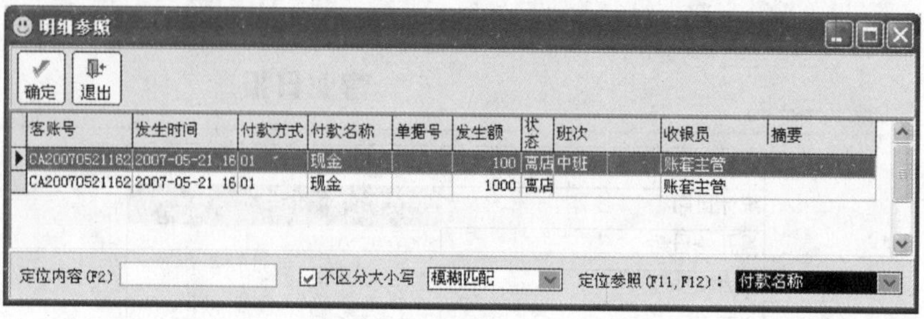

图 12－3－3

（二）学生操作酒店收银报表中“客账电话明细报表”业务

报表作用：统计客人电话的通话明细。

1. **输入查询条件，系统显示如图 12－3－4 所示**

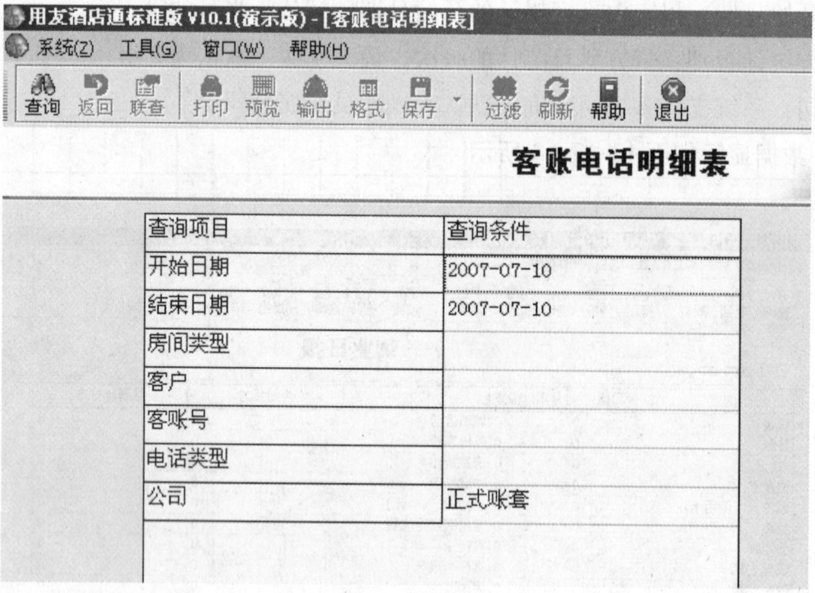

图 12－3－4

开始日期：查询的开始日期。

结束日期：查询的结束日期；日期范围指通话的发生时间。

房间类型：查询指定房间类型的通话情况；从房间类型参照。

客户：查询指定客户的通话情况；可以手工输入或从客人档案中参照，支持模糊匹配。

客账号：查询指定的客账号的通话情况；手工输入，支持前端匹配。

公司：系统支持多公司查询，默认为操作员所属公司。

2. 数据显示如图 12－3－5 所示

图 12－3－5

3. 联查明细

双击某条通话记录，或者选择某条通话记录，点击“联查”，可以查询到对应的账单，如图 12－3－6 所示。

图 12－3－6

（三）学生操作酒店收银报表中“收银员日报表”业务

报表作用：统计一段时间的收款科目、押金收取、消费账项的合计。

1. 输入查询条件，系统显示如图 12－3－7 所示

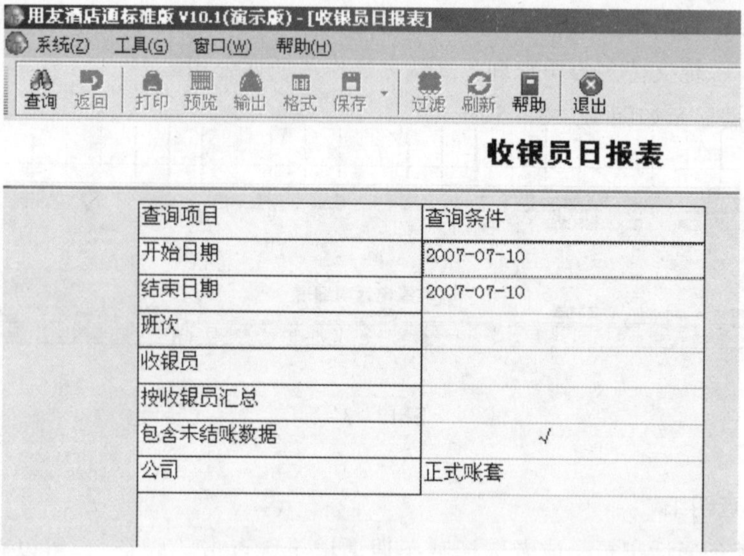

图 12－3－7

开始日期：查询的开始日期。

结束日期：查询的结束日期；满足条件的数据，以账项的发生时间为准。

班次：查询指定收银班次的数据；从班次档案中参照。

收银员：查询指定收银员的记录；从操作员档案中参照。

按收银员汇总：数据汇总的方式，默认按账项科目，可以修改为按收银员汇总。

包含未结账数据：可以查询已结账、未结账的数据。默认包含未结账的数据。

公司：系统支持多公司查询，默认为操作员所属公司。

2．数据显示如图 12－3－8 所示

科目编码	科目名称	科目方向	单据数	实收金额
000101	夜房费	消费项目	11	2288
000107	客房杂项	消费项目	3	34
000108	客房小酒吧	消费项目	4	84
000110	客房其他服务费	消费项目	1	10
0002	餐饮收入	消费项目	2	928
	消费项目合计		**21**	**3344**
10000101	收人民币（前台）	付款项目	2	492
10000301	订金（前台）	付款项目	1	500
1006	免费结账	付款项目	1	500
	付款项目合计		**4**	**1492**
01	现金	押金项目	2	564
12	押金支付	押金项目	1	-500
	押金合计		**3**	**64**

图 12－3－8

3．联查明细

双击可查询到账项发生的相关账单；再次双击可联查到账单，如图 12－3－9 所示。

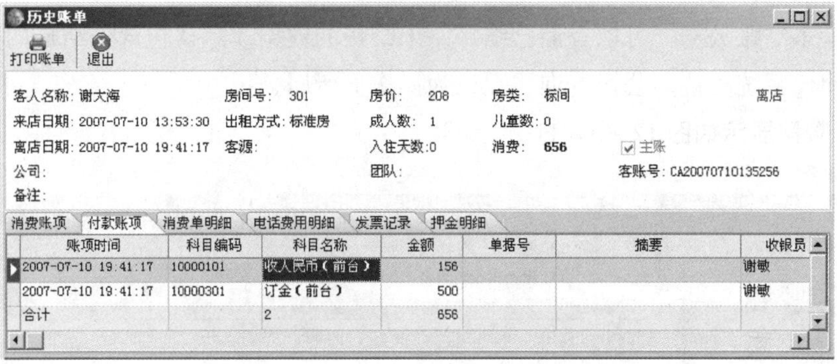

图 12－3－9

（四）学生操作酒店收银报表中“收银员实收明细表”业务

报表作用：查询一段时间的收款科目、押金收取、消费账项的明细情况；按收银员汇总。

1．输入查询条件，系统显示如图 12－3－10 所示

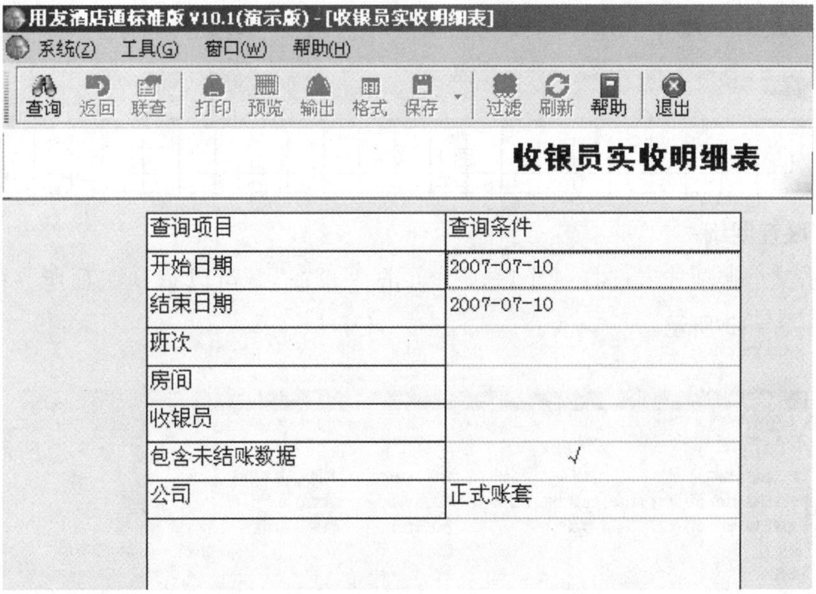

图 12－3－10

开始日期：查询的开始日期。

结束日期：查询的结束日期；满足查询条件的数据，指账项的发生时间在查询

日期范围内。

班次：查询指定收银班次的数据；从班次档案中参照。

房间：可以查询指定房间的明细；从房间档案中参照。

收银员：查询指定收银员的记录；从操作员档案中参照。

包含未结账数据：可以查询已结账、未结账的数据。默认包含未结账的数据。

公司：系统支持多公司查询，默认为操作员所属公司。

2. 数据显示如图 12 –3 –11 所示

收银员	科目编码	科目名称	科目方向	账项时间	项目名称	数量	金额	房间号	客人	单据号	卡号	备注
谢敏	000108	客房小酒吧	消费项目	2007-07-10 18:06:57	可口可乐	1	10	301	谢大海			
谢敏	0002	餐饮收入	消费项目	2007-07-10 19:40:34			428	301	谢大海			
谢敏	000108	客房小酒吧	消费项目	2007-07-10 19:43:26	方便面	1	8	315	李四			
谢敏	000107	客房杂项	消费项目	2007-07-10 19:48:09			26	316	刘涛			
谢敏	000108	客房小酒吧	消费项目	2007-07-10 19:48:22			38	316	刘涛			
谢敏	000107	客房杂项	消费项目	2007-07-10 19:52:19			4	316	刘涛			
谢敏	000107	客房杂项	消费项目	2007-07-10 19:52:19			4	316	刘涛			
谢敏	000108	客房小酒吧	消费项目	2007-07-10 19:53:23	方便面	1	8	316	刘涛			
谢敏	000108	客房小酒吧	消费项目	2007-07-10 19:53:23	可口可乐	2	20	316	刘涛			
谢敏	0002	餐饮收入	消费项目	2007-07-10 22:40:12			500	501	刘洪平			
谢敏		**消费项目合计**				**5**	**1046**					
谢敏	10000301	订金（前台）	付款项目	2007-07-10 19:41:17			500	301	谢大海			
谢敏	10000101	收人民币（前台）	付款项目	2007-07-10 19:41:17			156	301	谢大海			
谢敏	10000101	收人民币（前台）	付款项目	2007-07-10 19:44:25			336	315	李四			
谢敏	1006	免费结账	付款项目	2007-07-10 22:42:35			500	501	刘洪平			
谢敏		**付款项目合计**					**1492**					
谢敏	01	现金	押金项目	2007-07-10 13:58:37			500	301	谢大海			
谢敏	12	押金支付	押金项目	2007-07-10 19:41:17			-500	301	谢大海			系统自动产生
谢敏	01	现金	押金项目	2007-07-10 19:44:25			64	315	李四			中期支付系统自动
谢敏		**押金合计**					**64**					
SYSTEM	000101	夜房费	消费项目	2007-07-11 02:50:00			208		张家界旅行			
SYSTEM	000101	夜房费	消费项目	2007-07-11 02:50:00			208		张家界旅行			
SYSTEM	000101	夜房费	消费项目	2007-07-11 02:50:00			208		张家界旅行			
SYSTEM	000101	夜房费	消费项目	2007-07-11 02:50:00			208		张家界旅行			
SYSTEM	000101	夜房费	消费项目	2007-07-11 02:50:00			208	301	谢大海			
SYSTEM	000101	夜房费	消费项目	2007-07-11 02:50:00			208		张家界旅行			
SYSTEM	000101	夜房费	消费项目	2007-07-11 02:50:00			208		张家界旅行			
SYSTEM	000101	夜房费	消费项目	2007-07-11 02:50:00			208		张家界旅行			
SYSTEM	000101	夜房费	消费项目	2007-07-11 02:50:00			208		张家界旅行			
SYSTEM	000101	夜房费	消费项目	2007-07-11 02:50:00			208		张家界旅行			
SYSTEM	000101	夜房费	消费项目	2007-07-11 02:50:00			208		张家界旅行			
SYSTEM	000110	客房其他服务费	消费项目	2007-07-11 02:50:00			10	301	谢大海			
SYSTEM		**消费项目合计**					**2298**					

图 12 –3 –11

3. 联查明细

点击某个账项或者选择一个账项，点击“联查”，可以查到账项所在的账单，如图 12 –3 –12 所示。

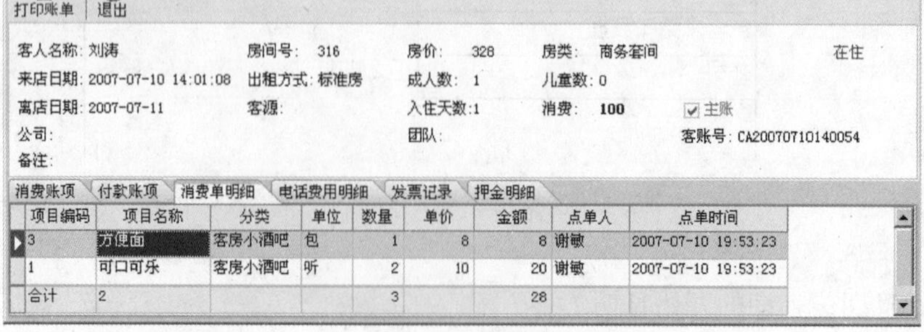

项目编码	项目名称	分类	单位	数量	单价	金额	点单人	点单时间
3	方便面	客房小酒吧	包	1	8	8	谢敏	2007-07-10 19:53:23
1	可口可乐	客房小酒吧	听	2	10	20	谢敏	2007-07-10 19:53:23
合计	2			3		28		

图 12 –3 –12

（五）学生操作酒店收银报表中“收银员结账明细表”业务

报表作用：把每个客账的消费、付款统计在一行，按科目列出，从这个报表中一行可以查到一个客账的所有交易。

1. 输入查询条件，系统显示如图 12－3－13 所示

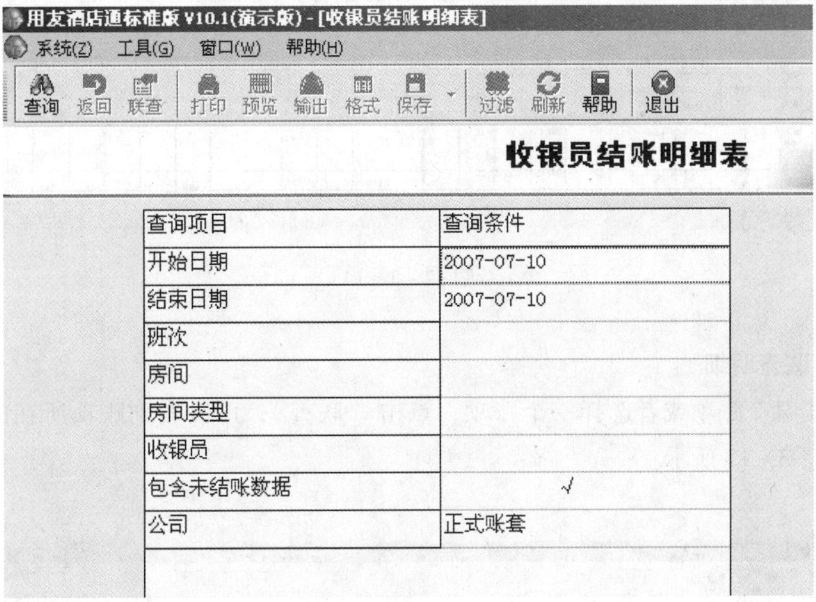

图 12－3－13

开始日期：查询的开始日期。

结束日期：查询的结束日期；只要团队的来店或离店日期在这个范围内，均可以查询出。

班次：查询指定收银班次的数据；从班次档案中参照。

房间：可以查询指定房间的明细；从房间档案中参照。

房间类型：查询指定房类的数据；从房间类型中参照。

收银员：查询指定收银员的记录；从操作员档案中参照。

公司：系统支持多公司查询，默认为操作员所属公司。

2. 数据显示如图 12－3－14 所示

班次	收银员	客账号	客人	账项时间	消费					付款			合计
					夜房费	客房杂项	客房小酒吧	客房其他服务费	餐饮收入	收人民币（前台）	订金（前台）	免费结账	消费项目
中班	谢敏	CA20070710135256	谢大海	2007-07-10 18:06:57			10						10
中班	谢敏	CA20070710135256	谢大海	2007-07-10 19:40:34					428				428
中班	谢敏	CA20070710135256	谢大海	2007-07-10 19:41:17						156	500		
	SYSTEM	CA20070710135256	谢大海	2007-07-11 02:50:00	208			10					218
中班	谢敏	CA20070710140054	刘涛	2007-07-10 19:48:09		26							26
中班	谢敏	CA20070710140054	刘涛	2007-07-10 19:48:22			38						38
中班	谢敏	CA20070710140054	刘涛	2007-07-10 19:52:19		8							8
中班	谢敏	CA20070710140054	刘涛	2007-07-10 19:53:23			28						28
	SYSTEM	CA20070710140817	张家界旅行	2007-07-11 02:50:00	2080								2080
中班	谢敏	CA20070710140943	刘洪平	2007-07-10 22:40:12					500				500
中班	谢敏	CA20070710140943	刘洪平	2007-07-10 22:42:35								500	
中班	谢敏	CA20070711191720	李四	2007-07-10 19:43:26			8						8
中班	谢敏	CA20070711191720	李四	2007-07-10 19:44:25						336			
	总计				2288	34	84	10	928	492	500	500	3344

图 12－3－14

3. 联查明细

点击某个账项或者选择一个账项，点击“联查”，可以查到账项所在的账单，如图 12－3－15 所示。

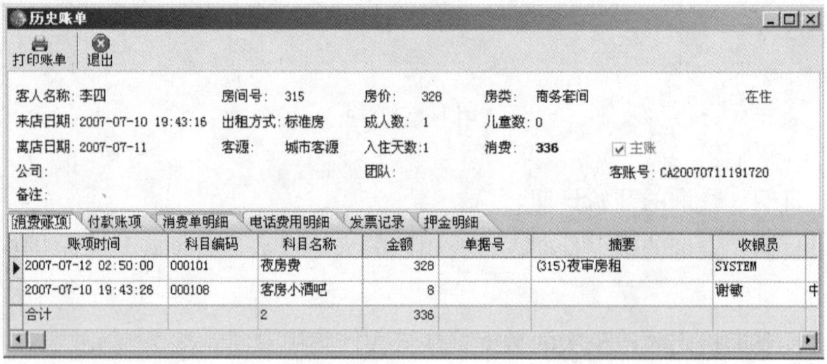

账项时间	科目编码	科目名称	金额	单据号	摘要	收银员
2007-07-12 02:50:00	000101	夜房费	328		(315)夜审房租	SYSTEM
2007-07-10 19:43:26	000108	客房小酒吧	8			谢敏
合计		2	336			

图 12－3－15

（六）学生操作酒店收银报表中“客账明细表”业务

报表作用：按客人统计其消费明细；按消费项、付款项分开统计。

1．输入查询条件，如图 12－3－16 所示

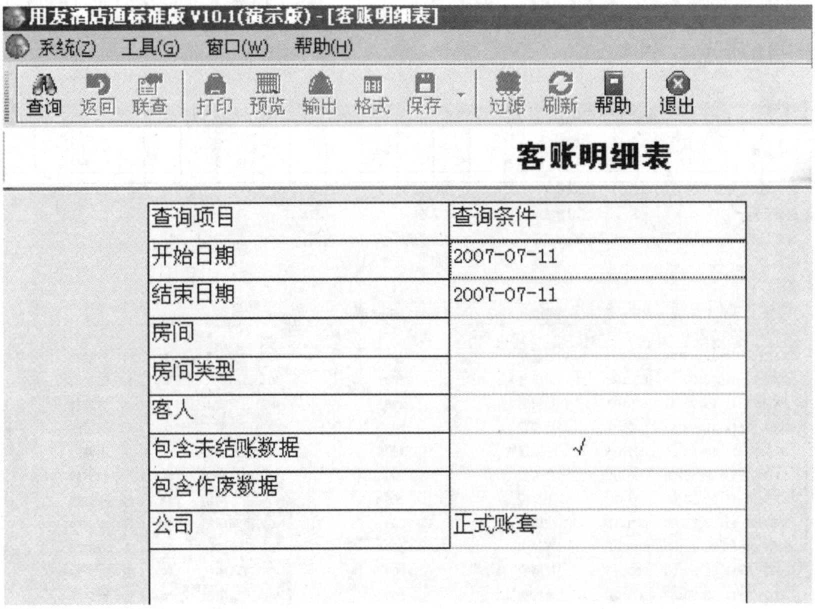

图 12－3－16

开始日期：查询的开始日期。

结束日期：查询的结束日期。

房间：可以查询指定房间的明细；从房间档案中参照。

房间类型：查询指定房类的数据；从房间类型中参照。

客人：查询指定客人的消费；手工输入或从宾客档案参照；支持模糊查询。

包含未结账数据：可以查询已结账、未结账的数据。默认包含未结账的数据。

包含作废数据：作废指转出、调账作废的数据；默认不查询这些作废的数据。用户可以选择“包含作废数据”，查询全部的数据。

公司：系统支持多公司查询，默认为操作员所属公司。

2．数据显示如图 12－3－17 所示

客账号	房间号	客人	主账否	账项时间	项目名称	数量	金额	客账结余	结账否
CA20070710140817		张家界旅行团	Y	2007-07-11 19:03:4	日房费		208	2512	N
CA20070710140817		张家界旅行团	Y	2007-07-11 19:03:4	日房费		208	2512	N
CA20070710140817		张家界旅行团	Y	2007-07-11 19:03:4	日房费		208	2512	N
CA20070710140817		张家界旅行团	Y	2007-07-11 19:03:4	日房费		208	2512	N
CA20070710140817		张家界旅行团	Y	2007-07-11 18:53:1	冲减房费		-400	2512	N
消费项目合计		**张家界旅行团**					**432**		
CA20070711191720	315	李四	Y	2007-07-12 02:50:0	夜房费		328	-64	Y
消费项目合计		**李四**					**328**		

图 12－3－17

3. **联查明细**

双击数据或选择某条数据，点击“联查”，可以联查到数据所属的账单，如图 12 – 3 – 18所示。

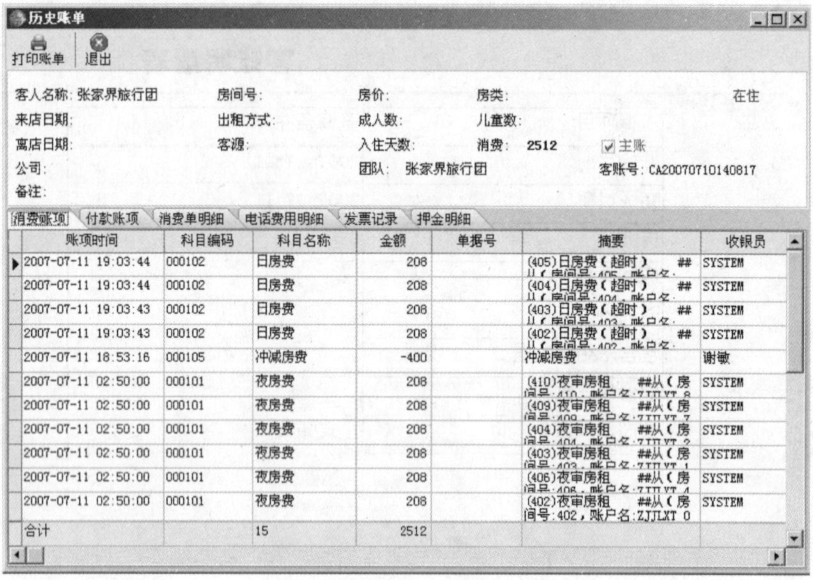

账项时间	科目编码	科目名称	金额	单据号	摘要	收银员
2007-07-11 19:03:44	000102	日房费	208		(405)日房费（超时） ##	SYSTEM
2007-07-11 19:03:44	000102	日房费	208		(404)日房费（超时） ##	SYSTEM
2007-07-11 19:03:43	000102	日房费	208		(403)日房费（超时） ##	SYSTEM
2007-07-11 19:03:43	000102	日房费	208		(402)日房费（超时） ##	SYSTEM
2007-07-11 18:53:16	000105	冲减房费	-400		冲减房费	谢敏
2007-07-11 02:50:00	000101	夜房费	208		(410)夜审房租 ##从（房	SYSTEM
2007-07-11 02:50:00	000101	夜房费	208		(409)夜审房租 ##从（房	SYSTEM
2007-07-11 02:50:00	000101	夜房费	208		(404)夜审房租 ##从（房	SYSTEM
2007-07-11 02:50:00	000101	夜房费	208		(403)夜审房租 ##从（房	SYSTEM
2007-07-11 02:50:00	000101	夜房费	208		(406)夜审房租 ##从（房	SYSTEM
2007-07-11 02:50:00	000101	夜房费	208		(402)夜审房租 ##从（房间号:402，账户名:ZJJLXT 0	SYSTEM
合计		15	2512			

图 12 – 3 – 18

（七）学生操作酒店收银报表中“客账汇总表”业务

报表作用：按客人统计其消费情况；每个客人在一条记录中，可以看到全部的消费、付款信息。

1. **输入查询条件，系统显示如图 12 – 3 – 19 所示**

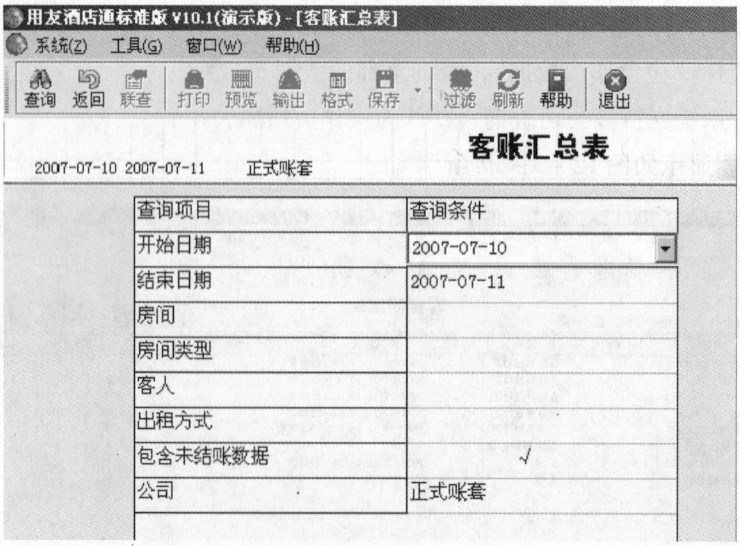

查询项目	查询条件
开始日期	2007-07-10
结束日期	2007-07-11
房间	
房间类型	
客人	
出租方式	
包含未结账数据	√
公司	正式账套

图 12 – 3 – 19

开始日期：查询的开始日期。

结束日期：查询的结束日期；结账数据以结账时间为准，未结账数据以账项发生时间为准。

房间：查询指定房间的客账信息；从房间档案中参照。

房间类型：查询指定房类的客账信息；从房间类型中参照；支持多选。

客人：按客人姓名查询指定客人的信息；手工输入客人姓名或者从客人档案中参照，支持前端模糊匹配。

出租方式：查询指定出租方式的客账信息；从出租方式中参照。

包含未结账数据：可以查询已结账数据，或查询已结未结数据，默认为包含未结数据。

公司：系统支持多公司查询，默认为操作员所属公司。

2. 数据显示如图 12－3－20 所示

客账号	客人	房间类型	房间号	出租方式	房间价格	送早餐数	客账结余	消费						
								夜房费	日房费	冲减房费	客房杂项	客房小酒吧	客房其他服务费	餐饮收入
CA2007071C	谢大海	标间	301	标准房	208	0	0	208				10	10	428
CA2007071C	刘涛	商务套间	316	标准房	328	0	100				34	66		
CA2007071C	张家界旅行					0	2512	2080	832	-400				
CA2007071C	刘洪平	标间	501	标准房	208	0	0							500
CA20070711	李四	商务套间	315	标准房	328	0	-64	328				8		
总计							2548	2616	832	-400	34	84	10	928

图 12－3－20

3. 联查明细

双击数据或选择某条数据，点击“联查”，可以联查到数据所属的账单，如图 12－3－21所示。

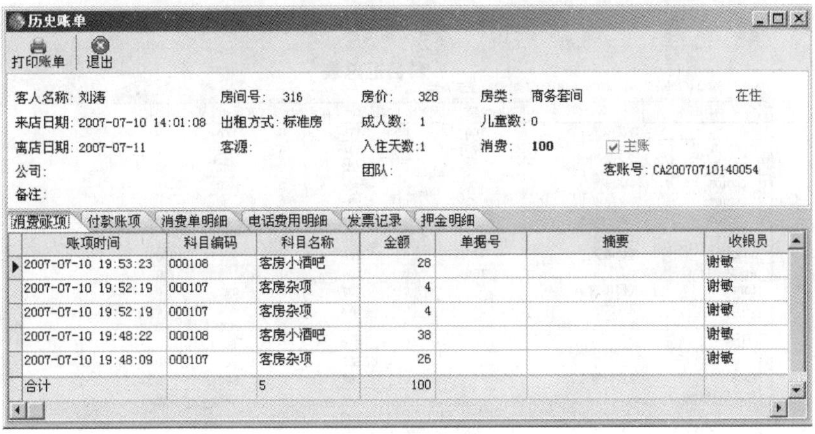

账项时间	科目编码	科目名称	金额	单据号	摘要	收银员
2007-07-10 19:53:23	000108	客房小酒吧	28			谢敏
2007-07-10 19:52:19	000107	客房杂项	4			谢敏
2007-07-10 19:52:19	000107	客房杂项	4			谢敏
2007-07-10 19:48:22	000108	客房小酒吧	38			谢敏
2007-07-10 19:48:09	000107	客房杂项	26			谢敏
合计		5	100			

图 12－3－21

（八）学生操作酒店收银报表中“科目汇总表”业务

报表作用：按科目汇总，包括月度、年度统计和对比。

1．输入查询条件，系统显示如图 12－3－22 所示

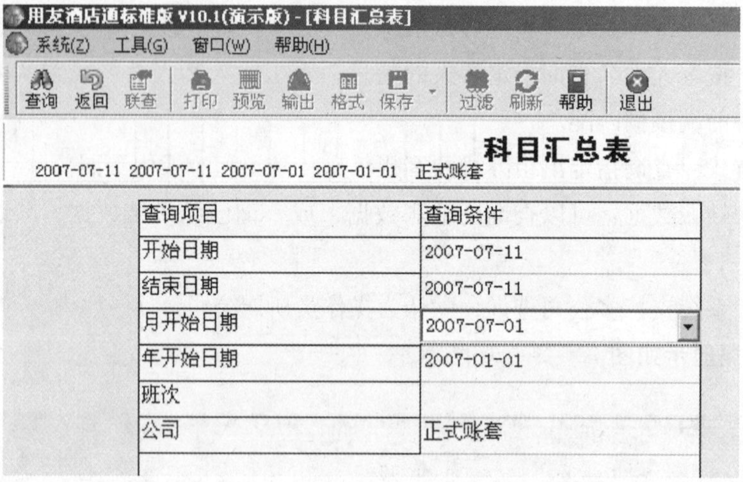

图 12－3－22

开始日期：查询的开始日期。

结束日期：查询的结束日期；以科目的发生时间为准。

月开始日期：月度统计的月开始日期，默认为每月 1 号。

年开始日期：年度统计的年开始日期，默认为本年的 1 月 1 号。

班次：查询指定班次的科目汇总数据；从班次档案中参照。

公司：系统支持多公司查询，默认为操作员所属公司。

2．数据显示如图 12－3－23 所示

科目编码	科目名称	本期金额	同期对比	本月累计	同月对比	本年累计	同年对比
0001	客房收入	760	0	3176	0	3176	0
000101	夜房费	328	0	2616	0	2616	0
000102	日房费	832	0	832	0	832	0
000105	冲减房费	-400	0	-400	0	-400	0
000107	客房杂项		0	34	0	34	0
000108	客房小酒吧		0	84	0	84	0
000110	客房其他服务费		0	10	0	10	0
0002	餐饮收入		0	928	0	928	0
消费项目合计		760	0	4104	0	4104	0
1000	人民币现金		0	992	0	992	0
100001	收人民币		0	492	0	492	0
10000101	收人民币（前台）		0	492	0	492	0
100003	订金		0	500	0	500	0
10000301	订金（前台）		0	500	0	500	0
1006	免费结账		0	500	0	500	0
付款项目合计			0	1492	0	1492	0

图 12－3－23

3. **联查明细**

双击数据或选择某条数据，点击“联查”，可以联查到数据所属的账单。不同的数据列可以得到不同的联查数据，如图 12－3－24 所示。

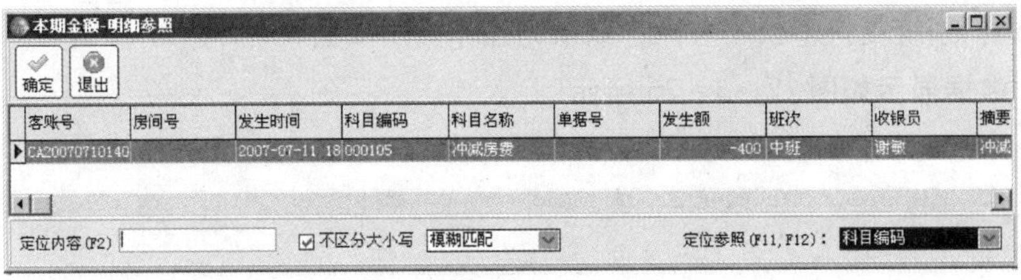

图 12－3－24

（九）学生操作酒店收银报表中“挂账/城市账客人情况表”业务

报表作用：统计挂账/转城市账客人情况。

1. **输入查询条件，系统显示如图 12－3－25 所示**

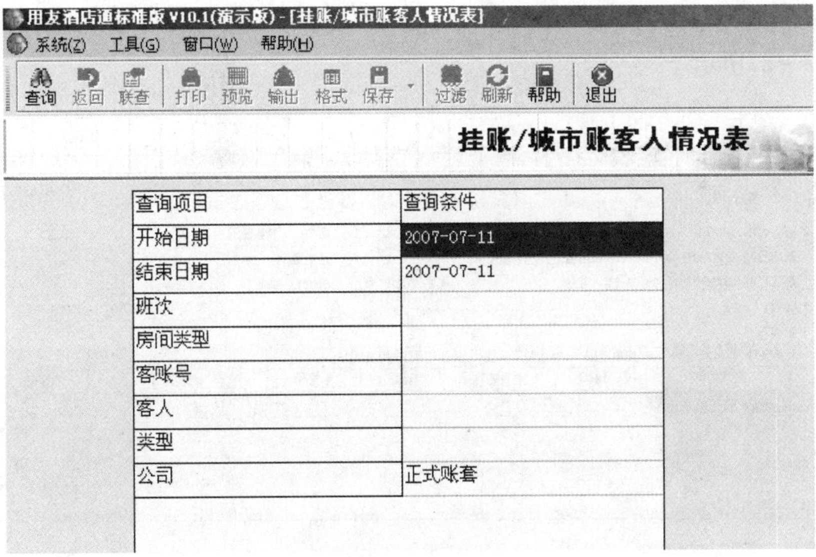

图 12－3－25

开始日期：查询的开始日期。

结束日期：查询的结束日期；以账项时间发生时间为准。

班次：查询指定班次的挂账/城市账客人情况；从班次档案中参照。

房间类型：查询指定房间类型的挂账/城市账客人情况；从房间类型档案中参照，可多选。

客账号：查询指定客账号的信息。手工输入，支持前端模糊匹配。

客人：查询指定客人的挂账、城市账信息；可手工输入或从客人档案中参照；支持前端模糊匹配。

类型：查询类型，参照全部/挂账/城市账；默认为全部。

公司：系统支持多公司查询，默认为操作员所属公司。

2. **数据显示如图 12－3－26 所示**

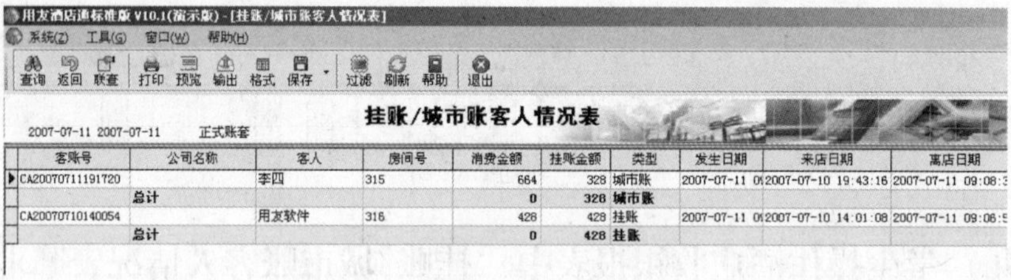

图 12－3－26

3. **联查明细**

双击数据或选择某条数据，点击“联查”，可以联查到数据所属的账单，如图 12－3－27所示。

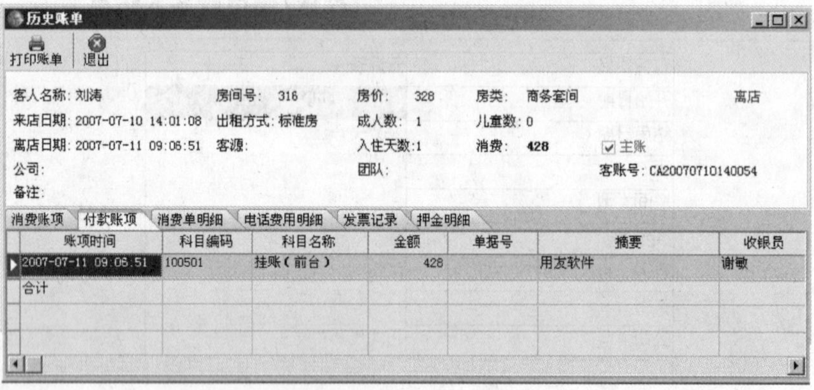

图 12－3－27

（十）学生操作酒店收银报表中“补交押金情况表”业务

报表作用：查询住店客人需要缴纳押金的情况。

1. 输入查询条件，系统显示如图 12－3－28 所示

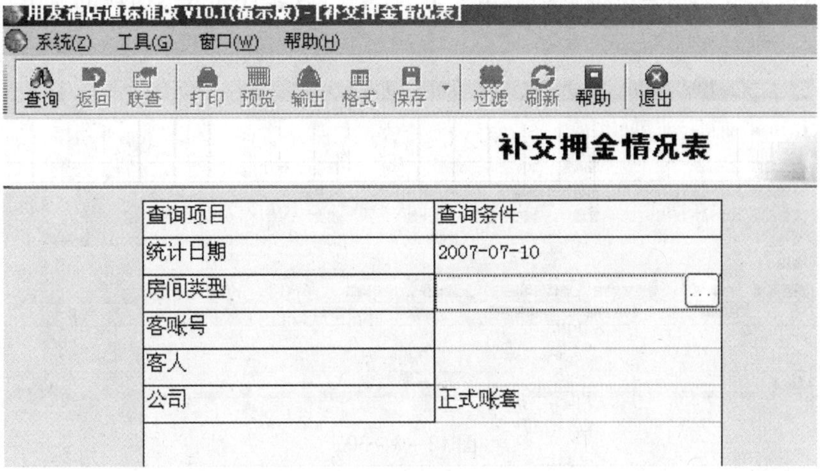

图 12－3－28

统计日期：统计的日期，指查询当天的押金情况。

房间类型：查询指定房类的信息；从房间类型中参照，可多选。

客账号：查询指定账号的押金信息；手工输入，支持前端模糊匹配。

客人：查询指定客人的押金信息；手工输入或者从客人档案中参照，支持前端模糊匹配。

公司：系统支持多公司查询，默认为操作员所属公司。

2. 数据显示如图 12－3－29 所示

客账号	客人	房间号	房间价格	电话状态	来店日期	离店日期	客源类型	欠缴押金	客账结余
CA20070710135256	谢大海	301	208	关机	2007-07-10 13:5	2007-07-10 19:41		0	0
CA20070710135924	张朝阳		208	关机	2007-07-10	2007-07-11		500	0
CA20070710140012	李湘		328	关机	2007-07-10	2007-07-11		700	0
CA20070710140054	刘涛	316	328	关机	2007-07-10 14:0	2007-07-11 09:06		800	428
CA20070710140817	张家界旅行团							500	2080
CA20070710140818	ZJJLXT_0	402	208		2007-07-10 14:0	2007-07-11 19:03		0	0
CA20070710140927	ZJJLXT_1	403	208		2007-07-10 14:1	2007-07-11 19:03		0	0
CA20070710140929	ZJJLXT_2	404	208		2007-07-10 14:1	2007-07-11 19:03		0	0
CA20070710140931	ZJJLXT_3	405	208		2007-07-10 14:1	2007-07-11 19:04		0	0
CA20070710140933	ZJJLXT_4	406	208		2007-07-10 14:1	2007-07-11		0	0
CA20070710140935	ZJJLXT_5	407	208		2007-07-10 14:1	2007-07-11		0	0
CA20070710140937	ZJJLXT_6	408	208		2007-07-10 14:1	2007-07-10 18:29		0	0
CA20070710140939	ZJJLXT_7	409	208		2007-07-10 18:1	2007-07-10 18:30		0	0
CA20070710140941	ZJJLXT_8	410	208		2007-07-10 18:1	2007-07-10 18:30		0	0
CA20070710140943	刘洪平	501	208		2007-07-10 18:1	2007-07-10 22:42		0	0
CA20070710175936	李鹏		328	关机	2007-07-10	2007-07-11	城市客源	700	0
CA20070710184747	B	609	208	关机	2007-07-10 18:4	2007-07-11	城市客源	500	208
CA20070711190128	张三	302	208	关机	2007-07-11 19:0	2007-07-12	城市客源	500	0
CA20070711190148	张三	303	208	关机	2007-07-11 19:0	2007-07-12	城市客源	500	0
CA20070711190149	张三	304	208	关机	2007-07-11 19:0	2007-07-12	城市客源	500	0
CA20070711190609	用友软件团							1700	0
CA20070711190610	YYRJT_0	305	208		2007-07-11 19:0	2007-07-12	城市客源	0	0
CA20070711190631	YYRJT_1	306	208		2007-07-11	2007-07-12	城市客源	0	0
CA20070711190633	YYRJT_2	307	208		2007-07-11	2007-07-12	城市客源	0	0
CA20070711190635	YYRJT_3	308	208		2007-07-11	2007-07-12	城市客源	0	0
CA20070711191720	李四	315	328	关机	2007-07-10 19:4	2007-07-11 09:08	城市客源	600	-64
CA20070711191756	李四		328	关机	2007-07-11	2007-07-12	城市客源	700	0
总计								8200	2652

图 12－3－29

3. **联查明细**

双击数据或选择某条数据，点击“联查”，可以联查到数据所属的账单。

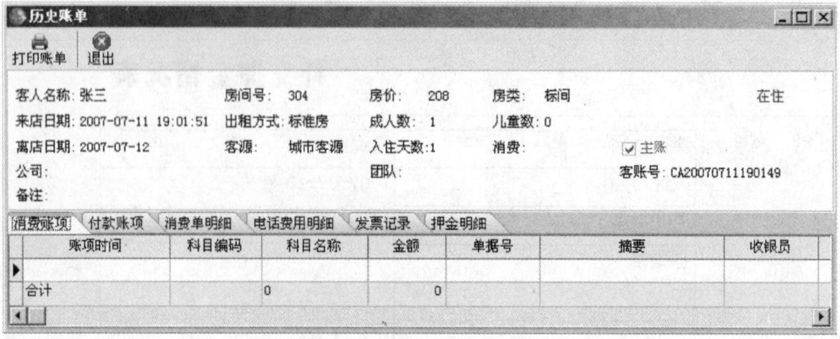

图 12－3－30

（十一）学生操作酒店收银报表中“每日收入晨报”业务

报表作用：统计某一天的收入情况，按房类、客源分别统计收入，列出全部的收款、其他收入等。通过这张报表能查看到一天的综合的营业情况。

1. **输入查询条件，系统显示如图 12－3－31 所示**

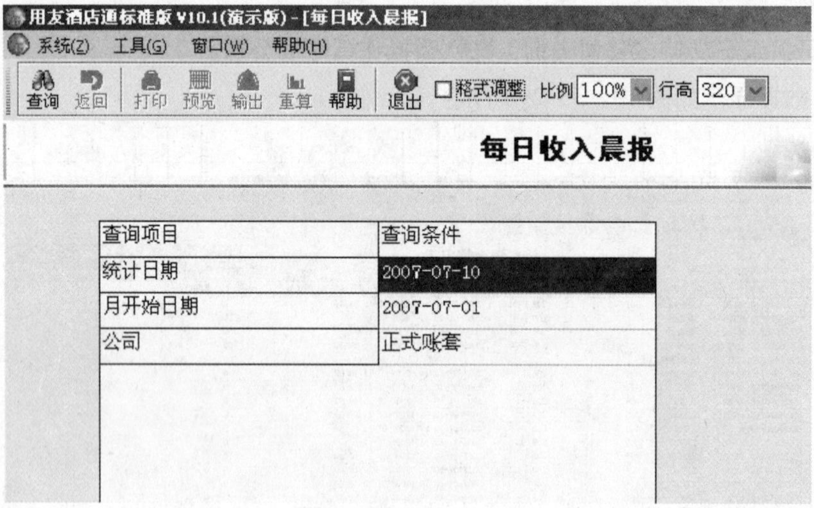

图 12－3－31

统计日期：统计收入的日期，必须夜审后。

月开始日期：晨报中月累计的开始日期，默认为当月 1 号。

公司：系统支持多公司查询，默认为操作员所属公司。

2. 数据显示，系统显示如图 12－3－32 所示

正式账套晨报表 日期 2007-07-10

房间收入	收入项目	间数	开房率	平均房价		开房数		收入	
	总房数	88	本日	本日	月累计	本日	月累计	本日收入	月累计收入
	单人间	16	0%	0.00	0.00	0	0	0.00	0.00
	标间	40	30%	208.00	208.00	12	12	2496.00	2496.00
	商务套间	32	6.25%	328.00	328.00	2	2	656.00	656.00
	日房费	88	0%			0	0	0.00	0.00
	房费折扣							0.00	0.00
	冲减房费							0.00	0.00
	合计	88	15.9%	225.14	225.14	14	14	3152.00	3152.00

其它资料分析	其他(代收)	本日数	月累计数
	代收合计		

其他收入	本日数	月累计数
客房破损赔偿费	0.00	0.00
客房杂项	34.00	34.00
客房小酒吧	84.00	84.00
客房其他	0.00	0.00
客房其他服务费	10.00	10.00
客房其他折扣	0.00	0.00
其他服务费(尾数)	0.00	0.00
其他折扣(尾数)	0.00	0.00
餐饮收入	928.00	928.00
娱乐收入	0.00	0.00
电话收入	0.00	0.00
小计	1056.00	1056.00
酒店总收入	4208.00	4208.00

房间分析资料	本日开房数	本日开房率	累计开房数	今日收入	累计收入	房间统计	本日数	月累计数
未知	12	13.64%	12	2616.00	2616.00	自用房	0	0
城市客源	2	2.27%	2	536.00	536.00	出租房	14	14
外地客源	0	0%	0	0.00	0.00	免费房	0	0
房费折扣				0.00	0.00	维修房	1	1
冲减房费				0.00	0.00	可用房数	87	879
						住房率	16.09%	1.59%
						总房数	88	880
						总客人数	14	14
						平均收入	300.57	300.57

图 12－3－32

房间收入：按房间类型统计。

其他资料分析：统计科目类型为“代收”的数据。

其他收入：统计除“0001 房间收入”下的房费以外的其他科目。

房间资料分析：按客源统计分析收入。

房间统计：统计各个房态的情况。

收款记录：统计了押金、结账的收款情况。

某一天的晨报计算后，报表数据会保存，再次查询，可以很快得到结果。

实验四　酒店夜审报表业务的处理

【实验目的】

1. 了解酒店夜审报表界面的结构和酒店夜审报表界面的基本功能；

2. 掌握操作进入酒店夜审报表界面的程序和操作酒店夜审报表界面的注意事项；

3. 熟练操作酒店夜审报表界面客人未抵报表、客人未离报表、协议过期报表等业务。

【实验内容】

操作酒店管理系统中的前厅部的酒店夜审报表界面的客人未抵报表、客人未离报表、协议过期报表等业务。

【实验步骤】

一、教师演示介绍酒店“夜审报表”界面的基本内容

夜审报表主要关注客人未按预计的时间来店或离店的情况。包括以下几个报表：客人未抵报表、客人未离报表、协议过期报表。

二、学生演示“夜审报表”的基本业务

（一）学生操作“客人未抵报表”业务

报表作用：查询预计来店而实际没有来店的客人预订信息。

1. 输入查询条件，系统显示如图 12 – 4 – 1 所示

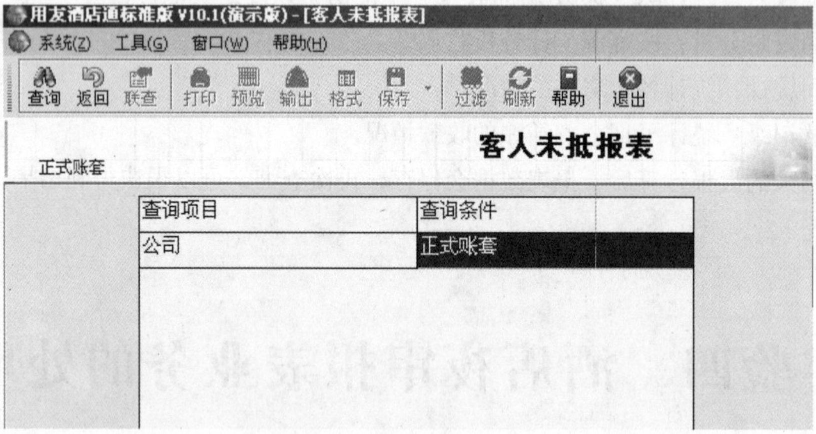

图 12 – 4 – 1

只能查询当前系统日期未抵的数据，可以更换公司。

2. **数据显示如图 12－4－2 所示**

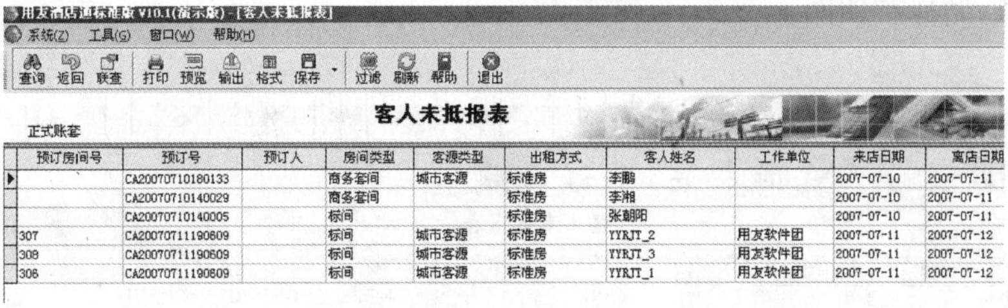

预订房间号	预订号	预订人	房间类型	客源类型	出租方式	客人姓名	工作单位	来店日期	离店日期
	CA20070710180133		商务套间	城市客源	标准房	李鹏		2007-07-10	2007-07-11
	CA20070710140029		商务套间		标准房	李湘		2007-07-10	2007-07-11
	CA20070710140005		标间		标准房	张朝阳		2007-07-10	2007-07-11
307	CA20070711190609		标间	城市客源	标准房	YYRJT_2	用友软件团	2007-07-11	2007-07-12
308	CA20070711190609		标间	城市客源	标准房	YYRJT_3	用友软件团	2007-07-11	2007-07-12
306	CA20070711190609		标间	城市客源	标准房	YYRJT_1	用友软件团	2007-07-11	2007-07-12

图 12－4－2

3. **联查明细**

双击数据或选择某条数据，点击“联查”，可以联查到数据所属的预订单，如图 12－4－3所示。

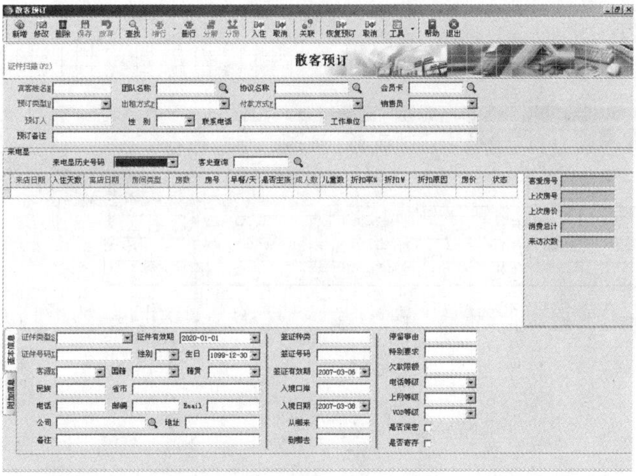

图 12－4－3

（二）学生操作“客人未离报表”业务

报表作用：统计延长住店的客人信息。

1. **输入查询条件，系统显示如图 12－4－4 所示**

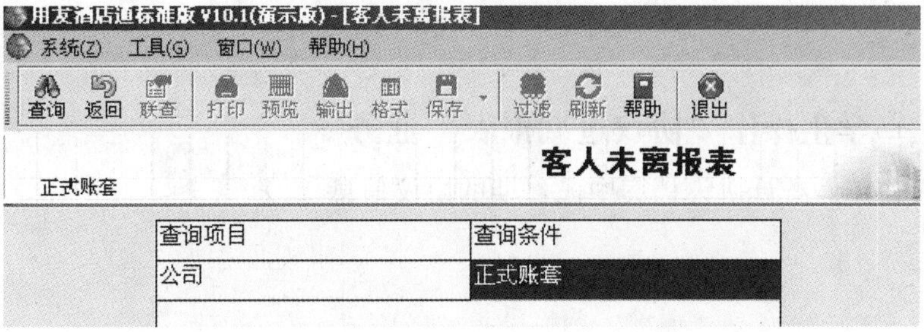

图 12－4－4

只能查询当前系统日期中未离的数据，可以更换公司。

2. **数据显示如图 12－4－5 所示**

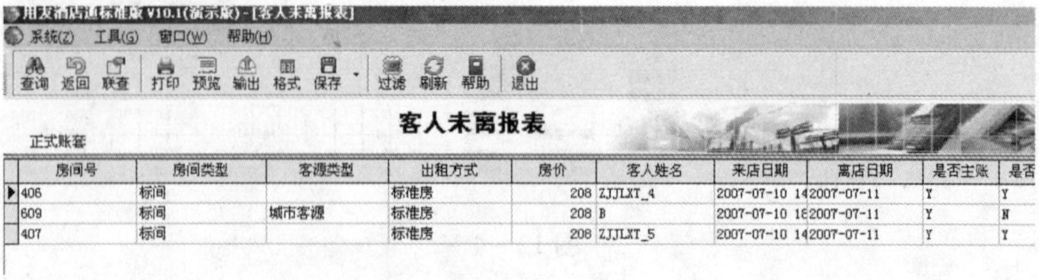

图 12－4－5

3. **联查明细**

双击数据或选择某条数据，点击“联查”，可以联查到数据所属的接待单，如图 12－4－6所示。

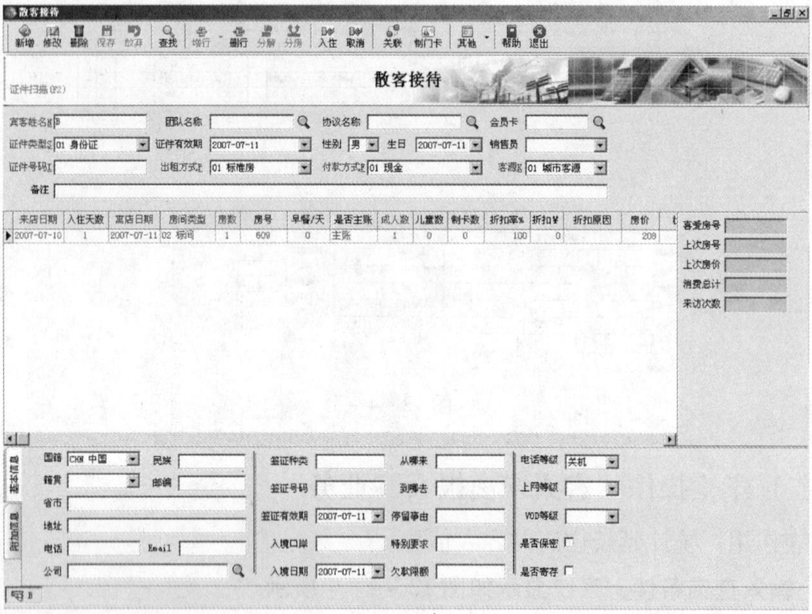

图 12－4－6

（三）学生操作“协议过期报表”业务

报表作用：统计协议档案中已过期的协议信息。

1. 输入查询条件，系统显示如图 12－4－7 所示

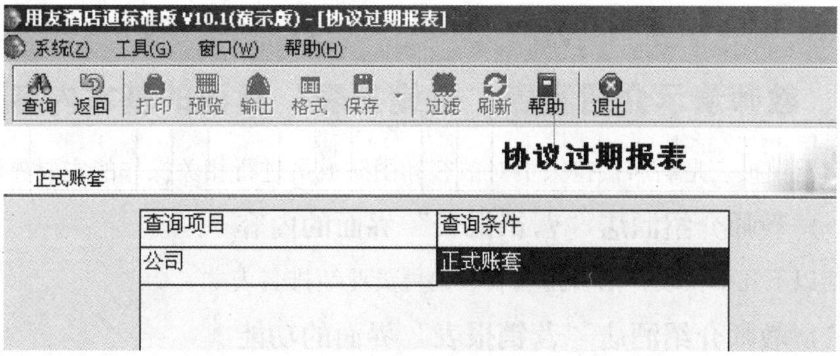

图 12－4－7

只能查询当前系统日期的协议过期的数据，可以更换公司。

2. 数据显示如图 12－4－8 所示

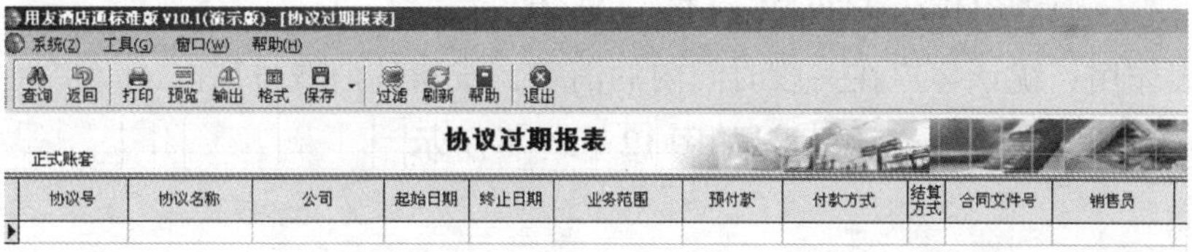

图 12－4－8

实验五　酒店营销报表业务的处理

【实验目的】

1. 了解酒店营销报表界面的结构和酒店营销报表界面的基本功能；

2. 掌握操作进入酒店营销报表界面的程序和操作酒店营销报表界面的注意事项；

3. 熟练操作酒店营销报表界面消费排名表、销售员业绩排名表业务。

【实验内容】

操作酒店管理系统中的前厅部的酒店营销报表界面的消费排名表、销售员业绩排名表基本业务。

【实验步骤】

一、教师演示介绍酒店“营销报表”界面的基本内容

酒店营销报表是酒店接待人员对散客和团队成员进行相关操作的主要界面。

（一）教师介绍酒店“营销报表”界面的内容

包括以下几个报表：消费排名表、销售员业绩排名表。

（二）教师介绍酒店“营销报表”界面的功能

统计客人消费排名、营销员的业绩排名。

二、学生操作酒店“营销报表”界面的基本业务

（一）学生操作“消费排名表”业务

报表作用：统计客户在一段时间内的消费，按累计消费排序。

1. 输入查询条件，系统显示如图 12－5－1 所示

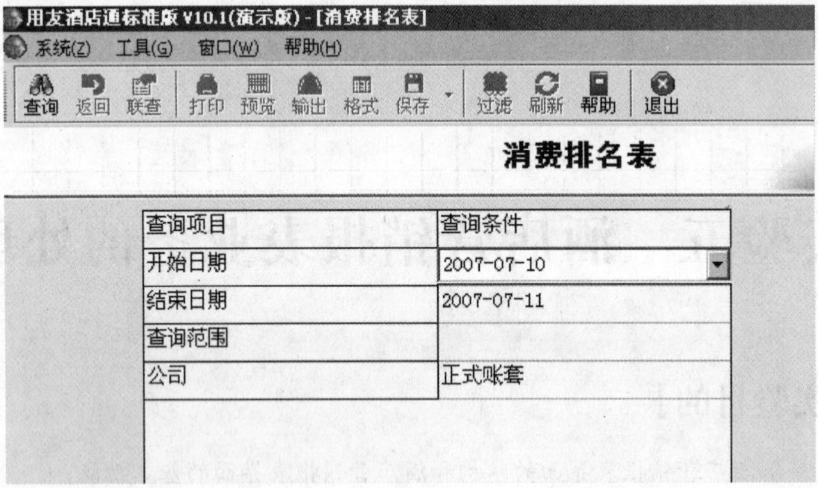

图 12－5－1

开始日期：查询的开始日期。

结束日期：查询的结束日期；日期范围指消费单的离店时间。

查询范围：可以查询指定的客户类型。

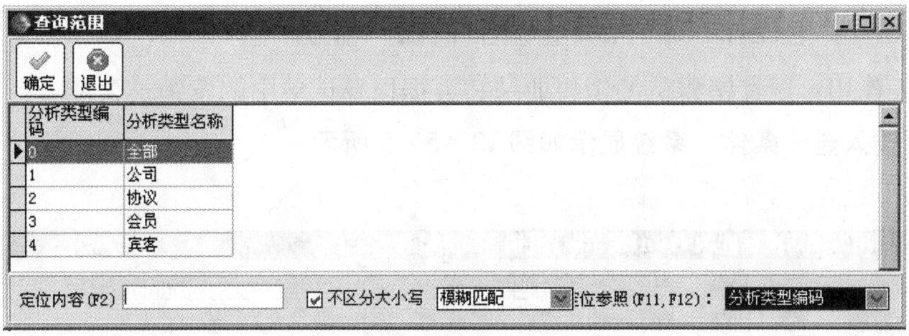

分析类型编码	分析类型名称
0	全部
1	公司
2	协议
3	会员
4	宾客

图 12－5－2

公司：系统支持多公司查询，默认为操作员所属公司。

2. **数据显示如图 12－5－3 所示**

公司名称	宾客名称	协议名称	来店次数	入住天数	累计消费	夜房费	客房杂项	客房小酒吧	客房其他服务费	餐饮收入
	刘涛		1	1	428	328	34	66		
张家界旅行团	刘洪平		1	0	500					500
	谢大海		1	0	656	208		10	10	428
总计			3	1	1584	536	34	76	10	928

图 12－5－3

3. **联查明细**

双击一条数据，可以查看到该客户所有的消费账单；再次双击某个账单，可以联查到具体的账单，如图 12－5－4 所示。

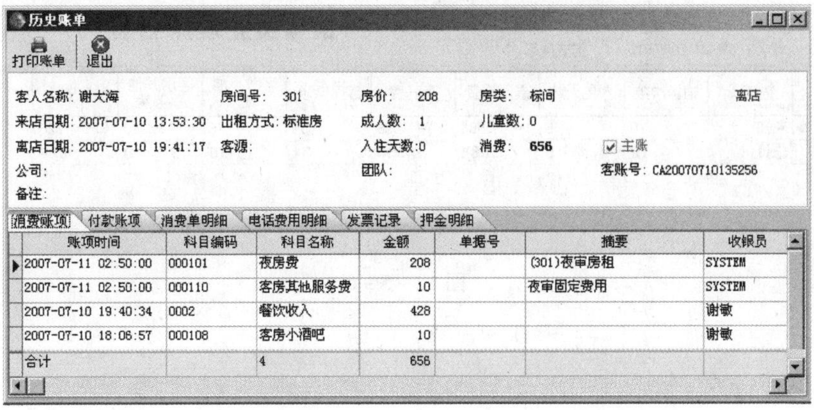

账项时间	科目编码	科目名称	金额	单据号	摘要	收银员
2007-07-11 02:50:00	000101	夜房费	208		(301)夜审房租	SYSTEM
2007-07-11 02:50:00	000110	客房其他服务费	10		夜审固定费用	SYSTEM
2007-07-10 19:40:34	0002	餐饮收入	428			谢敏
2007-07-10 18:06:57	000108	客房小酒吧	10			谢敏
合计		4	656			

图 12－5－4

（二）学生操作“销售员业绩排名表”业务

报表作用：统计销售员的销售业绩；数据以登记单中的营销员为准。

1. 输入查询条件，系统显示如图 12－5－5 所示

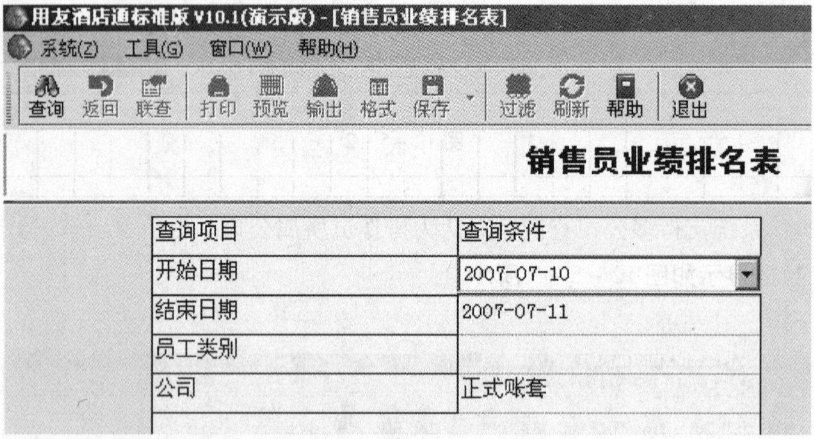

图 12－5－5

开始日期：查询的开始日期。

结束日期：查询的结束日期；日期范围指消费单的离店时间。

员工类别：查询指定类别的员工的业绩；从员工类别中参照。

公司：系统支持多公司查询，默认为操作员所属公司。

2. 数据显示如图 12－5－6 所示

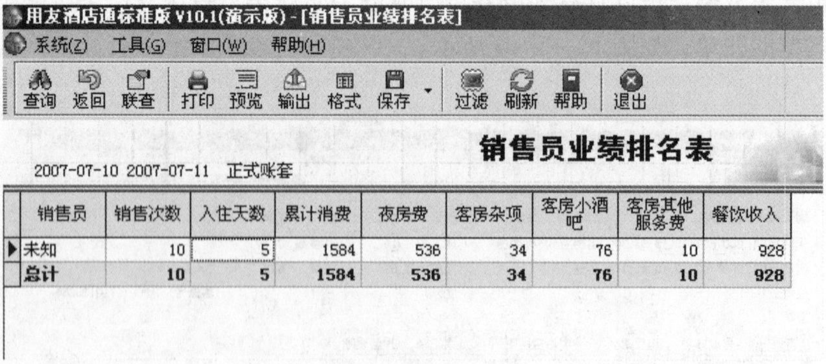

图 12－5－6

3. **联查明细，如图 12－5－7 所示**

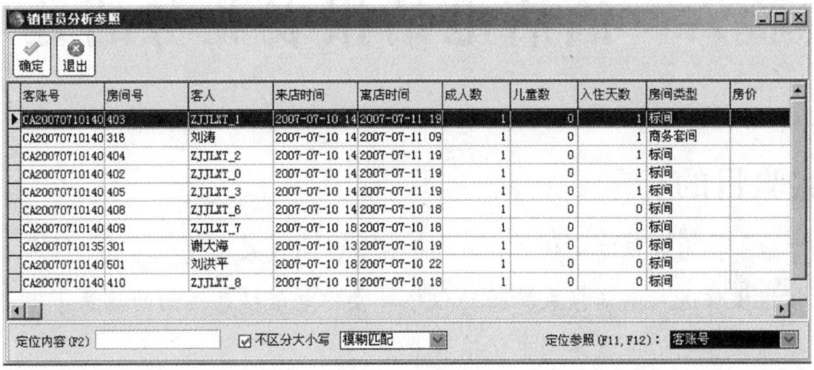

图 12－5－7

双击某条明细数据，或者选择一条数据，点击“联查”，可以得到该统计数据对应的全部账单；再次双击某条账单，可以联查到具体的账单，如图 12－5－8 所示。

图 12－5－8

实验六　酒店电话报表业务的处理

【实验目的】

1. 了解电话报表界面的结构和电话报表界面的基本功能；
2. 掌握操作进入电话报表界面的程序和操作电话报表界面的注意事项；
3. 熟练操作电话报表界面电话报表业务。

【实验内容】

操作酒店管理系统中的前厅部的电话报表界面的基本业务。

【实验步骤】

一、学生操作“电话报表”界面的基本内容

报表作用：按电话统计其通话情况。

1. 输入查询条件，如图 12－6－1 所示

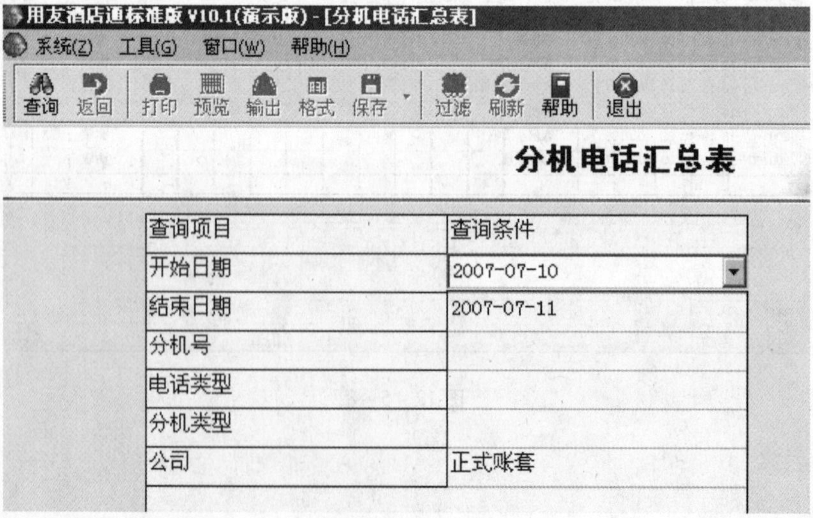

图 12－6－1

开始日期：查询的开始日期。

结束日期：查询的结束日期；日期范围指通话的发生时间。

分机号：查询指定分机的通话情况；手工输入。

电话类型：查询指定的通话类型，如市话、长途；从电话类型档案中参照。

分机类型：查询指定分机类型的通话，如客房电话、公用电话。

公司：系统支持多公司查询，默认为操作员所属公司。

2. 数据显示如图 12－6－2 所示

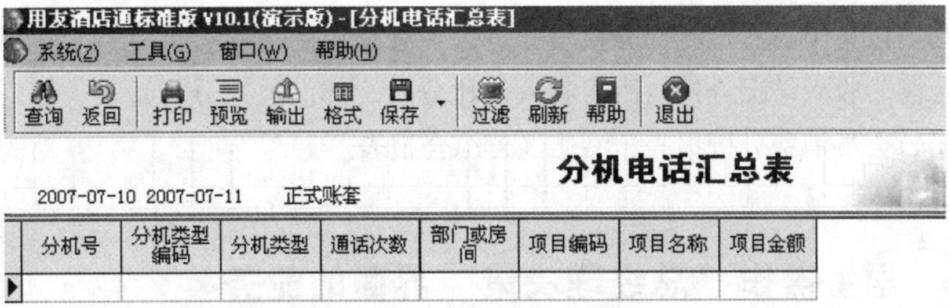

图 12－6－2

实验七 酒店总经理决策业务的处理

【实验目的】

1. 了解总经理决策界面的结构和总经理决策界面的基本功能；

2. 掌握操作进入总经理决策界面的程序和操作总经理决策界面的注意事项；

3. 熟练操作总经理决策界面酒店收入情况分析、酒店收入对比分析、部门收入分析报表、部门与成本利润分析、会员消费分析报表、酒店经营综合报表等业务。

【实验内容】

操作酒店管理系统中的前厅部的总经理决策界面的酒店收入情况分析、酒店收入对比分析、部门收入分析报表、部门与成本利润分析、会员消费分析报表、酒店经营综合报表业务。

【实验步骤】

一、教师演示介绍“总经理决策”界面的基本内容

“总经理决策”是酒店接待人员对散客和团队成员进行相关操作的主要界面。

（一）教师介绍“总经理决策”界面的内容

总经理决策，统计整个酒店的整体情况。酒店的多个营业部门，如客房、餐饮、洗浴，都可以集中查看。此部分报表，可以为管理层的决策提供支持。包括以下几个报表：酒店收入情况分析、酒店收入对比分析、部门收入分析报表、部门与成本利润分析、会员消费分析报表、酒店经营综合报表。

二、学生操作“总经理决策”界面的业务

（一）学生操作“酒店收入情况分析”业务

报表作用：提供按房类、客源类型、出租方式三种方法统计客房收入情况；并有图形化报表，直观显示。

1. 输入查询条件，系统显示如图 12 – 7 – 1 所示

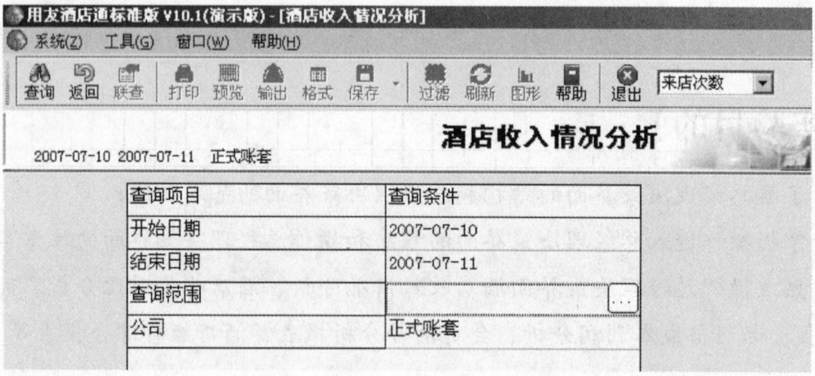

图 12 – 7 – 1

开始日期：查询的开始日期。

结束日期：查询的结束日期；日期范围指账单的结账时间。

查询范围：房间类型、客源、出租方式中选择一种，默认为房间类型。

公司：系统支持多公司查询，默认为操作员所属公司。

2. **数据显示如图 12－7－2 所示**

类型名称	来店次数	入住天数	累计消费	夜房费	客房杂项	客房小酒吧	客房其他服务费	餐饮收入
标间	9	4	1156	208		10	10	928
商务套间	1	1	428	328	34	66		
总计	**10**	**5**	**1584**	**536**	**34**	**76**	**10**	**928**

图 12－7－2

3. **联查明细**

可以按统计的内容查看图形报表，如图 12－7－3 所示，如来店次数、累计消费等。

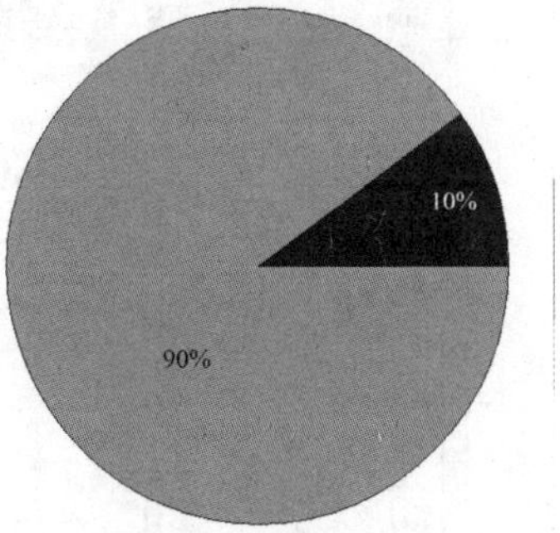

图 12－7－3

（二）学生操作“酒店收入对比分析”业务

报表作用：可以从房间类型、客源、出租方式三种角度统计一段时间的日出租数、平均房价、累计收入；并提供本月、本年、去年同期的对比分析。

1. **输入查询条件，系统显示如图 12－7－4 所示**

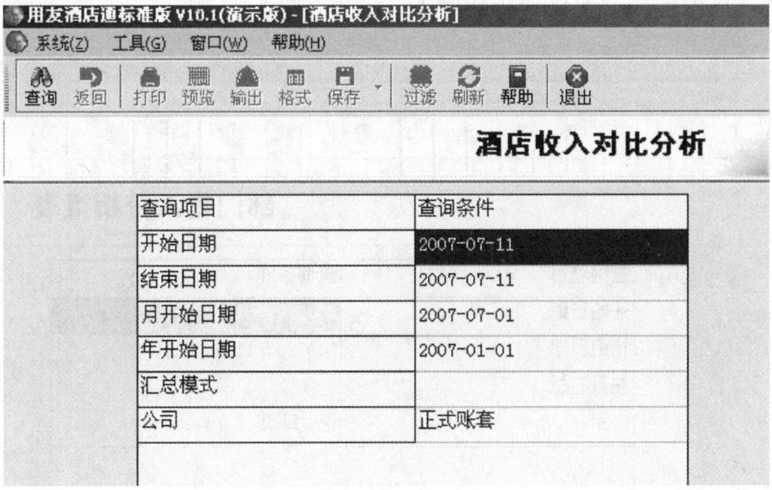

查询项目	查询条件
开始日期	2007-07-11
结束日期	2007-07-11
月开始日期	2007-07-01
年开始日期	2007-01-01
汇总模式	
公司	正式账套

图 12－7－4

开始日期：查询的开始日期。

结束日期：查询的结束日期；日期范围指账单的结账时间。

月开始日期：月累计的开始日期；默认为本月 1 号。

年开始日期：年累计的开始日期；默认为本年 1 月 1 号；

汇总模式：房间类型、客源、出租方式中选择一种，默认为房间类型。

公司：系统支持多公司查询，默认为操作员所属公司。

2. 数据显示如图 12 -7 -5 所示

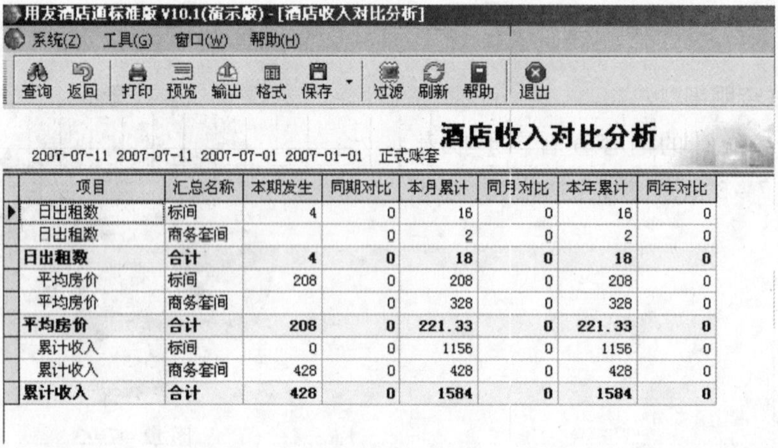

项目	汇总名称	本期发生	同期对比	本月累计	同月对比	本年累计	同年对比
日出租数	标间	4	0	16	0	16	0
日出租数	商务套间		0	2	0	2	0
日出租数	**合计**	**4**	**0**	**18**	**0**	**18**	**0**
平均房价	标间	208	0	208	0	208	0
平均房价	商务套间		0	328	0	328	0
平均房价	**合计**	**208**	**0**	**221.33**	**0**	**221.33**	**0**
累计收入	标间	0	0	1156	0	1156	0
累计收入	商务套间	428	0	428	0	428	0
累计收入	**合计**	**428**	**0**	**1584**	**0**	**1584**	**0**

图 12 -7 -5

（三）学生操作“部门收入分析报表”业务

报表作用：按酒店的营业部门统计消费，如客房、餐饮、洗浴等，进行对比分析。

1. 输入查询条件，系统显示如图 12 -7 -6 所示

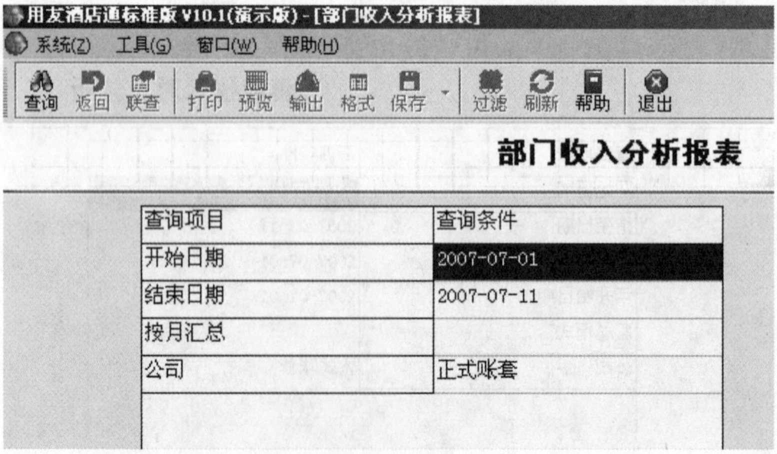

查询项目	查询条件
开始日期	2007-07-01
结束日期	2007-07-11
按月汇总	
公司	正式账套

图 12 -7 -6

开始日期：查询的开始日期。

结束日期：查询的结束日期；日期范围指账单的结账时间。

按月汇总：默认是按天汇总数据的，如要进行月度对比，可以按月统计。

公司：系统支持多公司查询，默认为操作员所属公司。

2. 数据显示如图 12－7－7 所示

日期	酒店				小计			
	消费额	结账金额	实际收入	比率	消费额	结账金额	实际收入	比率
2007-07-10	208	1156	656	100	208	1156	656	100
2007-07-11	328	428	428	100	328	428	428	100
总计	**536**	**1584**	**1084**	**100**	**536**	**1584**	**1084**	**100**

图 12－7－7

3. 联查明细，如图 12－7－8 所示

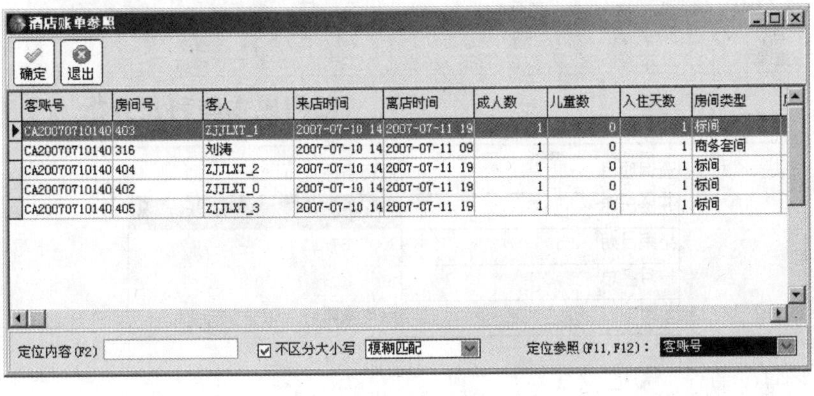

客账号	房间号	客人	来店时间	离店时间	成人数	儿童数	入住天数	房间类型
CA20070710140	403	ZJJLXT_1	2007-07-10 14	2007-07-11 19	1	0	1	标间
CA20070710140	316	刘涛	2007-07-10 14	2007-07-11 09	1	0	1	商务套间
CA20070710140	404	ZJJLXT_2	2007-07-10 14	2007-07-11 19	1	0	1	标间
CA20070710140	402	ZJJLXT_0	2007-07-10 14	2007-07-11 19	1	0	1	标间
CA20070710140	405	ZJJLXT_3	2007-07-10 14	2007-07-11 19	1	0	1	标间

图 12－7－8

双击某行数据，可以得到对应的账单；再次双击可以得到账单，如图 12－7－9 所示。

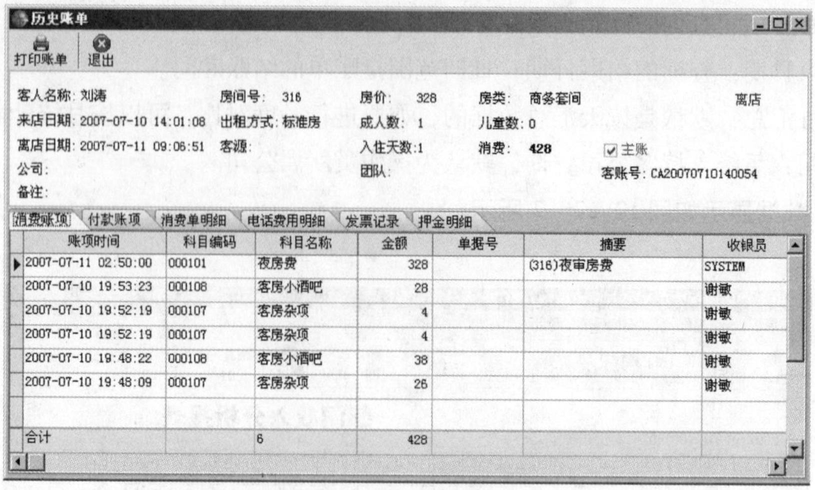

图 12－7－9

（四）学生操作“部门成本与利润分析”业务

报表作用：按酒店的营业部门统计收入、成本，计算毛利，如客房、餐饮、洗浴等，进行对比分析。

1. 输入查询条件，系统显示如图 12－7－10 所示

图 12－7－10

开始日期：查询的开始日期。

结束日期：查询的结束日期；日期范围指账单的结账时间。

按月汇总：默认是按天汇总数据的，如要进行月度对比，可以按月统计。

公司：系统支持多公司查询，默认为操作员所属公司。

2. 数据显示如图 12－7－11 所示

图 12－7－11

3. 联查明细，如图 12－7－12 所示

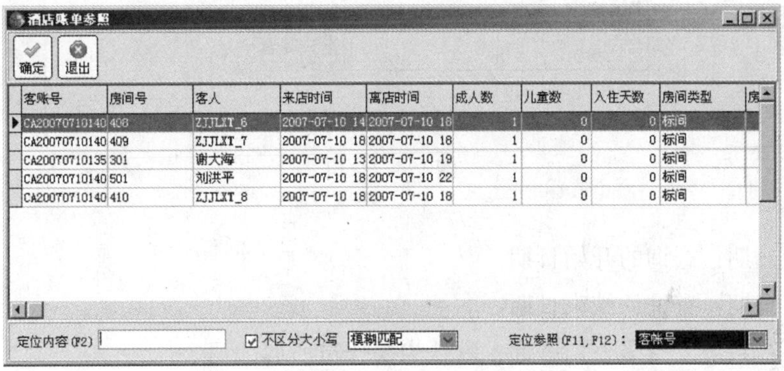

图 12－7－12

双击某行数据，可以得到对应的账单；再次双击可以得到账单，如图 12－7－13 所示。

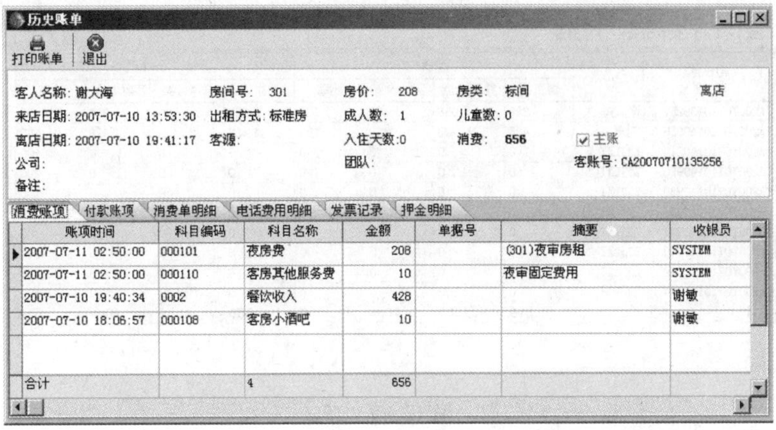

图 12－7－13

（五）学生操作“会员消费分析报表”业务

报表作用：查询有会员卡的客人的消费情况；分别按部门统计，可以得出客人重点消费的部门。

1．输入查询条件，系统显示如图 12－7－14 所示

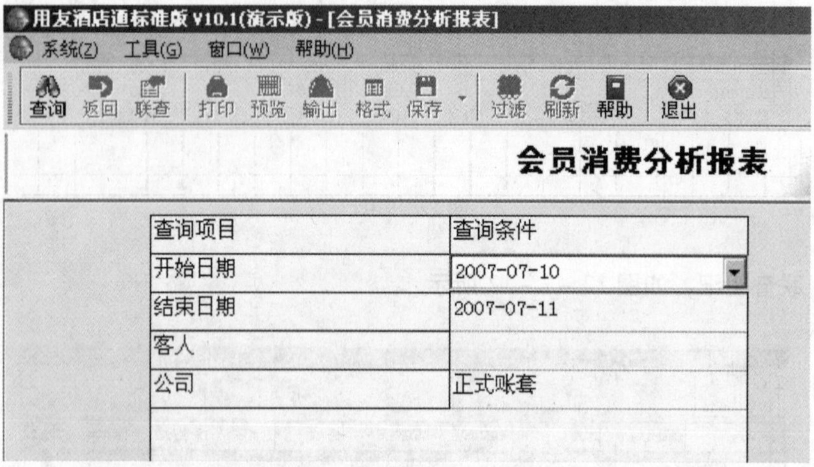

图 12－7－14

开始日期：查询的开始日期。

结束日期：查询的结束日期。

公司：系统支持多公司查询，默认为操作员所属公司。

2．数据显示如图 12－7－15 所示

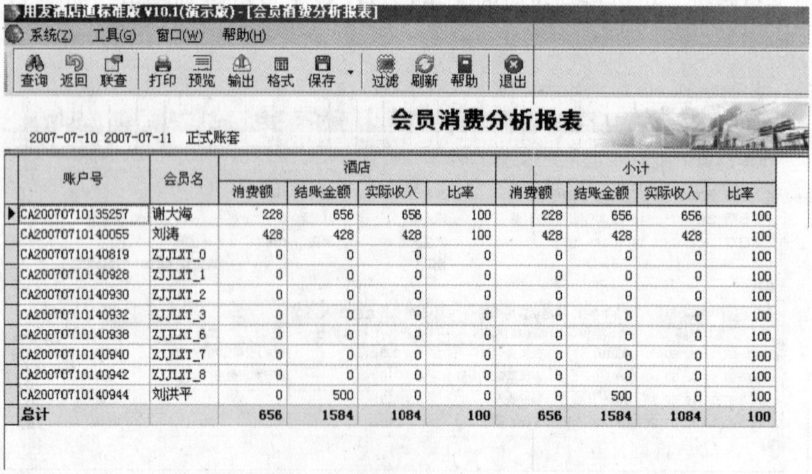

账户号	会员名	酒店				小计			
		消费额	结账金额	实际收入	比率	消费额	结账金额	实际收入	比率
CA20070710135257	谢大海	228	656	656	100	228	656	656	100
CA20070710140055	刘涛	428	428	428	100	428	428	428	100
CA20070710140819	ZJJLXT_0	0	0	0	0	0	0	0	100
CA20070710140928	ZJJLXT_1	0	0	0	0	0	0	0	100
CA20070710140930	ZJJLXT_2	0	0	0	0	0	0	0	100
CA20070710140932	ZJJLXT_3	0	0	0	0	0	0	0	100
CA20070710140938	ZJJLXT_6	0	0	0	0	0	0	0	100
CA20070710140940	ZJJLXT_7	0	0	0	0	0	0	0	100
CA20070710140942	ZJJLXT_8	0	0	0	0	0	0	0	100
CA20070710140944	刘洪平	0	500	0	0	0	500	0	100
总计		**656**	**1584**	**1084**	**100**	**656**	**1584**	**1084**	**100**

图 12－7－15

3. **联查明细，如图 12－7－16 所示**

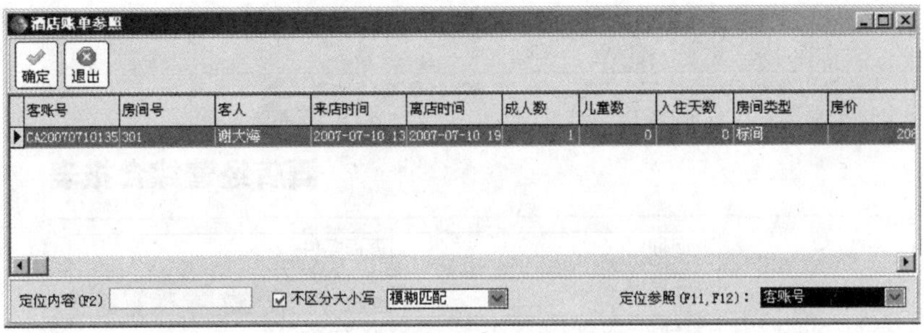

图 12－7－16

在不同的部门下双击数据，可联查到客人在不同的部门的消费账单。再次双击，可以联查到消费账单，如图 12－7－17 所示。

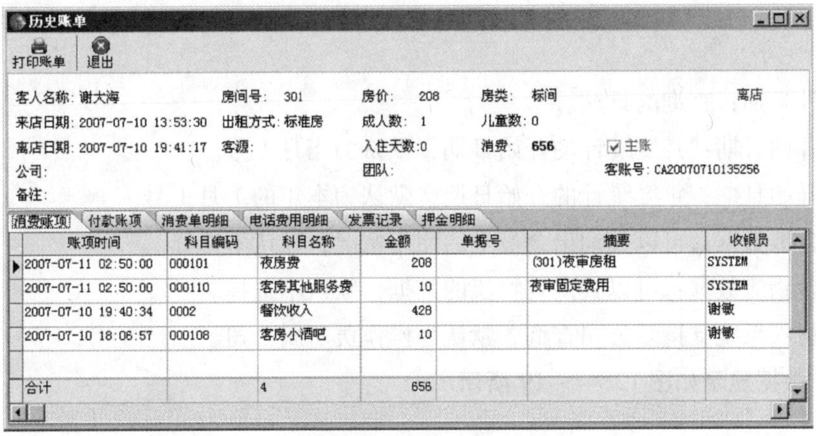

图 12－7－17

（六）学生操作“酒店经营综合报表”业务

报表作用：将酒店每个部门的收入情况详细列出；并可以包括会员卡的发放、充值情况；提供同期对比。

1. 输入查询条件，系统显示如图 12－7－18 所示

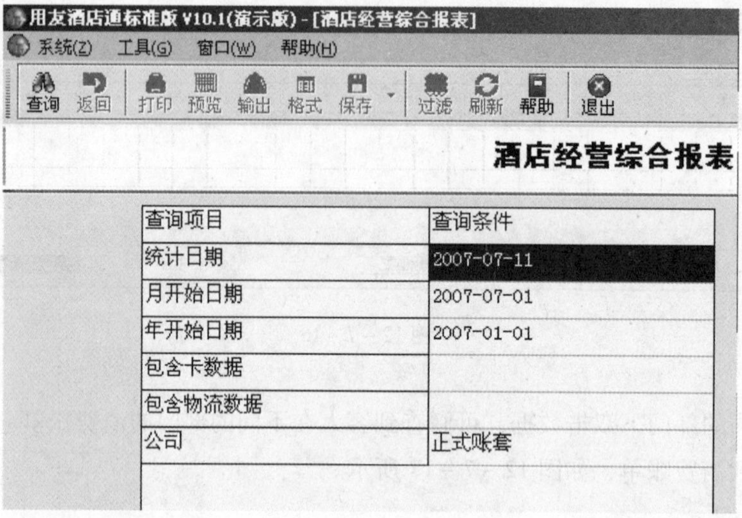

图 12－7－18

统计日期：查询的日期。

月开始日期：月度统计的开始日期，默认为当月 1 号。

年开始日期：年度统计的开始日期，默认为本年的 1 月 1 号。

包含卡数据：可以查询出会员卡的使用情况；默认不选择。

包含物流数据：可以查询到物流的数据，默认不选择。

公司：系统支持多公司查询，默认为操作员所属公司。

2. 数据显示如图 12－7－19 所示

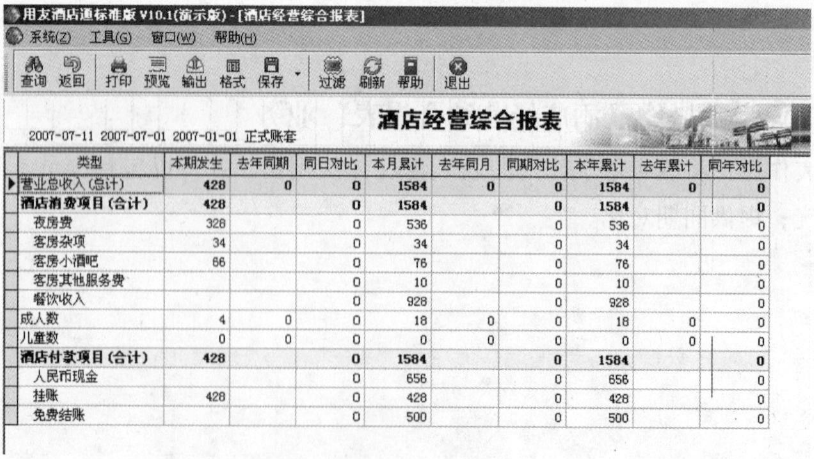

类型	本期发生	去年同期	同日对比	本月累计	去年同月	同期对比	本年累计	去年累计	同年对比
营业总收入(总计)	428	0	0	1584	0	0	1584	0	0
酒店消费项目(合计)	428		0	1584		0	1584		0
夜房费	328		0	536		0	536		0
客房杂项	34		0	34		0	34		0
客房小酒吧	66		0	76		0	76		0
客房其他服务费			0	10		0	10		0
餐饮收入			0	928		0	928		0
成人数	4	0	0	18	0	0	18	0	0
儿童数	0	0	0	0	0	0	0	0	0
酒店付款项目(合计)	428		0	1584		0	1584		0
人民币现金			0	656		0	656		0
挂账	428		0	428		0	428		0
免费结账			0	500		0	500		0

图 12－7－19